Karl-Heinz Paqué

Wachstum!

Karl-Heinz Paqué

Wachstum!

Die Zukunft des globalen Kapitalismus

HANSER

FSC
Mix
Produktgruppe aus vorbildlich bewirtschafteten Wäldern und anderen kontrollierten Herkünften
Zert.-Nr. GFA-COC-001262
www.fsc.org

Das für dieses Buch verwendete FSC-zertifizierte Papier Munken Premium liefert Arctic Paper Munkedals AB, Schweden.

Bibliografische Information der Deutschen Nationalbibliothek
Die Deutsche Nationalbibliothek verzeichnet diese Publikation in der Deutschen Nationalbibliografie; detaillierte bibliografische Daten sind im Internet über http://dnb.d-nb.de abrufbar.

1 2 3 4 5 6 13 12 11 10

Internet: http://www.hanser.de
Lektorat: Martin Janik
Herstellung: Stefanie König
Umschlaggestaltung: Keitel & Knoch GbR, München
Satz: Presse- und Verlagsservice, Erding
Druck und Bindung: Friedrich Pustet, Regensburg
Printed in Germany
ISBN 978-3-446-42350-3

In Erinnerung
an
Herbert Giersch

Inhalt

Vorwort 1

1 Kräfte des Wachstums 3

1.1 Weltweite Industrialisierung 3
1.2 Wer gewinnt, wer verliert? 33
1.3 Der Preis der Abschottung 44

2 Grenzen des Wachstums 57

2.1 Bevölkerung und Ernährung 57
2.2 Energie und Klimawandel 72
2.3 Klimapolitik und Wertewandel 96

3 Risiken der Finanzmärkte 111

3.1 Was ist normal? 111
3.2 Die globale Krise 123
3.3 Was ist zu tun? 137

4 Wandel des Sozialstaates 159

4.1 Alter und Gesundheit 159
4.2 Arbeit und Bildung 183
4.3 Schulden und Steuern 199

5 Zukunft des Kapitalismus 211

5.1 Deutschland: Nation der Ideen? 211
5.2 Europa: Vielfalt und Spaltung? 227
5.3 Die Welt: Fortschritt durch Wachstum? 241

Dank 252
Anmerkungen 254
Abkürzungen 265
Literatur 266
Register 275

Vorwort

Wachstum ist in die Kritik geraten. Immer lauter werden die Stimmen, die sagen: Wirtschaftswachstum hat als politisches Ziel ausgedient. Es führt zu Ungerechtigkeit, Finanzkrisen, Klimawandel. Es untergräbt unsere Moral, es zerstört unsere Lebensgrundlagen, es bedroht den Zusammenhalt unserer Gesellschaft. Wir brauchen eine Kehrtwende: weg vom Wachstum.

Diese Stimmen sind sehr ernst zu nehmen. Sie sind dabei, den Zeitgeist zu erobern. Wir brauchen darüber eine breite öffentliche Diskussion. Das vorliegende Buch liefert einen Beitrag dazu. Es behandelt das globale Wirtschaftswachstum, und zwar genau in jenen Dimensionen, die von den Kritikern in den Vordergrund gerückt werden.

Das Buch kommt zu einem völlig anderen Ergebnis als die Kritiker. Es lautet: Wachstum – richtig verstanden – ist nicht der falsche Weg. Im Gegenteil, es ist der einzige Weg, wie überhaupt im Weltmaßstab die großen Ziele der Menschheit erreicht werden können. Und es ist in Deutschland und Europa der einzige Weg, um Lebensqualität und soziale Sicherheit auf Dauer zu gewährleisten. Es hat insofern als politisches Ziel nicht nur wirtschaftliche, sondern auch moralische Bedeutung.

Wachstum hängt eng mit dem zusammen, was wir heute Globalisierung nennen. Denn Wachstum der Wirtschaft heißt vor allem Wachstum des Wissens. Dabei geht es um jenes Wissen, das in Waren und Dienstleistungen enthalten ist, die auf den Weltmärkten gehandelt werden. Wachstum ist dabei immer auch Strukturwandel: Werte entstehen und vergehen, Einkommen steigen und fallen. Das Buch ist mein Versuch, darüber ganz grundsätzlich nachzudenken. Startpunkt und Perspektive sind dabei stets ökonomisch, aber die Weite des Gegenstandes erzwingt gelegentliche Ausflüge zu Fragestellungen aus Politik, Geschichte, Soziologie, Ethik und den Naturwissenschaften. Freimütig bekenne ich, dass der Grad meiner Fachkompetenz mit zunehmender Entfernung vom Wirtschaftlichen abnimmt, und zwar drastisch. Gleichwohl riskiere ich die Ausflüge. Der Grund dafür ist einfach: Wachstum und Fortschritt sind für die Menschheit so wichtige Themen, dass wir es uns gar nicht leisten können, auf das kontroverse Gespräch über Fachgrenzen hinweg zu verzichten. Auch dazu möchte ich einen Anstoß geben.

Das Buch ist von einem Volkswirt geschrieben, aber es wendet sich an die breite Öffentlichkeit. Es ist deshalb weitgehend frei von Fachjargon. Rein Wissenschaftliches, soweit nicht von zentraler Bedeutung, findet sich in den Anmerkungen. Der Text ist in Form einer Erzählung gehalten, eine Art gemeinsamer Gang der Gedanken von Autor und Lesern durch Geschichte, Wissenschaft und Politik des globalen Wachstums. Ergänzt wird der Gedankengang durch 25 zweiseitige Beiträge, die im Textbild jeweils deutlich abgesetzt sind. Sie behandeln Einzelthemen, die zum Haupttext des Buches in enger Beziehung stehen. Sie können aber auch unabhängig davon gelesen werden. Sie sind – in Stil und Sprache – noch etwas leichter und lockerer als der Haupttext. Ein Koch würde sagen: Sie liefern eine Beilage.

„Für Herbert Giersch", so lautete noch am Morgen des 22. Juli 2010 die Widmung in den Druckfahnen dieses Buches. An diesem Tag starb Herbert Giersch im Alter von 89 Jahren. Nun erscheint das Buch in Erinnerung an ihn, einen der großen Vordenker des globalen Wachstums.

Magdeburg, im Juli 2010
Karl-Heinz Paqué

1 Kräfte des Wachstums

1.1 Weltweite Industrialisierung

„Danke, wir verzichten." Unter dieser Überschrift präsentierte das Feuilleton der *Frankfurter Allgemeinen Sonntagszeitung* am 27. Dezember 2009 eine lange Liste von Dingen, die es in unserer zivilisierten Welt zukünftig besser nicht mehr geben sollte. An erster Stelle der Liste stand, ganz prominent, das Wachstum. Der Kultursoziologe Harald Welzer erklärte dabei mit Eloquenz und Nachdruck, dass wirtschaftliches Wachstum zur Lösung globaler Probleme nicht mehr tauge, und zwar heute nicht und in der Zukunft erst recht nicht.[1] Es war eine klare politische Botschaft für das kommende Jahrzehnt und darüber hinaus: weg vom Wachstum.

Nun ist nicht jeder Ruf nach Verzicht ernst gemeint, denn es gibt in der Öffentlichkeit sehr viele davon, gerade auch in den Feuilletons der Zeitungen. Trotzdem: Es dürfte kein Zweifel bestehen, dass seit einiger Zeit die Skepsis gegenüber dem wirtschaftlichen Wachstum einen historischen Höhepunkt erreicht hat, und zwar quer durch das politische Spektrum, quer durch alle Berufsgruppen und quer durch die ganze Bevölkerung. Und dies gilt wahrscheinlich nicht nur für Deutschland, sondern für große Teile Europas, auch wenn im Ausland zumeist die tief pessimistische Tonlage fehlt, die für den deutschen Geist und seine Sprache so charakteristisch ist.

Wo liegen die Gründe für diese Hochkonjunktur der Skepsis? Es sind vor allem drei Quellen, aus denen sich der zunehmende Vorbehalt gegenüber dem Wachstum speist. Da ist zunächst – noch ganz aktuell – die globale Finanzkrise, die im Jahr 2007 machtvoll einsetzte und noch immer kein Ende gefunden hat. Sie wird weithin interpretiert als eine Art Strafgericht für den weltwirtschaftlichen Turbokapitalismus: Grenzenlose Profitgier in den Finanzmärkten hat die Welt an den Rand des Ruins getrieben, und dies nicht zufällig, sondern als logische Folge einer Wachstumsgläubigkeit, die sich wie eine ansteckende Nervenkrankheit überall ausbreitete. Die Konsequenz lautet: Diese Krankheit muss weg, und mit ihr das überhitzte wirtschaftliche Wachstum.

Die zweite Quelle der Skepsis liefert seit geraumer Zeit die intensive Beschäftigung mit den natürlichen Grenzen des Wachstums. Im Bewusstsein der Menschen in Industrieländern sind diese Grenzen präsenter denn je, allerdings in gewandelter Form: Waren es vor über 30 Jahren vor allem die Knappheit an Rohstoffen und die Bevölkerungsexplosion, die Sorgen machten, so ist es heute in erster Linie der Klimawandel. Anders als bei der aktuellen Finanzkrise geht es dabei um eine überaus langfristige globale Frage: Kann die Weltwirtschaft überhaupt mit dem bisherigen Tempo weiter wachsen, ohne das globale ökologische Gleichgewicht in dramatischer, vielleicht sogar verheerender Weise zu gefährden? Wenn nicht, dann liegt die Konsequenz auf der Hand: Das Wirtschaftswachstum muss gebremst werden.

Die dritte Quelle der Skepsis nährt sich aus einem Gefühl der sozialen Gerechtigkeit. Wachstum und Globalisierung werden als wesentliche Ursachen für eine Zunahme der Unterschiede in Einkommen und Lebenschancen der Menschen gesehen. Die Schere zwischen Arm und Reich öffnet sich, so die Wahrnehmung, und zwar nicht nur weltweit, sondern auch innerhalb der industrialisierten Länder – und allemal in Deutschland. Zunehmendem Überfluss steht immer mehr Elend gegenüber. Die Welt wird ärmer und reicher zugleich. Nicht mehr das Kapital und die Arbeit sind die Antagonisten der Moderne, sondern die Superreichen und die Bitterarmen. Also: Das globalisierte Wachstum spaltet die Welt, und die soziale Gerechtigkeit verlangt deshalb, dass es gezügelt wird.

So weit die drei Hauptquellen der Skepsis. Daneben treten – politisch weniger prominent, aber psychologisch nicht weniger wichtig – diffuse Bilder der kulturellen Zerstörung, die dem globalisierten Wachstum zugeschrieben werden: die zunehmende Unfähigkeit der Menschen, sich trotz des Wohlstands glücklich zu fühlen, die zunehmende Standardisierung der Produktwelt mit globalem Fast Food, globaler Mode und globaler Musik, die Dominanz eines amerikanisierten Durchschnittsgeschmacks. Kurzum: Die befremdliche Vision eines globalen Menschen – angepasst, auswechselbar, irgendwie seiner Identität beraubt, vielleicht wohlhabend, aber unglücklich, eine verkümmerte Kreatur, jämmerlich gestrandet in der kulturellen Armut auf der ewigen hastigen Suche nach materiellem Reichtum.

Schließlich trägt noch die demografische Entwicklung ihren Teil zur Wachstumsskepsis bei, zumindest hierzulande. Die Gesellschaft altert, und damit verbreitet sich das Gefühl, dass es immer schwieriger sein wird, bei weniger Erwerbstätigen und mehr Rentnern und Transferempfängern den bisherigen Lebensstandard aufrechtzuerhalten. Es entsteht das bedrohliche Bild eines kollektiven Altersheims: Eine große Zahl anspruchsvoller Menschen, die versorgt werden müssen, aber selbst dazu nichts beitragen können, und auf der anderen Seite eine schwindende Zahl von Beitragszahlern in den sozialen Sicherungssystemen. Hinzu kommt die mangelnde Dynamik einer alternden Gesellschaft, die gar nicht mehr in der Lage ist, den Belastungen der modernen Welt standzuhalten. Steigende Leistungsanforderungen bei abnehmender Leistungsfähigkeit: Wie soll da eine Wirtschaft dynamisch expandieren, selbst wenn man dies zum politischen Ziel erklärt? Der Verzicht auf Wachstum wird da nicht nur zum Wunsch, sondern fast zum zwingenden Gebot.

„Danke, wir verzichten." Das ist also keineswegs eine esoterische Forderung. Im Gegenteil, der Ruf nach Verzicht trifft auf ein weitverbreitetes Gefühl des Unbehagens über das Wachstum, und zwar vor allem seine Folgen, aber auch die Möglichkeiten, es überhaupt zu erreichen. Der Ruf ist deshalb sehr ernst gemeint und sehr ernst zu nehmen, auch politisch. Denn die Geschichte ist voll von Fällen, in denen große politische Weichenstellungen einem schleichenden Wandel des Bewusstseins folgten. Und dies könnte in der Zukunft wieder so sein. Dies gilt umso mehr, als seit dem Fall der Berliner Mauer und des Eisernen Vorhangs in Europa der Glaube an den Fortschritt der Menschheit deutlich an Zugkraft eingebüßt hat, auch jenseits des rein

Wirtschaftlichen.[2] Es passte durchaus in das herrschende Klima, würde die Politik die intellektuelle Forderung in konkrete Pläne gießen und umsetzen.

Geschähe dies tatsächlich, so wäre es historisch ein überaus radikaler Schnitt, eine Art Revolution. Denn wir leben seit fast zwei Jahrhunderten in einer Welt des wirtschaftlichen Wachstums. Wir haben seit Generationen das Wachstumsziel explizit akzeptiert oder zumindest implizit verinnerlicht. Und wir haben viel Erfahrung damit. Wir können die Ergebnisse des Wachstums besichtigen, den Prozess begutachten, aus der Geschichte Schlussfolgerungen ziehen. Wir können recht gut überprüfen, ob die Kritik am Wirtschaftswachstum berechtigt ist. Und das müssen wir auch tun, wollen wir uns den zentralen Fragen auf seriöse Weise nähern. Altmodisch formuliert: Wir müssen das Wesen des Wachstums verstehen, bevor wir den Verzicht bewerten. Wir müssen deshalb zunächst zu einer Art Fernrohr greifen und einen ganz nüchternen Blick werfen auf die Wirtschaftsgeschichte seit dem frühen 19. Jahrhundert. Denn den Startschuss für die Dynamik gab die damals einsetzende Industrialisierung. Was ist eigentlich seither geschehen?

Die erste Antwort darauf lautet: Ungeheuerliches, zumindest was den materiellen Wohlstand betrifft (siehe **Schaubild 1**). In den 188 Jahren von 1820 bis 2008 stieg die wirtschaftliche Produktionsleistung der gesamten Welt nach Berechnungen des Wirtschaftshistorikers Angus Maddison[3] um etwa 2,2 Prozent pro Jahr. Das klingt zunächst harmlos, bedeutet aber, dass zu Beginn des 21. Jahrhunderts mehr als 58-mal so viel produziert wurde wie 188 Jahre zuvor. Die Weltbevölkerung wuchs in der gleichen Zeit um ein Prozent pro Jahr, die Produktion pro Kopf somit um 1,2 Prozent. Das heißt: Im Jahr 2008 war das Pro-Kopf-Einkommen weltweit gut neunmal so hoch wie 1820, bei einer mehr als sechsmal so großen Bevölkerung.

Dabei fiel das Wachstum unterschiedlich stark aus, je nach Kontinent und Zeitraum. So betrug die Produktionsleistung pro Kopf in Westeuropa zu Beginn des 21. Jahrhunderts das knapp 17-Fache des Niveaus von 1820, in Lateinamerika dagegen nur das Acht- und in Afrika das Vierfache. Der wirtschaftliche Auf-

Schaubild 1:
Produktionsniveau der Weltwirtschaft 1000-2008

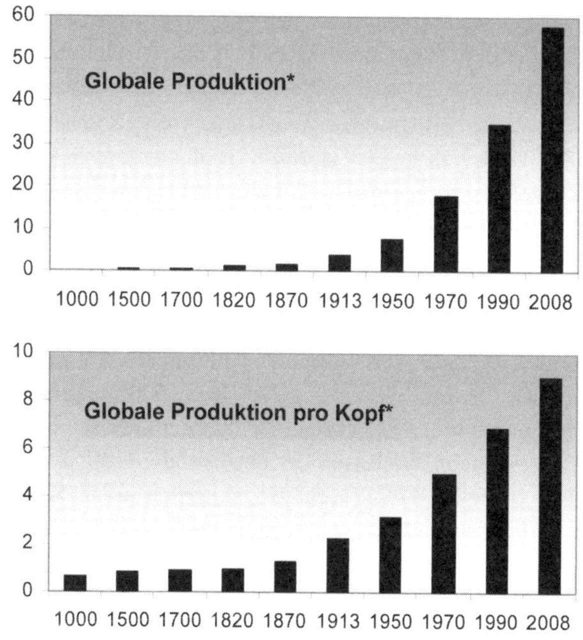

* Welt-BIP zu konstanten Preisen, 1820 = 1

Datenquellen: Maddison (2003); OECD (2010)

stieg Europas, Nordamerikas und Japans konzentrierte sich auf die langen Friedensphasen vor dem Ersten und nach dem Zweiten Weltkrieg, der Aufstieg Asiens (ohne Japan) auf die jüngste Zeit. Indes gilt bei allen Unterschieden: Gewachsen sind fast alle Regionen und – abgesehen von Kriegsjahren – in fast allen Zeiträumen. Allerdings konnten nur wenige Regionen bereits den gesamten langen Weg aus bitterer Armut in großen Wohlstand zurücklegen. Es sind dies vor allem Westeuropa, Nordamerika und Japan sowie Australien und Neuseeland.

Schnelles Wirtschaftswachstum, wie wir es kennen, wird allerdings zu einem jungen Phänomen, wenn wir es als Teil der gesamten Geschichte der westlichen Zivilisation einordnen. Es hängt ganz offensichtlich mit der Industrialisierung im frühen 19. Jahrhundert zusammen, die damals machtvoll einsetzte, zunächst in Großbritannien und dann auf dem europäischen Kontinent und in Nordamerika. Steigerungen der Wirtschaftskraft gab es zwar schon in den Jahrhunderten zuvor, aber sie waren nach allen Maßstäben viel langsamer als jenes Wachstum, an das wir uns seit etwa sechs Generationen gewöhnt haben. In welcher Größenordnung lagen sie?

Wirtschaftsgeschichtliche Schätzungen liefern grobe Vorstellungen von der Geschwindigkeit des vorindustriellen Wachstums, zumindest für die Zeit seit dem 16. Jahrhundert.[4] Danach nahm die globale Produktionsleistung zwischen 1500 und 1820 jährlich um immerhin 0,32 Prozent zu, aber der Großteil davon erklärt sich aus dem Wachstum der Bevölkerung von 0,27 Prozent pro Jahr. Lediglich 0,05 Prozent pro Jahr gehen auf das Konto der Zunahme der Produktionsleistung pro Kopf, die weltweit im Jahr 1820 gerade mal 18 Prozent höher lag als im Jahr 1500. Das sind Veränderungen, die sich für die Menschen nicht wahrnehmen lassen. Dies gilt selbst für Westeuropa, wo die Produktivität schneller zunahm als im globalen Durchschnitt, und zwar mit einer Rate von 0,14 Prozent pro Jahr, in einer Generation (30 Jahre) also nicht mehr als 4,3 Prozent, auch dies noch kaum spürbar für das Bewusstsein in der Bevölkerung. So lag in Westeuropa die Produktionsleistung pro Kopf im Jahr 1820 um 56 Prozent über dem Niveau von 1500. Das ist in 320 Jahren eine Zunahme, wie sie später innerhalb einer einzigen Generation erreicht wurde.

Kein Zweifel also: Was die Menschheit vorher an Wandel und Veränderungen kannte, verlief sehr gemächlich. Es war Wachstum im Schneckentempo. Das heißt allerdings nicht, dass es weniger nachhaltig war. Im Gegenteil, die meisten Wirtschaftshistoriker sehen heute für Europa eine kontinuierliche Trendlinie des Fortschritts in Produktivität und Lebensstandard vom frühesten Mittelalter nach dem Niedergang des Römischen Reiches bis zum Beginn der Industrialisierung.[5] Unterbrochen wurde diese Entwicklung zwar durch zeitweilige Rückschläge wie die Pest und ihre Folgen im 14. Jahrhundert, aber dies änderte – im Rückblick betrachtet – nichts Grundsätzliches am säkularen, wenn auch nach heutigen Maßstäben sehr langsamen Aufwärtstrend, der etwa ab Mitte des 18. Jahrhunderts im wirtschaftlich führenden England in die Beschleunigung des Industriezeitalters überging.

Um das Wesen des „modernen" schnellen Wachstums zu verstehen, ist es nützlich, für einen kurzen Augenblick beim vorindustriellen Wachstum zu verharren. Was trieb die Wirtschaft im Schneckentempo voran? Die Antwort ist einfach und unstrittig: die Entdeckung neuen Wissens, das in neuen Techniken und Organisationsformen umgesetzt werden konnte. Am Anfang standen dabei Innovationen in der Agrartechnik auf den Gutshöfen des Frühmittelalters: Die Umstellung von der traditionellen Zwei- auf die Dreifelderwirtschaft, die Einführung des schweren vierrädrigen Pfluges, der Einsatz des Pferdes als landwirtschaftliches Zugtier nach Erfindung des Hufeisens und des Kummets – all dies ermöglichte Fortschritte der Produktivität, die zu Überschüssen an Lebensmitteln führten. Diese erlaubten eine Zunahme der Bevölkerung und das Entstehen eines spezialisierten Handwerks in wachsenden Dörfern und Städten. Deren freiheitliches Klima beförderte praktisch alles, was es zum Aufstieg des Frühkapitalismus brauchte: eine Geldwirtschaft mit überregionalen Güter- und Finanzmärkten, ein urbanes Bürgertum mit Motivation zur Leistung, Bereitschaft zum Sparen und Qualitätsanspruch an den Konsum, ein Netz differenzierter Dienstleistungen bis hin zu Schulen, Universitäten und Zünften als Stätten der Lehre und Weitergabe von Wissen.

Steinerne Zeugen für die Ergebnisse des mittelalterlichen Wachstums finden sich heute noch in den Städten Flanderns und Oberitaliens, von Brügge und Gent bis Mailand und Venedig, also in jenen Regionen, die bis zum frühen 14. Jahrhundert den stärksten Entwicklungsschub erlebten. Eine erste Hochblüte war erreicht, Beleg eines extrem langsamen, aber mehr als 500 Jahre währenden Wachstums. Die nachfolgende europaweite Welle von Epidemien (die „Pest") war im Wesentlichen ein Ergebnis der Überbevölkerung in urbanen Zentren, deren hygienische Bedingungen mit dem Wachstum nicht Schritt halten konnten. Heute würden wir sagen: eine ökologische Katastrophe. Sie kostete rund ein Drittel der Menschen das Leben, zerstörte aber keineswegs die frühkapitalistischen Strukturen, sondern sorgte aufgrund der anschließenden Knappheit an Arbeitskräften auf längere Sicht für Reallohnzuwächse, die eine noch intensivere Suche nach neuen arbeitssparenden Techniken initiierten.

Nach der Krise setzte sich der (langsame) Wachstumstrend fort. Mit dem wirtschaftlichen Aufstieg Hollands im 17. Jahrhundert und der Blüte der Handels- und Finanzmetropole Amsterdam erreichte nicht nur das kommerzielle Denken, sondern auch die wissenschaftliche Rationalität, die kulturelle Schaffenskraft und auch der koloniale Expansionsdrang einen zuvor nie da gewesenen Höhepunkt. Aber die Entwicklung ging weiter, und zwar in der Breite: In England, Frankreich, Preußen, den anderen deutschen Ländern sowie der Habsburger Monarchie gab es im 18. Jahrhundert ein erkennbares Wachstum der Produktivität in der Landwirtschaft und in Handwerks- und Manufakturbetrieben, zum Teil befördert von einer fast modern anmutenden Wirtschaftspolitik der Landesherren. Den größten Sprung machte dabei England, eine bereits dicht besiedelte, zum Teil urbanisierte Nation mit günstigen Verkehrsbedingungen und einem fortschrittlich gesinnten Bürgertum. Es wurde zur Wiege der Industrialisierung und damit zum geografischen Ausgangspunkt für eine massive Beschleunigung des Wachstums in der Zukunft.

Aus all dem wird deutlich: 1.000 Jahre Geschichte vom dunklen Mittelalter bis zur vorindustriellen Welt des 18. Jahrhunderts waren alles andere als verlorene Jahre der Stagnation. Sie waren vielmehr eine Phase des langsamen Wachstums mit tief greifenden Veränderungen von technischem Wissen und geistiger Haltung, die erst die Voraussetzung für den anschließenden Wachstumsspurt schufen.[6] Genau hier liegt ja ein faszinierender Unterschied zwischen dem Europa des frühen Mittelalters und dem Römischen Reich der Antike auf dem Höhepunkt seines Ruhmes: im mittelalterlichen Europa bittere Armut, aber

Wachstum, im klassischen Rom Wohlstand, aber Stagnation und Schrumpfung. Viele politische und militärische Gründe sind für den Niedergang des Römischen Reiches ins Feld geführt worden – von der Bedrohung durch aggressive germanische Stämme bis zur übermäßigen Steuerlast wegen territorialer Überdehnung. Es stellt sich allerdings die Frage, ob nicht schon ein Wirtschaftswachstum im Schneckentempo genügt hätte, um die nötigen Ressourcen für schwere Kriege und weiträumige Verwaltungen zu mobilisieren. Dieses Wachstum aber kam offenbar nicht zustande, warum auch immer.[7] Die Folge war, dass mit dem Zerfall des Römischen Reiches tatsächlich auch ein ungeheures technisches Wissen für Jahrhunderte verloren ging. Völlig neues Wissen musste in der Folgezeit erst mit äußerster Mühe erworben werden. Dass dieser Prozess mehr als 1.000 Jahre langsamen Wachstums brauchte, bis er zu einer Industrialisierung führte, ist Beleg für die Schwierigkeit der Aufgabe und die Größe der Leistung.

Von welch epochaler Bedeutung diese Leistung war, das zeigt auch der Vergleich Westeuropas mit Asien. Irgendwann zwischen 1000 und 1500, wahrscheinlich im Hochmittelalter, überholte Westeuropa die großen alten Kulturräume Asiens im Lebensstandard und ließ sie anschließend schon in vorindustrieller Zeit deutlich hinter sich. Im Jahr 1820, so wird geschätzt, lag die Produktionsleistung pro Kopf in Westeuropa etwa doppelt so hoch wie im damaligen China und Indien. Dort hatte es zwar wie in Europa über Jahrhunderte ein deutliches Bevölkerungswachstum gegeben, aber anders als in Europa keinerlei Steigerung der Arbeitsproduktivität.[8] Mit der Industrialisierung riss diese „eurasische Wohlstandslücke" noch viel weiter auf und beginnt sich erst in allerjüngster Zeit ein Stück weit zu schließen.

Es besteht also kein Zweifel, dass die Industrialisierung Westeuropas auf der Grundlage eines wirtschaftlichen und technischen Fortschritts stattfand, der sich zuvor über Jahrhunderte erstreckt hatte, allerdings im Schneckentempo.[9] Was danach stattfand, wird oft als „industrielle Revolution" bezeichnet. Mit Blick auf das Wachstum führt dieser plastische Begriff ein wenig in die Irre. Denn es geht eigentlich um eine massive Beschleunigung des Wandels, und dies im historischen Vergleich recht plötzlich. Keine Revolution also, wohl eher eine Art radikale Verstärkung der Zugkraft des Motors, der das Wachstum vorantrieb. Die Frage ist also: Was genau verstärkte die Zugkraft? Historisch sind es im Wesentlichen drei Entwicklungen, die dafür verantwortlich gemacht werden können: die Nutzung der Kohle als neue, höchst leistungsfähige Energiequelle; der Einsatz von Maschinen – und nicht nur Werkzeugen – in der Produktion; und die betriebliche Organisation in großen Einheiten, genannt Fabriken. Alle drei hängen eng miteinander zusammen. Sie machen gemeinsam das aus, was im allgemeinen Sprachgebrauch als Industrialisierung bezeichnet wird.

Es ist eine Ironie des Schicksals, dass am Beginn der Industrialisierung eine durchaus schwere Krise stand, genauer: ein wirtschaftlicher Engpass.[10] In Großbritannien wurde nämlich seit dem 16. Jahrhundert das Holz knapp und die Holzkohle als wichtigste Energiequelle immer teurer. Die Wirtschaft des Landes reagierte: Zum einen stiegen die Holzimporte aus Skandinavien, zum anderen – und weit innovativer – begann der Rückgriff auf eine natürliche Ressource, die reichlich vorhanden war: die Kohle. Bis dahin waren die großen englischen Kohlereserven in der Tyne-Region weitgehend vom Abbau verschont geblieben, weil die Bevölkerung die Rauchentwicklung bei der Kohleverbrennung für gesundheitsschädlich hielt, was sie ja auch ist, wenn auch in viel weniger giftig-fataler Weise, als es damals weithin geglaubt wurde. Der Engpass in der Energieversorgung führte zur Erosion der Vorurteile – in einer Gesellschaft, die sich ohnehin schon als weltoffen und innovationsfreudig verstand.

Das Aufgeben der Vorurteile machte sich bezahlt. Was die Effizienz betrifft, stellte die Kohle schnell die traditionellen Energiequellen Wasser- und Windkraft in den Schatten. Die Kohle war allerdings teuer zu transportieren. Die Folge: Die Industrie, die Kohle brauchte, entstand vor allem in der Nähe der Energiequellen, in England in den Midlands und der Tyne-Region, in Kontinentaleuropa in Lothringen und der Wallonie, im Ruhr- und im Saargebiet, in Schlesien und Mitteldeutschland. Holland, ebenso hoch entwickelt und weltoffen wie England, aber nur mit

Windkraft und nicht mit Kohle gesegnet, spielte deshalb in der frühen Phase der Industrialisierung nur mehr eine Nebenrolle.

Die neue leistungsfähige Energie eröffnete ungeheure Möglichkeiten, neue Maschinen zu entwickeln und in einer industriellen Massenproduktion einzusetzen. Dies geschah Schritt für Schritt in allen Bereichen des Handwerks und der Manufakturen. Die Geschichte der Fabrikarbeit lief an. Zunächst in der Fertigung von Textilien und Bekleidung, dann in der Herstellung von Eisen und Stahl, später kamen Chemie und Elektrotechnik hinzu, im 20. Jahrhundert dann die Automobilindustrie und in jüngerer Zeit die Mikroelektronik und Informationstechnik. Ein immer größerer Teil der Produktion diente dabei der Herstellung von Investitionsgütern, die der Entwicklung ihre charakteristische Dynamik gaben. Klassische Beispiele dafür sind der Eisenbahnbau im 19. und der Straßenbau im 20. Jahrhundert, also die Schaffung einer Verkehrsinfrastruktur, die nicht nur den privaten Bedarf an Mobilität deckte, sondern auch die räumliche Arbeitsteilung der Industrie selbst maßgeblich erleichterte. Ein modernes Beispiel liefert die umfassende Ausstattung praktisch aller Büros mit Computern sowie deren Vernetzung über Internet durch ausgebaute Datenleitungen.

Tatsächlich setzte die Industrialisierung im 19. Jahrhundert einen machtvollen Prozess des wirtschaftlichen Strukturwandels in Gang. Er spielte sich vor allem innerhalb der Industrie ab – bis hin zur Energieversorgung, bei der im 20. Jahrhundert neben die Kohle zunehmend das Öl, die Kernkraft und schließlich moderne regenerative Energien traten. Er betraf aber nicht nur die Industrie selbst, sondern die gesamte Wirtschaft, besonders auch den weiten Bereich der Dienstleistungen und die Landwirtschaft. Industrielles Wachstum sorgt nämlich für eine Umwertung praktisch aller anderen Tätigkeiten in einer Wirtschaft, und zwar vor allem dadurch, dass es die Nachfrage nach Arbeit erhöht.

Es ist für uns nützlich, diesen Prozess in stilisierter Form kurz nachzuzeichnen, auch wenn sich damit ein kleiner Ausflug in die Volkswirtschaftstheorie verbindet.[11] Startpunkt ist die Entwicklung einer neuen technischen Idee – einer industriellen Innovation, die durch Investitionen in neue Maschinen umgesetzt wird. Ist sie erfolgreich, erhöht sich damit die Arbeitsproduktivität in der Industrie (aber nur dort!). Es lohnt sich deshalb, dort mehr Arbeitskräfte nachzufragen und, wenn möglich, einzustellen. Herrscht Wettbewerb, führt dies zu höheren Industrielöhnen und damit zu einer Zuwanderung aus anderen Sektoren der Wirtschaft in die Industrie, vor allem aus der Landwirtschaft und traditionellen Dienstleistungen. Diese schrumpfen, es sei denn, sie zahlen annähernd gleiche Löhne wie die Industrie, um die Abwanderung von Arbeitskräften zu verhindern. Dies können sie ohne eigene Innovationen aber nur tun, wenn sie die Preise ihrer Leistungen erhöhen. Dies wiederum gelingt ihnen nur, wenn es sich um weitgehend unverzichtbare Leistungen handelt. Diese verteuern sich.

Das Ergebnis: In einem Land, das sich industrialisiert, verschwinden entbehrliche Dienstleistungen vom Markt, und unentbehrliche Dienstleistungen werden teuer. Beispiele liegen auf der Hand: Auf dem Weg zum Industrieland sinkt die Zahl der Barbiere, Schuhputzer, Haushaltsgehilfen und Gärtner. Ihre Tätigkeit wird ersetzt durch Do-it-yourself-Aktivität, die mit einer verbesserten Ausstattung der privaten Haushalte auch immer leichter fällt. Wasch-, Spül-, Trocken-, Näh- und Mähmaschinen sowie Staubsauger, Bügeleisen und Rasierapparate erlauben es den Hausfrauen und -männern, die nötigen täglichen Dienstleistungen im eigenen Haushalt relativ zeit- und kostensparend selbst zu erledigen. Der Friseur dagegen bleibt erhalten, und seine Leistung steigt im Preis, genauso wie die des spezialisierten technischen Handwerks. Hinzu kommen sogenannte produktionsbezogene Dienstleistungen, die eng mit der Industrie zusammenhängen und deren Angebot im Trend zunimmt.

Dieser einfache Gedankengang macht eines klar: Ein kraftvoller industrieller Fortschritt zieht den Wert aller Leistungen in der Wirtschaft nach oben, und nicht nur den der Industrie. Genau dies geschah seit dem frühen 19. Jahrhundert, und zwar mit nie da gewesener Geschwindigkeit. Tatsächlich fanden die großen Innovationen fast immer in der Industrie statt, nicht bei Dienstleistungen und zunächst auch nicht in der Landwirtschaft, die sich allerdings später – der Industrie folgend – mechanisierte und damit gleichfalls einen Beitrag zum gesamtwirtschaftlichen Wachstum leistete. Aber dies war eher eine Reaktion auf die Dynamik, die aus der Industrie kam. Deshalb ist es absolut angemessen, wenn dieser Prozess summarisch als „Industrialisierung“ bezeichnet wird und das, was dabei herauskommt, sich „Industriegesellschaft“ nennt.

Dieser Weg – einmal beschritten – ist bisher in keinem industrialisierten Land rückgängig gemacht worden. Es ist wichtig, dies im Auge zu behalten, denn seit einigen Jahren wird sehr gerne von der Dienstleistungsgesellschaft oder sogar von der postindustriellen Gesellschaft gesprochen. Dies geschieht mit Blick darauf, dass in den wohlhabenden Industrienationen immer mehr Menschen eben nicht mehr als Arbeiter in der Industrie tätig sind, sondern als Angestellte im Dienstleistungssektor. Statistisch ist dies richtig. Allerdings darf es nicht zu der Vermutung verleiten, die Gesellschaft würde und könnte auf die Industrie als eine Art Motor der Wirtschaft verzichten. Denn vieles spricht noch immer dafür, dass der Schwerpunkt der Innovationen und Investitionen, die der Arbeitsproduktivität zugutekommen, in der Industrie stattfindet. Der Wert vieler Dienstleistungen – und nicht nur der produktionsbezogenen – ergibt sich auch heute noch vor allem aus der Arbeitsproduktivität der Industrie. Eine reine Dienstleistungsgesellschaft ist deshalb kaum denkbar, und wo leistungsfähige industrielle Kerne fehlen, bleibt es auch heute noch schwer, eine selbsttragende Entwicklung mit hohem Pro-Kopf-Einkommen zu initiieren. Wir werden darauf noch zu sprechen kommen.[12]

Die Industrialisierung ist also wohl doch unumkehrbar, zumindest nach aller bisherigen geschichtlichen Erfahrung. *Der entfesselte Prometheus*, so heißt deshalb auch der treffende Titel eines großen wirtschaftshistorischen Werkes, das die Industrialisierung umfassend beschreibt und untersucht.[13] Die konkreten Umstände ihrer Entstehung und Fortentwicklung erscheinen allerdings eher zufällig: Wäre der industrielle Motor nicht in England angesprungen, dann eben sonst irgendwo auf dem Kontinent, vielleicht ein paar Jahrzehnte später in irgendeiner

Region des heutigen Belgien, Deutschland oder Frankreich. Tatsächlich spricht die Schnelligkeit, mit der die Entwicklung auf Westeuropa übergriff, für eine gründliche Vorbereitung des Nährbodens durch die vorangegangene gemeinsame Geschichte. Die europäische Gesellschaft war anscheinend – was Weltoffenheit, Innovationskraft und Entwicklungsstand betrifft – durchaus reif für die Industrialisierung. Und die Tatsache, dass die großen Einwanderernationen in Übersee gleich mit auf den Zug des industriellen Wachstums sprangen, bestärkt diese Vermutung. Denn die Bevölkerung in den Vereinigten Staaten, Kanada, Australien und Neuseeland bestand ja zunehmend aus europäischen Immigranten, die von Bildungsniveau und Sozialisation her viel gemeinsam hatten mit den Menschen im Westen Europas.

Was war das wirtschaftsgeografische Ergebnis der Industrialisierung? Bis vor wenigen Jahrzehnten war die Antwort auf diese Frage relativ einfach: ein kleiner Kreis von Ländern der sogenannten westlichen Hemisphäre, deren wirtschaftliche Leistungskraft nach allen Maßzahlen ähnlich stark ausfiel und seit dem 19. Jahrhundert mit gewissen Zeitversetzungen parallel zugenommen hatte. Lediglich Japan gelang es als einzigem Land mit außereuropäischer Tradition recht frühzeitig, den Anschluss zu finden. Es sah deshalb lange Zeit so aus, als sei die Industrialisierung – und damit der Weg zum Wohlstand – eine Art westliches Privileg. Die letzten Jahrzehnte haben bewiesen, dass dies ein gründlicher Irrtum ist. Zunächst kam der industrielle Aufstieg einiger kleiner asiatischer Länder, und in jüngster Zeit folgen große Länder wie China, Indien, Indonesien und Brasilien. Deren Wachstum läuft allerdings erheblich schneller ab als das Wachstum Europas im 19. Jahrhundert. Der Grund ist einfach: Sie starten auf einer ganz anderen Grundlage des weltweit verbreiteten Wissens und der bereits vorhandenen Technologie. Und soweit sie bereits über eine gut ausgebildete Bevölkerung verfügen, können sie dieses technische Wissen über Investitionen sehr schnell in Fortschritte der Arbeitsproduktivität umsetzen.

Tatsächlich beobachten wir Schübe des wirtschaftlichen Wachstums beziehungsweise Aufholens, die immer schneller verlaufen, obwohl sie im Kern auf dem altbekannten Prozess der Industrialisierung beruhen: Der Vorreiter Großbritannien brauchte für seinen Aufstieg am längsten, die Nachfolger in Kontinentaleuropa und die Vereinigten Staaten waren schon schneller, Japan war noch schneller, die kleinen asiatischen Tigerländer (Hongkong, Singapur, Südkorea und Taiwan) wiederum schneller, und die nun folgende Generation von großen Nationen wie China, Indien, Indonesien und Brasilien legt ein nochmals höheres Tempo vor.

All dies legt die Vermutung nahe, dass wir derzeit in einer historischen Übergangsphase leben: zwischen einer kleinen und einer großen Welt der Industrialisierung. Die „Kleine Welt" besteht im Wesentlichen aus dem sogenannten Westen (plus Japan), die „Große Welt" umfasst tatsächlich die Mehrheit der Erdbewohner, denn allein 40 Prozent davon leben in China und Indien. Und das überaus schnelle Wachstum der Nachzügler könnte bedeuten, dass die Übergangsphase recht kurz ausfällt, zumindest wenn man sie an den üblichen historischen Maßstäben misst. Diese Deutung – die Gegenwart als relativ kurze Übergangszeit zwischen kleiner und großer Welt der Industrialisierung –, sie wird in unserer weiteren Betrachtung noch eine große Rolle spielen. Sie weist nämlich auf eine Menge Konfliktstoff hin, wirtschaftlich und politisch; aber gerade durch ihre Dynamik enthält sie auch Potenziale für die Konfliktlösung. Wir werden darauf zurückkommen.

Mit dem Weg in die „Große Welt" der Industrialisierung verknüpft sich jene Entwicklung, die in der Öffentlichkeit der letzten Jahre von allen gesellschaftlichen Veränderungen die hitzigsten Debatten ausgelöst hat: die Globalisierung. Sie ist eines der großen schillernden Phänomene unserer Zeit, das viele Dimensionen hat. Im Zusammenhang mit wirtschaftlichem Wachstum muss dabei der internationale Handel zunächst ins Zentrum rücken. Leben wir in einem Zeitalter der Globalisierung der Handelsströme? Die Antwort ist zunächst ein uneingeschränktes Ja. Von 1950 bis 2007 ist das Volumen des Welthandels mit einer jährlichen Rate von 6,2 Prozent gewachsen, und zwar ohne starke Schwankungen. Damit war das Handelsvolumen 2007 fast 31-mal größer als 1950, die Produk-

Macht Wachstum glücklich?

Es kommt drauf an.

Glücksforschung – das hört sich vielleicht merkwürdig an, ist aber eine moderne Branche der Wirtschafts- und Sozialwissenschaften. Und wichtig für die Analyse des Wachstums ist sie auch. Denn seit einigen Jahren stellt sie die Frage, wie Menschen mit unterschiedlichen Niveaus des materiellen Wohlstands ihr persönliches Wohlbefinden einschätzen.

Die Ergebnisse sind aufschlussreich. Sie zeigen, dass bis zu einem gewissen Pro-Kopf-Einkommen das Glücksgefühl mit steigendem Wohlstand deutlich zunimmt, darüber allerdings praktisch nicht mehr. Die Einkommensgrenze liegt dabei in etwa auf dem Niveau der ärmeren OECD-Länder, also im „Klub der Reichen“, aber an dessen unterem Rand. Also: Der Weg von der absoluten Armut zu moderatem Wohlstand wird als etwas Angenehmes erlebt, als Fortschritt, als persönlicher Gewinn. Weitere Einkommenserhöhungen leisten keinen wirklich erkennbaren Beitrag zum Glück.

Wie erklärt sich diese merkwürdige Zweiteilung der Welt? Hier ist derzeit noch viel Raum für Spekulationen. Prominente Glücksforscher wie Richard Layard vermuten, dass auf dem Weg von der Armut zum moderaten Wohlstand zunächst das absolute Niveau lebenswichtiger Bedürfnisse zählt. Nehmen die Sorgen darüber ab, stellt sich persönliche Zufriedenheit ein. Bei höherem Lebensstandard dagegen gewinnt immer stärker die relative Position gegenüber dem Rest der eigenen Gesellschaft an Gewicht, und die verändert sich eben nicht, wenn alle gemeinsam wohlhabender werden, sondern nur durch eine überproportionale Verbesserung der eigenen Position.

Auch andere Erklärungen sind denkbar: Wirtschaftliches Wachstum in ärmeren Ländern ist viel stärker mit sichtbaren physischen Veränderungen verbunden, die weithin als Fortschritt wahrgenommen werden, so zum Beispiel im Straßenbau oder in der Renovierung des Wohnungsbestandes. Manche davon werden sogar öffentlich gefeiert und gewürdigt – als stolze Leistung, als großartiges Symbol der Dynamik, als gesellschaftlicher Fortschritt. Es herrscht dann Aufbruchsstimmung und mit ihr eine Art kollektives Glücksgefühl. Je wohlhabender aber ein Land wird, desto weniger wird der Fortschritt nach außen erkennbar. Er büßt das ein, was man „Greifbarkeit“ nennen könnte. Dies ist die Kehrseite des qualitativen Wachstums. Die Aufbruchstimmung verebbt. Dass es vorangeht, merkt kaum noch jemand.

Es bleibt die Frage, was aus den statistischen Ergebnissen der Glücksforschung politisch zu folgern ist. Sollte das Wirtschaftswachstum in den meisten OECD-Ländern als Ziel aufgegeben werden, wenn es wirklich nichts zum Glück beiträgt? Wohl kaum, denn viele Indikatoren der sozialen und medizinischen Versorgung hängen eng mit dem Wohlstandsniveau zusammen, und zwar eindeutig positiv. Es wäre moralisch fragwürdig, auf das Potenzial für solcherart Verbesserungen zu verzichten.

Hinter dieser Einschätzung steht ein noch fundamentaleres Argument gegen die politische Bedeutung der Ergebnisse. Was die Glücksforschung bestenfalls misst, ist der tatsächliche Stand des Glücksgefühls bei einem bestimmten Wohlstandsniveau. Was sie nicht misst, ist der Wunsch der Menschen nach Verbesserung ihrer Lage. So mag ein Südkoreaner sich faktisch nicht unglücklicher fühlen als ein Schweizer mit fast doppelt so hohem Wohlstandsniveau. Gleichwohl würde er sich – danach befragt – zweifellos für die Zukunft das Einkommen des Schweizers wünschen. Dass er dann, wenn er es tatsächlich erreicht hat, laut Glücksforschung nicht glücklicher sein wird als zuvor, hält ihn nicht davon ab, dem ewigen Wunsch nach mehr Wohlstand treu zu bleiben. Es ist aber genau dieser Wunsch, der politisch zählt. Nichts anderes, auch keine wissenschaftlichen Erkenntnisse.

Vielleicht erübrigen sich bald auch diese eher philosophischen Gedanken zur Glücklosigkeit des Wachstums. Denn die Glücksforschung geht weiter. Und die neuesten Ergebnisse – so unter anderem von dem Forscherteam Stevenson & Wolfers – deuten mit neuen Daten und neuen Methoden in eine ganz andere Richtung: Sie sprechen für einen engen, deutlichen und stabilen Zusammenhang zwischen Wohlstand und Glücksgefühl.

tionsleistung hat sich dagegen „nur" verachtfacht.[14] Es gab also einen klaren Trend zu einer stärkeren internationalen Verflechtung, und zwar recht stabil über den gesamten Zeitraum. Lediglich in den schweren weltweiten Konjunkturkrisen 1973 bis 1975 und 1981 bis 1983 kam es zu kräftigen Einbrüchen, aber diese wurden im darauffolgenden Aufschwung schnell wieder wettgemacht. Der derzeitige Einbruch seit 2007 ist der bisher stärkste, aber alle Indikatoren deuten darauf hin, dass auch er zügig überwunden wird.

Die Gründe für die enorme Dynamik des Welthandels in den letzten sechs Jahrzehnten liegen auf der Hand. Da ist zunächst die drastische Abnahme der Kosten von Gütertransport und Kommunikation über weite Entfernungen: Die Verbesserung der Verkehrswege zur See und zu Land, der Ausbau von Häfen, der Einsatz von Containern im Wasser-, Schienen- und Straßenverkehr, die Verbesserung der Postwege und vor allem die geradezu revolutionäre Entwicklung in der Telekommunikation bis hin zu Mobiltelefon und Internet, all dies hat offenbar die Welt zusammenwachsen lassen. Tatsächlich sind diese Trends zum Symbol der Globalisierung geworden, mehr noch als der Güterhandel selbst, der aber davon massiv profitierte.

Unterstützt wurde diese eher technische Entwicklung durch einen politischen Trend zur Liberalisierung des Handels. In einer Abfolge von Handelsrunden im Rahmen des GATT (General Agreement on Tariffs and Trade) wurden die Zölle gesenkt; zudem traten immer mehr Länder dem GATT und nach ihrer Gründung 1994 der World Trade Organization (WTO) bei und akzeptierten damit deren freihändlerische Grundorientierung. Die Europäische Union (EU) beziehungsweise ihre Vorläufer sowie die European Free Trade Association (EFTA) sorgten für immer mehr Freihandel mit Industriegütern in Europa; das North American Free Trade Agreement (NAFTA) tat später Ähnliches für die USA, Kanada und Mexiko. Zunehmend mehr Entwicklungs- und Schwellenländer – allen voran große Nationen wie China, Indien und Brasilien – begannen nach langen Phasen der Abschottung vom Weltmarkt in den 1980er-Jahren, ihren Handel zu liberalisieren. Und schließlich löste sich ab

1989 der planwirtschaftliche, sowjetdominierte Ostblock auf; die letzte große Bastion von fast hermetisch isolierten Ländern öffnete sich somit für den marktwirtschaftlichen Außenhandel.

Einen wichtigen Schub erhielt der Welthandel schließlich durch das wirtschaftliche Wachstum selbst, vor allem durch die zunehmende Industrialisierung von Ländern, die zuvor nur landwirtschaftliche Produkte und Rohstoffe exportierten. Tatsächlich nahm der Handel mit industriellen Erzeugnissen im Trend noch weit schneller zu als der Handel insgesamt. Immer mehr wandelte sich dabei die Handelsverflechtung zu einem gegenseitigen Austausch von Industrieprodukten. Dies ist eine Entwicklung, die zunächst als sogenannter intraindustrieller Handel vornehmlich zwischen Industrieländern zu beobachten war, so schon seit Mitte der 1950er-Jahre im Zuge der europäischen Integration.[15] Seit den 1980er-Jahren verstärkt sich dieser Trend weltweit und gibt der Globalisierung ein neues Gepräge.

Mit etwas Mut zur Vereinfachung können wir sagen: Entwicklungs- und Schwellenländer werden den Industrieländern immer ähnlicher, und zwar eben auch im Handel mit Industriegütern. Ein zunehmender Anteil dieses (schnell wachsenden) Handels beruht auf einer Diversifikation der Nachfrage: Konsumenten auf beiden Seiten kaufen die Industrieprodukte der jeweils anderen Seite. Ein weiterer zunehmender Anteil geht allerdings auf das zurück, was wir als eine geografische Zerlegung der Wertschöpfungskette[16] bezeichnen können: Immer mehr industrielle Vor- und Zwischenprodukte werden in Entwicklungs- und Schwellenländern hergestellt und anschließend zur weiteren Verarbeitung in Industrieländer exportiert. Dies geschieht zwischen selbständigen Unternehmen verschiedener Nationalitäten oder innerhalb von multinational tätigen Unternehmen (oft „Outsourcing“ oder „Offshoring“[17] genannt). Es kommt also tatsächlich zu einer recht umfassenden Integration der industriellen Produktionsprozesse, mit weitreichenden Konsequenzen, die uns noch beschäftigen werden.

Genau diese neue Stufe der Integration unterscheidet die heutige Globalisierung im Handel von einer wichtigen früheren historischen Epoche, auf die mit einigem Recht gleichfalls der

Begriff der Globalisierung angewendet wird: das 19. Jahrhundert bis hin zum Ersten Weltkrieg. Tatsächlich war am Vorabend des Ersten Weltkriegs ein recht hoher Grad der weltwirtschaftlichen Handelsverflechtung erreicht.[18] Allerdings hatte diese damals eine völlig andere Struktur: Die führenden jungen Industrienationen in Europa und zunehmend auch die Vereinigten Staaten produzierten und exportierten Fertigwaren, während die übrige Welt vor allem Agrarprodukte und Rohstoffe lieferte. Die Dichte und Tiefe der Integration war deshalb nicht annähernd zu vergleichen mit dem, was die heutige Globalisierung vorzuweisen hat.

Aus alledem wird klar: Wirtschaftswachstum und Globalisierung hängen heutzutage sehr eng miteinander zusammen. Beides erhält seine Dynamik aus einer weltwirtschaftlichen Arbeitsteilung, die sich ständig verändert, aber auch selbst wieder das Ergebnis des eigenständigen Wachstums und Strukturwandels der beteiligten Länder ist. Es fällt nicht leicht, diesen Prozess im Einzelnen zu erfassen oder gar vorherzusehen. In stark vereinfachter, stilisierter Form lässt er sich allerdings durchaus beschreiben. Auch hier ist ein Ausflug in die volkswirtschaftliche Theorie nützlich, konkret in die Theorie des endogenen Wachstums, wie sie sich seit den späten 1970er-Jahren entwickelt hat.[19]

Am Anfang stehen, wie immer bei Prozessen des Wirtschaftswachstums, die Entdeckung neuen Wissens und dessen kommerzielle Umsetzung – also: eine Innovation. Sie findet typischerweise, aber nicht nur, in den am weitesten entwickelten Ländern statt, sei es aufgrund einer gezielten Investition in die Forschung, sei es als positiver Nebeneffekt des Produktionsbetriebs. Sie sorgt für neue Möglichkeiten der Investition, die einen Prozess in Gang setzen, dem der berühmte österreichische Ökonom Joseph A. Schumpeter einen geradezu poetischen Namen gab: „schöpferische Zerstörung".[20] Der Name ist treffend, denn die Innovation und die damit verbundenen Investitionen machen alte Produktionsweisen unrentabel. Sie „zerstören" also, aber sie tun es „schöpferisch", weil dafür zwangsläufig neue Möglichkeiten der Rentabilität an anderer Stelle entstehen. Ein Strukturwandel kommt in Gang, der für die Beteiligten schmerzhaft ist, aber zum Kern der kapitalistischen Selbsterneuerung gehört. Das neue Wissen, einmal in der Welt, ist natürlich nicht völlig geheim zu halten, denn einen perfekten Patentschutz gibt es nicht. Es verbreitet sich über eine Vielzahl von Kanälen in der eigenen Branche, in der nationalen Wirtschaft und darüber hinaus. Ist es technisch komplex (und das ist in der Regel der Fall), wird es überall dort weitere Innovationen oder direkte Imitationen auslösen, wo hinreichend gut ausgebildete Arbeitskräfte in der Lage sind, die Neuerung zu verstehen und zu kopieren oder weiterzuentwickeln. Die Folge: Die Pioniergewinne des ursprünglichen Innovators schmelzen dahin und die Nachfolger holen auf. Der Vorsprung ist nur haltbar, wenn es inzwischen wiederum zu neuen Innovationen im weitesten entwickelten Land kommt, mit der Folge, dass der Prozess an anderer Stelle von vorne beginnt. Kurzum: ein ewiges Wettrennen zwischen jenen Regionen der Weltwirtschaft, die Zentren der Wissensproduktion sind, und jenen, die wir – ohne despektierlichen Nebensinn – als Peripherie bezeichnen können.[21]

Das Ergebnis des Wettrennens lesen wir in der Statistik. Es heißt: globales Wachstum. Es ist nichts anderes als die ökonomische Umsetzung all des Wissens, das in der Weltwirtschaft neu entsteht oder neu zur Anwendung kommt. Es ist – im wahrsten Sinne des üblichen ökonomischen Begriffs – „Wertschöpfung". Diese vollzieht sich durch einen permanenten Strukturwandel nach ökonomischen Gesichtspunkten, in dem sich die weltweite Arbeitsteilung ständig verändert: Industriestandorte verlagern sich, Wertschöpfungsketten werden zerlegt, die Produktvielfalt wird breiter, die Produktdifferenzierung feiner, die Produktqualität fächert sich auf. Je größer die Anzahl von Menschen, die ihre Körper- und Geisteskraft in die weltweite Arbeitsteilung einbringen, umso größer ist das Potenzial, eine Vielzahl von Spezialisierungsvorteilen zu nutzen.

Es sind die traditionellen und die neuen Theorien des internationalen Handels, die in der Volkswirtschaftslehre die dafür nötigen Erklärungsmuster liefern. Diese erstrecken sich von den (relativen) Unterschieden in der Produktivität und in der Ausstattung mit Ressourcen über die Nutzung von Größenvorteilen bis hin zu Effizienzunterschieden zwischen einzelnen Firmen.[22] Und die Spezialisierung im Handel kann wiederum das Wachstum einer Volkswirtschaft beeinflussen, positiv und negativ.[23] Im Ergebnis kann es deshalb im weltwirtschaftlichen Wachstumsprozess Gewinner und Verlierer geben, und zwar absolut und relativ, und zwischen Nationen und Bevölkerungsgruppen. Die Vergangenheit liefert uns in dieser Hinsicht eine Menge von auswertbaren Erfahrungen. Wir werden in Abschnitt 1.2 darauf zurückkommen.

Bleiben wir aber zunächst beim Wachstum selbst. Was wächst, ist die Wertschöpfung, also der Wert der Produktion, gemessen in realen oder Mengeneinheiten, das heißt bereinigt um reine inflationäre Steigerungen des Preisniveaus, die sich nicht in einer Erhöhung des Lebensstandards niederschlagen. So definiert die Volkswirtschaftliche Gesamtrechnung „reales Wachstum". Dies ist im Grundsatz einfach und plausibel, birgt aber bereits eine Fülle von Missverständnissen, die in der öffentlichen Diskussion für große Verwirrung sorgen. Dies gilt insbesondere für die beliebte Unterscheidung zwischen quantitativem und qualitativem Wachstum. Nahe liegt die Vorstellung, das Wachstum, das wir messen würden, sei rein quantitativ, also in Mengen gerechnet: Ein Land, das wächst, produziert und konsumiert deshalb mehr Menge. Ein permanentes Wachstum hat insofern den Charakter von „immer mehr", mit dem Beigeschmack von Gier und Gefräßigkeit, die man nach Belieben hineindeuten kann.

Diese Vorstellung ist grob irreführend. Tatsächlich verbindet sich mit dem Wachstum eine stete Veränderung der Produktpalette und der Qualität der Erzeugnisse. In der Regel entstehen dabei mehr und bessere Produkte. Dass es immer mehr vom wirklich unverändert gleichen Produkt gibt, ist die Ausnahme und nicht die Regel. Sie gilt wahrscheinlich nur für die relativ frühen Stufen der wirtschaftlichen Entwicklung, wo es noch darum geht, zunächst eine Serie von grundlegenden Bedürfnissen zu befriedigen – vom Kampf gegen den Hunger über solide Kleidung und Behausung bis hin zum ersten Erwerb langlebiger Güter wie Möbel, Haushaltsgeräte, Kraftfahrzeuge, die erste Urlaubsreise etc. Ist dies in der Breite der Bevölkerung im Wesentlichen erreicht, wird aus dem quantitativen Wachstum zunehmend qualitatives: Die nächste Generation von Möbeln, Haushaltsgeräten, Kraftfahrzeugen, Urlaubsreisen etc. wird ästhetischer, sicherer, bedienungs- und umweltfreundlicher, bequemer, je nach Vorlieben der Nachfrager und Leistungen der Anbieter. Es steigt vor allem der Gebrauchswert, nicht die Menge.

Es ist nun die schwierige Aufgabe der amtlichen Statistiker, jenen Teil der Preis- und Wertsteigerung eines Gutes zu ermitteln, der auf einer wirklichen Zunahme des Gebrauchswertes beruht.[24] Dies geschieht mithilfe komplexer Methoden und kenntnisreicher Ingenieure, die aus technischer Sicht Bewertungen von Produktanpassungen und -neuerungen vornehmen. Im Ergebnis wird die Qualitätsverbesserung quantifiziert und in der Volkswirtschaftlichen Gesamtrechnung der Veränderung der Gütermenge (und nicht des Preises!) zugerechnet. Soweit qualitativ bedingt, hat also das Wachstum des realen Produktionswertes gar nichts mit einer größeren Menge zu tun. Stattdessen ist es nichts anderes als die unvermeidliche Konsequenz des Versuchs, die vielen Dimensionen eines Produktes auf genau zwei zu reduzieren, nämlich Menge und Preis. Da es absurd wäre, eine rein qualitätsbedingte Preissteigerung als (nominale) Preisinflation und damit Geldentwertung einzustufen, bleibt nur der beschriebene Weg. Er führt allerdings dazu, dass ein qualitatives Wachstum im Gewande des quantitativen daherkommt und zu Fehlinterpretationen einlädt.

Tatsächlich steckt hinter dieser eher statistischen Problematik eine tiefe ökonomische, vielleicht sogar philosophische Frage: Was eigentlich heißt „Wohlstand"? Offenbar geht es – jenseits eines bestimmten Niveaus der Grundversorgung – vor allem um die Qualität und Vielfalt der materiellen Güter und Dienstleistungen, nicht um die reine Menge. Dies entspricht der Lebenserfahrung beim Wohlstandsvergleich zwischen Generationen. So sind hierzulande die produzierten Möbel, Haushaltsgeräte, Kraftfahrzeuge und selbst die Urlaubsreisen im Jahr 2010 qualitativ weit besser, aber auch vielfältiger, als sie es im Jahr 1980 waren. Und hinzugekommen ist eine große Zahl völlig neuer Produkte, die es aus technischen Gründen damals noch gar nicht gab –

vom Personal Computer über das Mobiltelefon bis zum Internet. Deren Aufgaben erfüllten damals zwar andere Produkte: die Schreibmaschine, das Telefon mit Festanschluss, das Faxgerät. Sie taten es allerdings in der Regel mit einer weit geringeren Leistungsfähigkeit als ihre Nachfolger, und manche von ihnen wie die Schreibmaschine will heute kaum noch jemand mehr haben.

Jede Regel hat ihre Ausnahmen, und es ist natürlich nicht sehr schwierig, auch hochwertige – und heute noch begehrte – Produkte früherer Zeiten zu finden, die nicht mehr hergestellt werden. Die prachtvollsten Villen und Mietshäuser in deutschen Städten stammen meist aus der Zeit vor dem Ersten Weltkrieg, ebenso wertvoller Gold- und Silberschmuck sowie viele Objekte des Kunsthandwerks und Kunstgewerbes. Aber es liegt auf der Hand, warum dies Ausnahmen bleiben: Es sind Produkte, die gerade durch ihre Bindung an eine Epoche ihren Wert beziehen und deren einfache Reproduktion mit modernen Mitteln zur billigen Kopie wird, die der Markt nicht schätzt. In manchen Fällen ist allerdings auch die Fähigkeit zur Reproduktion verschwunden, einfach weil die handwerkliche Praxis und das damit verbundene Wissen verloren gingen. Ein frühes Beispiel dafür ist die Kunst der Kalligrafie, die dem Buchdruck zum Opfer fiel. Spätere Beispiele sind die vielen spezialisierten Kunsthandwerksbetriebe, die es in Deutschlands Großstädten zur Zeit des Baubooms der Wilhelminischen Jahre gab. Gelegentlich kehrt das traditionelle Handwerk aber auch in modernisierter Form zurück, und zwar dann, wenn aufgrund des Wachstums eine Art Renaissance der Nachfrage nach handwerklicher Qualitätsware stattfindet. Auch dafür gibt es zahlreiche Beispiele – von der Rückkehr zur Handlese im Weinbau bis zur Maßanfertigung von Kleidern und Schuhen.

Aus alledem wird klar: Wertschöpfung und Wohlstand sind keineswegs rein quantitative Kategorien. Genauso ist ihre Veränderung, das Wirtschaftswachstum, nur zum Teil quantitativ zu verstehen, und zwar zu einem immer geringeren Teil, je höher bereits der Wohlstand eines Landes ausfällt. Drastisch formuliert: Die Weltbevölkerung im Wirtschaftswachstum ist kein gefräßiger Hund, der – von unersättlicher Gier getrieben – immer mehr in sich hineinstopft, und zwar stets vom gleichen Futter, das durch Fortschritte in der Produktionstechnik in immer größerer Menge hergestellt und angeliefert wird. Treffender ist da schon das Bild einer globalen Gesellschaft, die im Zuge des Wachstums zunächst ihre Grundbedürfnisse nach Nahrung, Wohnung und Kleidung befriedigt, sich dann mit langlebigen Gütern ausstattet – vom Kühlschrank bis zum Kraftwagen – und schließlich auf breiter Front die Qualität und die Vielfalt des Konsums verbessert. In diesem Bild ist die Wirtschaft nicht der Massenhersteller von immer mehr eintöniger Kost. Sie ist vielmehr Begleiter eines tief greifenden Wandels der Werte und vor allem der Produzent immer neuen Wissens.

Es geht dabei übrigens keineswegs nur um Wissen, das ausschließlich privatwirtschaftlich verwertbar ist. Auch Kunst und Kultur sowie die Grundlagenforschung in den wirtschaftsfernsten Gebieten profitieren massiv davon, und zwar ziemlich direkt. Dies haben gerade die technischen Fortschritte der letzten Jahrzehnte eindrucksvoll unter Beweis gestellt: Die Museumslandschaft erlebt eine radikale Modernisierung der Ausstellungsformen, das Bibliothekswesen eine weltweite Vernetzung, die kunstgeschichtliche Forschung einen Boom in der chemischen Werkanalyse, die Archäologie eine Revolution in der Grabungstechnik – und dies alles, weil neue Techniken jenseits des wirtschaftlichen Profits für den gemeinnützigen Bereich nutzbar werden. Der Nutzen der Technik geht also weit über das hinaus, was in den Statistiken der wirtschaftlichen Wertschöpfung und deren Wachstum zu messen ist.

Damit wird aber auch klar: Der Verzicht auf Wachstum, das ist eigentlich eine merkwürdige Forderung. Sie bedeutet nämlich den Verzicht auf die Umsetzung von neuem Wissen in eine qualitativ bessere und vielfältigere Produktwelt, und zwar privatwirtschaftlich und gemeinnützig. Wollen wir das wirklich? Wollen wir wirklich, dass die Entstehung oder die Anwendung neuen Wissens gebremst wird? Merkwürdig ist die Forderung vor allem mit Blick auf Entwicklungs- und Schwellenländer: Warum sollten diese freiwillig darauf verzichten, bereits global vorhandenes

Der Wunsch nach Verzicht.

Sind die Deutschen hedonistische Lebenskünstler?

Wirtschaftswachstum schafft Freizeit. Das mag paradox klingen, denn eigentlich ist doch Freizeit statt Arbeit gerade der Verzicht auf mehr Produktion und Einkommen. Genau deshalb ist sie aber Ergebnis des Wachstums selbst. Erst wenn die Menschen ihre dringendsten materiellen Wünsche erfüllen können, drängen sie nach mehr Freizeit.

Es ist von daher kein Zufall, dass in den meisten Industrienationen seit dem 19. Jahrhundert die Arbeitszeit deutlich abgenommen hat. So lag in Deutschland im Jahr 1870 die Jahresarbeitszeit bei fast 3.900 Stunden. Heute sind es gerade mal 1.700, bei Einschluss von Teilzeitbeschäftigung sogar nur gut 1.400 Stunden, die im Durchschnitt pro Jahr gearbeitet werden.

Allerdings: Seit 1970 hat sich der Trend zu kürzeren Arbeitszeiten in Deutschland deutlich verlangsamt. In den letzten Jahren ist er praktisch zum Stillstand gekommen. Und dies trotz Wirtschaftswachstum. Die Bereitschaft zum freiwilligen Verzicht auf Arbeit zugunsten der Freizeit ist vorerst beendet. In der Abwägung zwischen „mehr Geld“ und „weniger Arbeit“ wählen die Menschen heute „mehr Geld“. Dies hat natürlich nichts mit Gier zu tun, sondern mit dem einfachen Gefühl, dass ein weiterer Urlaubstag oder weitere freie Stunden in der Woche für das eigene Wohlbefinden weit weniger bringen als das zusätzliche Einkommen, das in dieser Zeit erarbeitet werden kann. In dieser Hinsicht werden die Deutschen offenbar ihren europäischen Nachbarn ähnlicher. Denn alle EU-Länder haben längere Jahresarbeitszeiten – mit einer Ausnahme: die Niederlande. Dort schlägt ein besonders hoher Anteil von Teilzeitbeschäftigten zu Buche.

Außerhalb Europas wird noch erheblich länger gearbeitet. Dies gilt selbst für Länder, die mit an der Spitze der globalen Wohlstandspyramide stehen. Im Jahr 2007 waren es in den Vereinigten Staaten und Japan 25 Prozent mehr Stunden pro Jahr als in Deutschland. Das sind gewaltige

Unterschiede, die offenbar mit unterschiedlichen Grundeinstellungen und Vorlieben der Menschen zu tun haben. Sie werden wohl kaum völlig verschwinden, sondern auf Dauer sichtbar bleiben. Dabei sitzen die wahren Workaholics in Südkorea, dem einzigen Land der OECD, das den Sonnabend als regulären Arbeitstag beibehalten hat. Dort lag 2007 die Jahresarbeitszeit furchterregende 62 Prozent über dem deutschen Niveau. Immerhin, der Abstand schmilzt. Mitte der 1990er-Jahre betrug er noch 75 Prozent.

Für die Interpretation von Wohlstand und Produktivität dürfen solche Unterschiede natürlich nicht außer Acht bleiben. Wenn zum Beispiel die Vereinigten Staaten in den meisten Ranglisten des Pro-Kopf-Einkommens bis zu 20 Prozent vor Deutschland liegen, dann lässt sich dies allein schon mit der starken Vorliebe der Deutschen für die (unbezahlte) Freizeit erklären. Es geht also um einen selbst gewählten Rückstand unseres Landes.

Man sieht: Der Verzicht und die Selbstbescheidung sind anscheinend schon heute ein Charakteristikum der Deutschen. Es bedarf da gar keiner zusätzlichen Aufrufe, die germanische Jagd auf den schnöden Mammon zu zügeln. Als Reiseweltmeister genießen wir ja schon heute ausgiebig die Urlaubssonne auf Mallorca und den Malediven. Die Deutschen sind eben längst hedonistische Lebenskünstler.

Wirklich? So mancher Deutsche beginnt seinen Urlaubstag oder Feierabend mit einem hektischen Einkauf im Baumarkt, um anschließend im Schweiße seines Angesichts die Wände zu tapezieren, den Wohnwagen zu reparieren, den Gartenzaun zu erneuern und den Rasen zu mähen. Denn eines ist klar: Er will ja in der Freizeit nicht unproduktiv herumsitzen, er will etwas leisten. Und wenn man seine Hausarbeit zu Marktpreis und Handwerkerlohn bewertet, dann kommt dabei schon einiges heraus. Und wenn man alle Leistungen in der Freizeit zusammenrechnet und der volkswirtschaftlichen Produktion zuschlägt, dann sind wir bestimmt wieder auf dem amerikanischen Niveau des Pro-Kopf-Einkommens. Und alles hat wieder seine Richtigkeit. Und alle haben hart gearbeitet. Von wegen hedonistische Lebenskünstler!

Wissen im Zuge einer Industrialisierung in größere wirtschaftliche Leistungsfähigkeit und Arbeitsproduktivität umzusetzen, sobald sie vom Bildungsstand ihrer Bevölkerung her in der Lage sind, dies zu tun? Im historischen Vergleich leben die Chinesen heute etwa auf dem Standard der Briten zu Beginn des Ersten Weltkriegs 1914, die Inder auf dem Standard der Deutschen zur Zeit der Reichsgründung 1871. Warum sollten sie dort verharren wollen?

Merkwürdig ist die Forderung aber auch für hoch entwickelte Industrieländer: Warum sollten diese die Innovationskraft ihrer Industrien bremsen und damit möglicherweise im Lebensstandard stagnieren oder gar zurückfallen, wenn andere aufholen und die eigenen Pionierrenten dahinschwinden? Man muss sich die Tragweite von Prozessen des Zurückfallens auch quantitativ ganz deutlich vor Augen führen. So bedeutet ein internationaler Unterschied der jährlichen Wachstumsraten der Produktivität und des Pro-Kopf-Einkommens von nur einem Prozent pro Jahr, dass – bei gleichem Startpunkt – nach einer Generation (30 Jahren) ein Rückstand von 35 Prozent klafft, nach zwei Generationen (60 Jahren) von 82 Prozent. Anders formuliert: Ein Land, das sich tatsächlich aus einem Geleitzug des Wachstums „ausklinkt“, sackt sehr schnell auf ein deutlich niedrigeres Einkommensniveau ab, mit allen Konsequenzen, die sich daraus ergeben, so zum Beispiel eine drohende Massenabwanderung von Leistungsträgern. Dies ist natürlich Reflex der hohen Geschwindigkeit des gesamten Zuges: Eine Welt, in der die Nachbarn schnell wachsen, zwingt auch einen selbst, wenigstens mitzuhalten. Das ist fast ein Gebot der wirtschaftlichen Selbstbehauptung, ob man das will oder nicht.

Aus der Geschichte gibt es wenige, aber eindrucksvolle Beispiele für Länder oder Regionen, die eine vormals starke Innovationskraft verspielten und in Friedenszeiten wirtschaftlich zurückfielen. So erlebten die norditalienischen Stadtstaaten ab dem 16. Jahrhundert eine fast totale Erosion ihrer Wettbewerbsposition in der Textil- und Bekleidungsindustrie vor allem aufgrund der englischen und holländischen Konkurrenz – mit dem Ergebnis, dass sie im Zuge einer Art Re-Agrarisierung ihren wirtschaftlichen Schwerpunkt auf die Landwirtschaft zurückverlegten. Die norditalienische Wirtschaft fand keine innovative Antwort auf die Konkurrenz, aus welchen Gründen auch immer. Mehrere Jahrhunderte werthaltiger Handwerks- und Manufakturgeschichte mit Produkten auf höchsten Qualitäts- und Preisniveaus kamen damals zu einem Ende.[25] Und mit ihr eine künstlerische und kulturelle Leistungskraft, wie sie Europa seit dem frühen Mittelalter nicht erlebt hatte. Was ist daran wünschenswert?

Im 20. Jahrhundert liefert der relative Niedergang von Großbritannien ähnliches Anschauungsmaterial. Es besteht unter Wirtschaftshistorikern Einigkeit, dass es das Mutterland der Industrialisierung schon in der zweiten Hälfte des 19. Jahrhunderts versäumte, systematisch in die Stärkung der Innovationskraft seiner Industrien zu investieren. Technische Hochschulen – in Deutschland damals neu gegründet und fortan auf hohem Niveau betrieben – erreichten in Großbritannien niemals die gleiche Bedeutung wie auf dem Kontinent. Und in jenen Industriebranchen, die besonders forschungsintensiv produzierten (zum Beispiel die Chemie), kam Großbritannien an die führende Stellung Deutschlands und der Vereinigten Staaten nicht heran. Erst in den 1970er-Jahren führte die Wachstumsschwäche schließlich zu einem radikalen Politikschwenk, der das Land vor allem für Direktinvestitionen aus Japan und den Vereinigten Staaten interessant machte und dadurch für den Re-Import neuester Technologie sowie innovativer Ingenieurleistungen in Forschung und Entwicklung sorgte.[26] Hinzu kam dann eine ungewöhnlich starke Konzentration auf moderne Dienstleistungen, die im Zuge der Globalisierung nachgefragt wurden, vor allem im Finanz- und Bankwesen. Bis heute bleibt allerdings nach dem Urteil vieler Beobachter ein Rückstand in der industriellen Innovationskraft auf die führenden Länder Kontinentaleuropas.

Der Fall Großbritanniens zeigt im Übrigen deutlich: Selbst wenn ein absoluter Rückgang des Wohlstands vermieden werden kann, sorgen allein das relative Zurückfallen gegenüber anderen Ländern sowie das schwache Wachstum für erhebliche Unzufriedenheit in der Bevölkerung. So gelten die späten 1970er-Jahre in Großbritannien bis heute als trauriger Tiefpunkt eines langen Verfalls und keineswegs als eine glückliche historische Phase der Selbstbescheidung. Tatsächlich spricht vieles dafür, dass ein relatives Zurückfallen von ehemals stolzer Spitzenposition als eine Demütigung empfunden wird, die selbst in stabil demokratischen Ländern wie Großbritannien politisch und kulturell nicht leicht zu bewältigen ist. Man fragt sich wieder: Was ist daran wünschenswert?

Wichtig ist bei alledem: Wachstum und Wohlstand sind weit mehr als rein wirtschaftliche Kategorien. Denn die Geschichte zeigt, dass sie auch für den kulturellen Reichtum von Ländern, Regionen und Städten von entscheidender Bedeutung sind. Im Großen und Ganzen waren die Zeiten der Prosperität fast immer auch Zeiten hoher geistiger und künstlerischer Schaffenskraft. Die Beispiele liegen auf der Hand: die italienischen und flandrischen Städte in ihrer Blüte des Mittelalters und der Renaissance, die Niederlande im frühen 17. Jahrhundert, Großbritannien im frühen, Deutschland und Frankreich im späteren 19. Jahrhundert, stets brachte die Prosperität nicht nur materiellen Segen, sondern auch eine Welle der kreativen Kraft und Vielfalt. Nicht immer war natürlich der kulturelle Höhepunkt exakt deckungsgleich mit dem Gipfel der Wirtschaftsdynamik, aber der zeitliche Zusammenhang steht außer Frage.

Auch das historische Bewusstsein für die Wurzeln der eigenen Kultur erhielt mit dem Wohlstand einen kräftigen Schub. So entstanden gerade im 19. Jahrhundert der Industrialisierung bedeutende archäologische Sammlungen in Berlin, London und Paris. Und genau dort fand auch die erste große wissenschaftliche Aufarbeitung der Antike statt – auf Lehrstühlen für Orchideenfächer wie dem von Theodor Mommsen für Römische Geschichte in Berlin, die genauso selbstverständlich finanziert wurden wie die technischen Disziplinen. Der Grund ist ebenso banal wie wichtig: Es wuchs mit dem Wohlstand überhaupt erst ein passioniertes Publikum heran, das sich mit Leidenschaft dem Erhalt der geschichtlichen Erinnerung widmete.[27] Wirtschaftskraft und Kulturinteressen kamen zusammen, wie fast immer.

Wachstumskritiker begehen deshalb einen doppelten Irrtum. Nicht nur sehen sie die Produktion durch eine Brille, die nur die steigende Menge wahrnimmt, und nicht die zunehmende Qualität und Vielfalt. Auch die Nachfrage, die der Wohlstand ermöglicht, wird verengt, und zwar auf schnöden materiellen Konsum. Der „gefräßige Hund“ – dieses hässliche Bild ist hier wieder angemessen. Der Wunsch nach Genuss von differenzierten Kulturgütern bleibt völlig ausgeblendet. Wirtschaftswachstum als Triebfeder der zivilisatorischen Verfeinerung kommt nicht vor. Sobald es um „mehr“ geht – mehr Produktion, mehr Wohlstand, mehr Verbrauch –, reduziert sich der Blickwinkel auf eine einzige Dimension: das Quantitative.

All dies addiert sich zu einem merkwürdigen Weltbild. Wohlgemerkt: Die meisten Wachstumskritiker sind sich dessen wahrscheinlich gar nicht bewusst. Sie machen sich überhaupt keine tieferen Gedanken, was volkswirtschaftliches Wachstum überhaupt bedeutet. Und wenn sie es täten, würden sie vielleicht selbst vor dem „gefräßigen Hund“ erschrecken und sagen: So haben wir das aber nicht gemeint. Die Frage bleibt dann allerdings: Wie haben sie es dann gemeint? Auf diese Frage bleiben die Wachstumskritiker die Antwort schuldig, wenn sie immer wieder gegen „quantitatives“ Wachstum zu Felde ziehen. Insofern geht die grundsätzlichste aller ihrer Kritiken fehl.

1.2 Wer gewinnt, wer verliert?

„Die Schere öffnet sich: Die Reichen werden reicher und die Armen ärmer.“ So lautet die Sicht vieler Kritiker des Wachstums. Sie findet sich fast täglich in der Presse und den Medien. Und sie liefert in der öffentlichen Diskussion ein wichtiges moralisches Kriterium, um das beobachtete globale Wachstum in „gut“ oder „schlecht“ einzuteilen. Das häufige Ergebnis: Das Wachstum ist schlecht, weil sich die Schere öffnet.

Tut sie dies wirklich? Wie so oft bei komplexen Fragen lautet die Antwort: Es kommt darauf an. In diesem Fall sogar auf sehr vieles: Wir können Armut und Reichtum in absoluten oder in relativen Größen messen; wir können uns den Zeitraum auswählen, für den wir Vergleiche anstellen; und wir können auf die Welt als Ganzes oder auf Teilregionen schauen. Je nachdem, was wir tun, fallen die Ergebnisse unterschiedlich aus.

Beginnen wir mit der vielleicht grundlegendsten Frage: Sind den wirklich Armen der Welt das Wachstum seit dem 19. Jahrhundert und die Globalisierung in jüngerer Zeit überhaupt zugutegekommen? Die Antwort ist ein klares Ja. Der Anteil der Weltbevölkerung, der in extremer Armut lebt, hat kontinuierlich und deutlich abgenommen, und zwar schon über einen sehr langen Zeitraum. Es wird geschätzt[28], dass der globale Anteil der Menschen, die mit weniger als einem Dollar pro Tag auskommen müssen, von fast 85 Prozent im Jahr 1820 über etwa 55 Prozent (1950) bis auf gut rund 23 Prozent (1992) gesunken ist.[29] Der Trend ist dabei eindeutig, und zwar auch dann, wenn der Begriff der extremen Armut weiter gefasst wird (zum Beispiel zwei Dollar pro Tag). Die Industrialisierung hat also den Ärmsten in der Welt geholfen, und zwar deutlich und nachhaltig.

Das Gleiche gilt für die Globalisierung in jüngerer Zeit: Laut Weltbank und Vereinten Nationen[30] ging in den Entwicklungsländern der Anteil der Menschen, die von weniger als 1,25 US-Dollar pro Tag leben, von 42 Prozent (1990) auf 31 Prozent (1999) und 25 Prozent (2005) zurück. Dies bedeutete trotz Bevölkerungswachstum auch eine beträchtliche Abnahme in absoluten Zahlen: von 1,8 Milliarden 1990 auf 1,4 Milliarden Menschen im Jahr 2005.[31] Die Verbesserung der Lage fiel dabei dort am stärksten aus, wo auch das wirtschaftliche Wachstum am stärksten war – im Osten und Süden Asiens (mit China und Indien) sowie in Lateinamerika. In Afrika und Südosteuropa war der Fortschritt dagegen erheblich langsamer; und in den Nachfolgestaaten der Sowjetunion – allerdings nur dort – gab es sogar eine Zunahme der extremen Armut. Als Folge der jüngsten Finanzkrise (und auch der zuvor gestiegenen Lebensmittelpreise) dürfte der insgesamt günstige Trend zumindest vorübergehend gestoppt und vielleicht sogar für kurze Zeit umgekehrt werden. Gleichwohl ist die langfristige Botschaft eindeutig: Wirtschaftswachstum hilft, die Armut zu bekämpfen. Die Vorstellung, die

Ärmsten der Armen würden vom Wachstum nicht profitieren, ist unhaltbar.

Profitieren die Armen genauso stark vom Wachstum wie die Reichen? Die Antwort auf diese Frage ist ebenfalls klar. Sie lautet: Nein. Tatsächlich ist die Wirtschaftsgeschichte seit der Industrialisierung des Westens auch eine Geschichte der massiven Zunahme der Einkommensungleichheit weltweit. So wird geschätzt[32], dass von 1820 bis 1992 das Pro-Kopf-Einkommen der ärmsten 20 Prozent der Weltbevölkerung nur um den Faktor drei, der ärmsten 60 Prozent um den Faktor vier und der reichsten zehn Prozent um den Faktor zehn zugenommen hat. Das sind gewaltige Unterschiede der Wachstumsdynamik, und eindeutig zugunsten der „Reichen“. Die globale Einkommensverteilung in der Welt ist deshalb seit dem frühen 19. Jahrhundert erheblich ungleicher geworden: Im Jahr 1820 verfügten die ärmsten 20 Prozent der Weltbevölkerung noch über fast fünf Prozent des gesamten Einkommens. Danach ging der Anteil bis in die 1950er-Jahre auf zwei bis 2,5 Prozent zurück und verharrte in diesem Bereich. Erst in den letzten beiden Jahrzehnten deutet sich ein leichter Anstieg an.

Der Grund für dieses Entwicklungsmuster ist einfach: Mit der Industrialisierung im 19. Jahrhundert zog der ohnehin schon relativ wohlhabende „Westen“ dem Rest der Welt davon, was die gemessene globale Ungleichheit deutlich erhöhte. Es entstand die „Kleine Welt der Industrialisierung“, wie wir sie in Abschnitt 1.1 bezeichnet haben. Ein überschaubarer Klub von Ländern verabschiedete sich vom Rest mit einer Wachstumsdynamik, die ihresgleichen sonst nirgends fand. Dieses Muster blieb lange Zeit recht stabil, bis wohl irgendwann in den 1980er-Jahren. Erst dann begann es sich zu wandeln, und zwar vor allem durch den Wachstumsspurt der Bevölkerungsriesen China und Indien. Die „Kleine Welt“ setzt an, eine „Große Welt“ zu werden. Und damit könnte die globale Einkommensverteilung ihre extreme Ungleichheit verlieren. Das ist, wenn es denn tatsächlich passiert, eine Entwicklung von epochaler Bedeutung, ähnlich wie die westliche Industrialisierung, mit der die gesamte Dynamik, aber auch die Ungleichheit erst begann.

Tatsächlich zeigen die Ergebnisse der empirischen Konvergenzforschung[33], dass es bis in die jüngste Vergangenheit zwar dynamische Aufholprozesse einzelner Entwicklungs- und Schwellenländer gegenüber dem Westen gab. Diese blieben aber eher Einzelfälle, die das Gesamtbild der globalen Einkommensverteilung nur wenig veränderten, weil es sich um recht kleine Länder handelte. So waren es in der Zeit zwischen 1960 und 1990 im Wesentlichen die vier asiatischen „Tiger" Hongkong, Singapur, Südkorea und Taiwan, die nur kurz eine mittlere Einkommensposition bezogen und dann von dort sehr schnell zumindest am unteren Einkommensrand des Klubs der Reichen auftauchten. Eine starke Mitte gab es nicht, sondern zwei stabile Klubs, die Armen und die Reichen, mit gelegentlichen, aber seltenen Übergängen. Ob sich dies in der Zukunft ändern wird, bleibt abzuwarten. Jedenfalls spricht das starke Wachstum von noch armen und großen Ländern wie China und Indien dafür, dass sich erstmalig über Jahrzehnte hinweg ein beträchtlicher Teil der Weltbevölkerung in einer Art Mittelposition befinden wird.

So weit zur Einkommensverteilung zwischen den Ländern auf globaler Ebene. Viel mehr als diese beschäftigt die Öffentlichkeit, was innerhalb ihrer eigenen Volkswirtschaften geschieht, denn dies berührt unmittelbar die jeweiligen nationalen Vorstellungen des gesellschaftlichen Zusammenhalts und der sozialen Gerechtigkeit. Weit verbreitet ist dabei die Überzeugung, dass Wachstum und Globalisierung in Deutschland und in anderen Industrieländern zu einem verstärkten Auseinanderklaffen von Arm und Reich führen.

Ist dies so? Die Antwort lautet: Ja, es gibt diesen Trend, wie die Statistiken der persönlichen Einkommen in den meisten OECD-Ländern seit den 1980er-Jahren belegen. Mit gewissen nationalen Variationen sind praktisch alle üblichen Maße der Einkommensungleichheit angestiegen. So hat zum Beispiel die relative Armut, definiert als der Bevölkerungsanteil der Menschen mit weniger als der Hälfte des Medianeinkommens, erkennbar zugenommen. Sie stieg OECD-weit von 9,4 (1985) auf 10,6 Prozent (2005).[34] Im Westen Deutschlands fiel der Trend noch deutlicher aus: von 6,3 Prozent 1985 auf rund elf Prozent 2005.

Diese Entwicklung hat große öffentliche Aufmerksamkeit erregt. Sie gilt als ein Indikator für eine Spaltung der Gesellschaft, die sich abzeichnet, auch wenn gleichzeitig der absolute Lebensstandard der Armen in der OECD (wie auch weltweit) nicht ab-, sondern zunahm. Die Spaltung gilt vor allem deshalb als bedrohlich, weil sie eine Veränderung gegenüber den sehr langfristigen Trends darstellt, die seit dem 19. Jahrhundert den Wachstumsprozess innerhalb der heutigen Industrieländer begleiteten. So änderten sich die nationalen Einkommensverteilungen im Laufe des 19. Jahrhunderts und wieder in der Zeit von 1950 bis in die 1980er-Jahre nur wenig;[35] und in der Zwischenkriegszeit gab es sogar einen Trend zu mehr Gleichheit – dies allerdings in einer Phase der allgemeinen Wachstumsschwäche, weshalb sich das Pro-Kopf-Einkommen der Armen nur mäßig erhöhte.

Wo liegt der Grund für den neuen Trend zur Ungleichheit? Im Arbeitsmarkt, so lautet die fast einhellige Antwort. So nahm fast überall die Lohnspreizung zwischen hoch und niedrig bezahlten Tätigkeiten zu, und zwar noch stärker, als es sich in der Streuung der Haushaltseinkommen niederschlug; denn gleichzeitig stiegen die Erwerbsbeteiligung und die Anzahl der Arbeitsplätze, sodass tendenziell mehr Menschen ein eigenes Einkommen erzielten und positiv zur Verbesserung des Lebensstandards in den privaten Haushalten beitrugen. Dieser Trend zur Lohnspreizung ist in den meisten Industrieländern seit den 1980er-Jahren, in Deutschland erst seit den 1990er-Jahren zu beobachten.[36] Er legt die Vermutung nahe, dass tief greifende Veränderungen in der Knappheit der Arbeit für die neue Entwicklung verantwortlich sind. In die gleiche Richtung deutet die Struktur der Arbeitslosigkeit. Immer schon waren Arbeitskräfte ohne Berufsausbildung von Arbeitslosigkeit weit stärker betroffen als Hochqualifizierte; aber alles deutet in den OECD-Ländern darauf hin, dass der Abstand der entsprechenden Arbeitslosenquoten in den letzten Jahrzehnten deutlich zugenommen hat.[37]

Wo liegt der Hauptgrund für die Veränderungen der Arbeitswelt? Der plausibelste Kandidat dafür ist das globale Wachstum.

Macht Wachstum demokratisch?

Vielleicht.

Die Vorstellung ist verführerisch: Wirtschaftswachstum als Motor der Demokratie. Sie fand auch schon einen wissenschaftlichen Fürsprecher: Seymour Lipset, amerikanischer Soziologe und Politikwissenschaftler. Er formulierte 1959 eine Art Theorie der politischen Modernisierung. Der Grundgedanke: Die Triebkräfte des Wachstums – Industrialisierung der Wirtschaft, Urbanisierung der Lebensformen und Schulbildung aller Bevölkerungsschichten –, das sind auch genau die Triebkräfte der demokratischen Mobilisierung für das Gemeinwesen. Die Folge: Der Wohlstand sorgt für mehr Demokratie, die Wirtschaft bereitet den Weg zur politischen Teilhabe breiter Massen.

Eine schöne Theorie. Aber stimmt sie auch? Auf den ersten Blick ist man geneigt zu rufen: Ja, natürlich. Denn in der OECD, dem „Klub der Reichen" der Welt, finden sich heute fast ausnahmslos demokratische Nationen versammelt. Und schaut man sich die Geschichte Europas im 19. Jahrhundert an, so läuft doch alles schön hintereinander: Der Weg zu Ausweitungen des Wahlrechts, zur kommunalen Repräsentanz der Bürger, zu Presse- und Meinungsfreiheit – all dies folgt der Industrialisierung und dem Beispiel des liberalen Großbritannien.

Allerdings: Mit dem Ersten Weltkrieg ist zunächst mal damit Schluss, und in der Zwischenkriegszeit verfallen wirtschaftlich hoch entwickelte Länder wie Deutschland und Italien der Diktatur mit totalitären Zügen. Und erst ein weiterer Weltkrieg bringt sie wieder auf ein demokratisches Gleis. Man könnte sogar noch einen Schritt weiter gehen. Denn mit Mut zum Provokanten lässt sich feststellen: Die großen mörderischen Ideologien des 20. Jahrhunderts, der Nationalsozialismus und der Stalinismus, entstanden gerade nicht in armen, sondern in relativ wohlhabenden Teilen der Welt.

Die Dinge sind also kompliziert. Dies bestätigen empirische Studien zur Entwicklung einer großen Zahl von Ländern seit den frühen 1950er-Jahren. Im Großen und Ganzen finden sie keinen systematischen Zusammenhang zwischen Wohlstandsniveau und Demokratie. Sie finden aber etwas anderes: Wohlstand macht die Demokratie, wenn es sie einmal gibt, stabiler. Gewaltsame Putsche und Umstürze werden seltener. Der Grund liegt auf der Hand: Die Menschen sind mit ihrer Demokratie zufriedener, wenn sie mit Wohlstand einhergeht. Nur im Elend sucht man nach dessen Ursachen und nach Sündenböcken, und die Demokratie ist dann für beides ein Kandidat.

Also immerhin: Stabilität der Demokratie, das könnte beruhigen. Tut es aber nicht wirklich, denn die gleiche Wirkung finden die Forscher für autokratische Regime. Auch die werden stabilisiert, wenn die Menschen durch wirtschaftlichen Wohlstand keinen Grund für eine Änderung der Politik und der Staatsform erkennen. Und umgekehrt steigt die Bereitschaft zur Revolte mit dem Ausmaß der Misere. Dafür liefert der Niedergang des Sowjetsozialismus in Mittel- und Osteuropa vielleicht das dramatischste Beispiel. Ohne das völlige Versagen der Planwirtschaft als Lieferant des Wohlstands hätte es den gemeinsamen Siegeszug von Marktwirtschaft und Demokratie nach 1989 vielleicht doch nicht gegeben, jedenfalls nicht so bald.

Die Geschichte bleibt also völlig offen. Eine Vielzahl von Entwicklungsländern erklimmt derzeit einen neuen, bisher nie gekannten Lebensstandard – mit all den Folgen der gesellschaftlichen Öffnung, die mit den wirtschaftlichen und technischen Möglichkeiten verbunden sind, bis hin zur mühelosen weltweiten Kommunikation im Internet. Zwei riesige Länder, China und Indien, sind dabei mit vollkommen anderen politischen Systemen gestartet: China, mit fast 1,4 Milliarden Menschen, die größte verbleibende Bastion des Kommunismus – eine Parteidiktatur ohne Meinungsfreiheit, aber mit quirliger Marktwirtschaft; dagegen Indien, mit fast 1,2 Milliarden Menschen, die größte Demokratie der Welt – auch mit Marktwirtschaft, aber gleichzeitig mit offener und lebhafter Diskussionskultur. Die Welt steht vor dem bisher größten Test des Zusammenhangs zwischen Wohlstand und Demokratie. Hoffen wir, dass alles gut läuft.

In Industrieländern, so die Erklärung, weist dieses Wachstum einen „skill bias" auf, das heißt, es wertet die qualifizierte Arbeit systematisch auf und die einfache Arbeit ab. Dabei lassen sich zumindest zwei Kräfte unterscheiden, die in diese Richtung ziehen: der technische Fortschritt und der internationale Handel. Der technische Fortschritt wirkte in der Vergangenheit so, dass eher einfache körperliche Routinearbeit eingespart wird und nicht komplexe Tätigkeiten, die sich nur schwer durch Maschinen oder Computer ersetzen lassen. Und der internationale Handel sorgte vor allem dafür, dass ärmere Länder mit Produkten die Weltmärkte eroberten, die mit viel Einsatz von einfacher Arbeit hergestellt werden und gerade dort den Industrieländern Konkurrenz machen.[38] Die Folge: Einfache Arbeit gerät an den Arbeitsmärkten der Industrieländer doppelt unter Druck. Es kommt von zwei Seiten zum „skill bias".

So weit die Diagnose. Sie ist in ihrer Gesamtheit in der Wirtschaftswissenschaft weitgehend unstrittig. Allerdings gibt es eine heftige Kontroverse darüber, wo das Schwergewicht der Erklärung für den „skill bias" liegen sollte: beim technischen Fortschritt oder beim internationalen Handel mit Entwicklungs- und Schwellenländern. Dabei geht es um eine der schwierigsten – und faszinierendsten – Fragen, die derzeit in der weltwirtschaftlichen Forschung diskutiert werden. Und es geht um Hochpolitisches, denn sehr schnell kann das Ergebnis dazu führen, dass in populistischer Manier entweder der Sündenbock für die Spaltung der Gesellschaft bei der Technik oder beim Freihandel gesucht wird, mit entsprechenden Konsequenzen für Technikfeindlichkeit oder Protektionismus. Noch liefert die Kontroverse keine klaren Ergebnisse. Es gibt aber Indizien, und die lassen sich in groben Pinselstrichen wie folgt zusammenfassen.

Zunächst spricht die zeitliche Abfolge dafür, den Hauptschuldigen für den „skill bias" beim internationalen Handel zu suchen. Technischen Fortschritt hat es nämlich seit der Industrialisierung (und schon vorher) gegeben, und er war eigentlich immer „arbeitssparend", wie das Ökonomen nennen. Tatsächlich führt eine direkte Linie von der Mechanisierung der Produktion im 19. Jahrhundert bis hin zum Einsatz von computergelenkten

Maschinen in einer modernen Fabrik. Fast immer sorgte die neue Technik im Ergebnis nicht nur für eine höhere Arbeitsproduktivität derjenigen, die weiter beschäftigt sind, sondern auch für das Verschwinden von Arbeitsplätzen, die „wegrationalisiert" wurden. Gesamtwirtschaftlich war dies so lange unproblematisch, wie die freigesetzten Arbeitskräfte an anderer Stelle einen Arbeitsplatz fanden, der ihnen mindestens die gleiche Arbeitsproduktivität gewährleistete, und zwar eben auch an modernsten Maschinen. Genau dies ist aber nicht mehr der Fall, weil ein zunehmender Teil dieser Tätigkeiten in Branchen, die besonders intensiv einfache Arbeit einsetzen, in Entwicklungs- und Schwellenländern stattfindet. In diesem Sinne trägt nicht der (schon lange wirkende) technische Fortschritt dic Verantwortung, sondern die (historisch neue) Globalisierung durch den Handel mit verarbeiteten Gütern und die Verlagerungen industrieller Produktion über nationale Grenzen hinweg.

Diese Erklärung – nennen wir sie die „Handelsthese" – ist zwar in sich schlüssig, stößt aber auf Fakten, die schwer mit ihr zu vereinbaren sind. Sie impliziert nämlich, dass der „skill bias" vor allem in jenen Branchen zu finden sein sollte, in denen die Konkurrenz aus Entwicklungs- und Schwellenländern besonders stark ausfällt. Streng genommen müssten andere Branchen sogar eine gegenläufige Tendenz aufweisen, denn einfache Arbeit wird in Industrieländern billiger, und es lohnt sich deshalb, mehr davon einzusetzen. Empirische Untersuchungen belegen aber eindeutig, dass der „skill bias" in allen Industriebranchen beobachtbar ist und zu rund 80 Prozent auf Trends innerhalb von (nicht zwischen!) Branchen zurückgeführt werden kann.[39] Hinzu kommt, dass nach der „Handelsthese" auch in den Entwicklungs- und Schwellenländern, mit denen der Handel betrieben wird, eine ganz spezifische Wirkung zu erwarten wäre, und zwar eine Art „unskill bias", das heißt eine verstärkte Nachfrage nach einfacher Arbeit in den Exportbranchen. Auch dies ist nicht der Fall. Empirische Studien für eine Reihe von Ländern zeigen, dass es – entgegen der „Handelsthese" – auch dort einen „skill bias" gibt.[40]

Die Entwicklung ist also überall ziemlich parallel verlaufen, was eher für eine branchenübergreifende, globale Veränderung des technologischen Trends als für den Handel als Hauptursache spricht. Diese „Technikthese" (als Alternative zur „Handelsthese") könnte etwa wie folgt lauten: Irgendwann ab den frühen 1980er-Jahren sorgte die tief greifende Veränderung der Informationstechnologien quer durch Branchen und Länder für ein verstärktes „Wegrationalisieren" von einfacher Arbeit, sei es in den verschiedenen Industrien oder auch bei Dienstleistungen. Symbole dafür sind nicht nur voll automatisierte, computergesteuerte Produktionslinien in der Industrie, sondern auch der Einsatz von Scannern an den Kassen der Supermärkte des Einzelhandels. Hier könnte es durchaus einen Bruch mit der Vergangenheit gegeben haben: Eine neue „general purpose technology"[41], also eine Technologie, die praktisch alle Produktionsprozesse durchdringt, begann die Knappheitsverhältnisse am Arbeitsmarkt grundlegend zu verändern. Ganz ähnlich tat dies in den 1920er-Jahren das Fließband, allerdings mit genau gegenläufiger Richtung, weil damals durch die Zerlegung des Arbeitsablaufs in kleinste triviale Schritte plötzlich auch eine unqualifizierte Arbeitskraft (zum Beispiel ein Analphabet) eine hohe Produktivität erzielen konnte. In der Tat ist es ja vielleicht kein Zufall, dass gerade in dieser Zeit ein Trend zur Angleichung der Einkommensverteilung zu beobachten war.

So weit die „Technikthese". Sie ist plausibel. Als Alternativerklärung zur „Handelsthese" wird ihr allerdings zunehmend widersprochen, und zwar mit Blick auf neue Trends. So hat sich die Art des Handels zwischen Industrie- und Entwicklungsländern verändert. Die eigentliche Wachstumsdynamik kommt aus dem Handel innerhalb von Industrien, und zwar unter anderem durch zunehmende Auslagerung von Produktionsstufen (Outsourcing und Offshoring). Wenn dem aber so ist, so führen internationale Produktionsverlagerungen der jeweils arbeitsintensivsten Stufen der Wertschöpfungskette im Industrieland zu einem allgemeinen „skill bias", im Entwicklungsland aber möglicherweise ebenso, weil die Produktionsstufe im dortigen Umfeld stärker qualifizierte als einfache Arbeit einsetzt. So wird dann auch wieder die „Handelsthese" mit den beobachteten Phänomenen vereinbar.[42]

So weit die kontroverse Diskussion. Sie hat noch nicht zu einem eindeutigen Ergebnis geführt. Für die Vereinigten Staaten hat es empirische Versuche gegeben, den „skill bias" präzise zu messen und ökonometrisch auf verschiedene Ursachen zurückzuführen.[43] Im Ergebnis werden dem Handel dabei in der Regel maximal 30 Prozent für die Erklärung des „skill bias" zugesprochen; der technische Fortschritt als Ursache dominiert also derzeit noch das Bild. Inwieweit diese Ergebnisse Bestand haben werden, bleibt indes abzuwarten. Zweifel sind angebracht, und zwar vor allem aus zwei Gründen. Zum einen setzt sich der Trend zum intraindustriellen Handel zwischen Industrie- und Entwicklungsländern zügig fort. Outsourcing und Offshoring werden deshalb zu immer bedeutsameren Phänomenen. Es entstehen dann in praktisch allen Industrien immer mehr und größere Segmente der Produktion, die aus der Sicht des Industrielandes einfache Arbeit intensiv nutzen und sich deshalb für eine Verlagerung anbieten. Die früher übliche Vorstellung, dass es irgendwann praktisch keine arbeitsintensiven Produktionen mehr gibt, die man verlagern könnte, wird zunehmend hinterfragt. Zum anderen steht eine völlig neue Dimension der Integration bevor – mit den riesigen Entwicklungsländern China und Indien, die gerade mit voller Dynamik ansetzen, in die weltwirtschaftliche Arbeitsteilung hineinzuwachsen. Es ist sehr fraglich, ob dann ökonometrische Erkenntnisse zur Globalisierung, die vor allem aus den 1980er- und 1990er-Jahren stammen, noch sehr aussagekräftig für die Zukunft sind.[44]

Man kann noch einen Schritt weiter gehen. Nüchtern betrachtet ist die Unsicherheit über die künftige Entwicklung riesig groß, und zwar nicht nur mit Blick auf die theoretische Erklärung des „skill bias", sondern auch, was überhaupt dessen Fortdauer betrifft. Dies gilt übrigens unabhängig davon, welchem Erklärungsmuster man zuneigt. So ist im Bereich des internationalen Handels ohne Weiteres vorstellbar, dass der Konkurrenzdruck der Entwicklungs- und Schwellenländer sich verbreitert und zunehmend auch bestimmte Formen der qualifizierten Arbeit in Industrieländern betrifft. Dies gilt vor allem für jene Arbeitsbereiche, die inhaltlich relativ leicht digitalisierbar sind und damit

„offshore“ von (niedrig bezahlten, aber gut qualifizierten) Beschäftigten bearbeitet werden können. Erste Beispiele dafür hat Indien mit den Softwarezentren in Bangalore geliefert. Tatsächlich zeigen zumindest die amerikanischen und britischen Daten, dass der „skill bias“ der Lohnentwicklung in den aktuellsten Jahren verschwunden ist.[45]

Auch bei der technischen Entwicklung bleiben viele Fragezeichen, was die künftige Wirkung auf den Arbeitsmarkt betrifft. Auch dort sind zum Beispiel die Folgen der Digitalisierung keineswegs leicht vorhersehbar. So mögen neue Entwicklungen in der Informations- und Kommunikationstechnik für bestimmte berufliche Qualifikationen eine weit größere Bedrohung darstellen als für eine körperliche Tätigkeit im Dienstleistungsbereich, die an formaler Ausbildung weit weniger Anspruchsvolles erfordert. Man könnte sich etwa vorstellen, dass neue Techniken der Dokumentation genau jene Berufsgruppen besonders hart treffen, die qualifizierte, aber durch Routinevorgänge geprägte Arbeit leisten – vom Archivar bis zum Buchhalter. Dagegen könnte sich einfaches Hilfspersonal etwa in der Altenpflege als zunehmend knapp und durch Technik nicht ersetzbar erweisen. Es wäre deshalb überaus leichtfertig, die Erfahrungen vergangener Jahrzehnte einfach fortzuschreiben.[46] Die Zukunft ist und bleibt eben offen. Daran können auch die vorliegenden wissenschaftlichen Erkenntnisse der letzten Dekaden nichts ändern.

1.3 Der Preis der Abschottung

Die Globalisierung bietet Chancen und Risiken. Wer es moralisch formulieren will, könnte von einer guten und einer schlechten Seite der weltwirtschaftlichen Integration sprechen. Gut an ihr ist, dass sie das Wachstum an marktfähigem Wissen und Wohlstand befördert; schlecht ist die beschriebene Tendenz in Industrieländern zur Spaltung der Gesellschaft, soweit sie sich auf den Handel zurückführen lässt. Weitere problematische Seiten werden uns noch beschäftigen: von den Grenzen der Ressourcen bis zu Krisen in den Finanzmärkten.

Es gibt zwei völlig unterschiedliche gesellschaftliche Strategien, auf diese Chancen und Risiken zu reagieren. Benennen wir sie der Einfachheit halber mit zwei Schlagworten: Offenheit und Abschottung. Die Strategie der Offenheit akzeptiert die Herausforderungen als unvermeidlich, versucht aber politische Wege zu finden, um das Gute der Globalisierung zu maximieren und das Schlechte zu minimieren. Die Strategie der Abschottung versucht dagegen, Wirtschaft und Gesellschaft auf nationaler Ebene vor den Herausforderungen zu schützen – durch das Errichten von Barrieren gegenüber dem grenzüberschreitenden Strom von Gütern, Dienstleistungen und Wissen.

Dieses Buch widmet sich der Strategie der Offenheit. Ab dem zweiten Kapitel werden wir uns fast durchgängig mit der Frage beschäftigen, was zu tun ist, um in einer offenen Weltwirtschaft auf längere Sicht für die Menschheit das Beste zu erreichen, und zwar global, national und regional. Bevor wir dies tun, bedarf es aber einer zumindest kurzen Begründung, warum diese – und nur diese – Strategie der Offenheit überhaupt infrage kommt. Dies erfordert einen Seitenblick auf die Alternative: die Strategie der Abschottung. Dafür liefert das 20. Jahrhundert eine Vielzahl von Beispielen: Die 75 Jahre zwischen dem Beginn des Ersten Weltkriegs 1914 und dem Fall des Eisernen Vorhangs 1989 sind prall gefüllt mit sozialen Großexperimenten, bei denen ganze Volkswirtschaften aus der natürlichen weltwirtschaftlichen Arbeitsteilung ausgeklinkt wurden, und zwar bewusst und gewollt als Teil umfassender politischer Programme mit ideologischer Grundierung. Es sind im Wesentlichen drei große Typen von Experimenten, die durchgeführt wurden: zunächst in der Zwischenkriegszeit die massiv protektionistische Handelspolitik von führenden Industrienationen; und dann in der zweiten Hälfte des Jahrhunderts die gezielte Politik der Importsubstitution von Entwicklungsländern sowie die Planwirtschaft in der sozialistischen Welt. Die Ergebnisse sind heute zu besichtigen – in den Geschichtsbüchern, aber auch noch in der Wirklichkeit.

Beginnen wir mit der Zwischenkriegszeit. Genauer: mit dem Vorabend des Ersten Weltkriegs. Zu diesem Zeitpunkt hatte die Weltwirtschaft eine lange Phase hinter sich, die mit guten Grün-

Scheitern, Lernen, Wachsen.

Eine Binsenweisheit wurde verdrängt.

Kinder sollen Erfahrungen sammeln und Neues lernen. Das ist eine Binsenweisheit der Psychologie und der Pädagogik. Sie gehört zum traditionellen Bestand des gesunden Menschenverstandes. Kein verantwortungsbewusstes Elternpaar würde versuchen, sein Kind daran zu hindern, die Welt zu erkunden. Nur wer Irrtümer begeht oder bei anderen beobachtet, kann lernen, kann neues Wissen aufnehmen, kann reifen und persönlich wachsen. Die Wissenschaft war sich da einig. Jedenfalls beim Menschen.

Ganz anders aber, sobald es um die Wirtschaft ging. Eine große Zahl bedeutender Gelehrter war der Überzeugung, es könne einer Volkswirtschaft durchaus guttun, auf Dauer abgeschirmt, abgeschottet und kontrolliert zu sein. Immerhin war dies einer der Kerngedanken der sozialistischen oder kommunistischen Planwirtschaft. Und machen wir uns nichts vor: Die Planwirtschaft war nicht irgendein Gedankenspiel versponnener Intellektueller. Nein, sie war die völlig ernst gemeinte Vorstellung, man könne mit einem Höchstmaß an zentraler Rationalität die wirtschaftlichen Dinge von störenden Einflüssen isolieren und dann systematisch ordnen, von oben nach unten, eben: vernünftig.

Diese Vorstellung wurde zu einem der folgenschwersten Irrtümer der Menschheitsgeschichte. Wenige haben dies früh und mit absoluter Klarheit erkannt – so der Ökonom Friedrich August von Hayek, der von der Anmaßung des Wissens sprach, wenn er die Ordnung von oben nach unten charakterisierte. Kein Mensch – und sei er noch so klug – könne jemals das Wissen haben, das nötig wäre, um in einem großen intellektuellen und politischen Wurf eine Rationalität zu erreichen, die von der Marktwirtschaft selbst verfehlt wird. Und der Philosoph Karl Popper forderte mit Leidenschaft die „offene Gesellschaft“, die Erfahrungen macht und durch „piecemeal engineering“ Stück für Stück die Welt verbessert. Kein großer Wurf also, mit eiserner Hand durchgesetzt, sondern das Gegenteil: ständige Rückkoppelung der Entscheidungsträger auf allen Ebenen, ständige Bereitschaft, Fehler zu korrigieren (wenn auch vielleicht nicht einzugestehen), ständiges Experimentieren mit Neuem, aber auch pragmatische Fortführung des Bewährten.

Kurzum, Fortschritt als ein demütiger Prozess, Informationen zu gewinnen und zu verarbeiten; und Wachstum als das ebenso demütige Ergebnis dieses Prozesses. Das ist eigentlich das Wesen der Marktwirtschaft. Aber genau dieses Wesen spielte in weiten Teilen der Wirtschaftstheorie und -politik keine Rolle. Dort war in der Tradition von Karl Marx vom Kapitalismus die Rede, von Investitionen in Maschinen, von der Akkumulation des Kapitals. Es waren technische Kategorien, die dominierten – bis hin zur absonderlichen Vorstellung, auch das technische Wissen einer Gesellschaft könne „akkumuliert" werden, wie ein riesiger Berg von Blaupausen, die man aufeinanderschichtet. Nichts von Korrektur und Lernen, nichts von „trial and error".

Und vor allem: nichts vom Scheitern. Das gab es nur in der Vorstellung gigantischer zyklischer Wellen des kapitalistischen Auf und Ab, der Überinvestition oder des Unterkonsums. Das gab es nicht im ständigen Strukturwandel, in den Mühen des Weltmarkts, im täglichen Kampf der Durchsetzung neuer Ideen: hier ein Unternehmer, der sich mit seiner Neuerung glanzvoll durchsetzt und reich wird, dort einer, der mit seiner Neuerung kläglich scheitert und pleitegeht. Und alle schauen zu und lernen. Erst Joseph Alois Schumpeter griff in seiner 1911 erschienenen *Theorie der wirtschaftlichen Entwicklung* das Scheitern als Teil des Fortschritts auf, aber seine Gedanken verschwanden für ein Dreivierteljahrhundert in den verstaubten Schubladen der Dogmengeschichte.

Kein Wunder also, dass die Intellektuellen in der Breite der Gesellschaft und Wissenschaft den Preis nicht erkannten, den die Abschottung und die Planwirtschaft hatten. Der Vorteil dagegen lag auf der Hand: keine gescheiterten Unternehmerexistenzen, keine unverschuldet entlassenen Arbeitskräfte, kein Chaos der Mobilität und Entwurzelung. Fast ein soziales Paradies: Frieden ohne Scheitern, Wohlstand ohne Wachstum. Eine verhängnisvolle Illusion.

den als erste Globalisierung bezeichnet werden kann:[47] Seit dem Ende der Napoleonischen Kriege, also fast 100 Jahre lang, waren die Märkte für Waren und Dienstleistungen weltweit zusammengewachsen. Die treibenden Kräfte dafür lieferten damals – wie heute – der technische Fortschritt und die Politik. Dampfschifffahrt und Eisenbahnen sorgten für eine massive Senkung der Transportkosten, Telegraf und Telefon erlaubten erstmalig die schnelle weltweite Kommunikation, die Industrialisierung schuf eine riesige Bandbreite neuer Produkte, die über weite Strecken handelbar waren. Daneben trat lange Zeit ein politischer Trend zur Liberalisierung: In England wurden die Getreidezölle abgeschafft, in Deutschland wurde der Zollverein gegründet. Es folgten in den 1850er- und 1860er-Jahren viele bilaterale Handelsabkommen zwischen europäischen Ländern mit dem Ziel, Zollschranken und sonstige Handelshemmnisse zu beseitigen. Mitte der 1870er-Jahre war Europa praktisch eine Freihandelszone, und der Goldstandard erlaubte bei voller Konvertibilität der Währungen die ungehinderte Finanzierung der wachsenden Handelsströme, mit Möglichkeiten der Refinanzierung in einem starken Londoner Finanzmarkt, der durch einen stabilen Überschuss in der britischen Leistungsbilanz stets hinreichend Liquidität aufwies.

Mit dem Ausbruch des Ersten Weltkriegs stoppte die Globalisierung abrupt. Schon seit den späten 1870er-Jahren ließ sich in Kontinentaleuropa ein Trend zum Protektionismus erkennen, mit steigenden Zöllen auf Industrie- und vor allem Agrarprodukte, um die anschwellenden Importe von Getreide aus Russland, der Ukraine und Übersee von den Märkten fernzuhalten. Aber dieser Trend war noch relativ moderat und konnte die fortschreitende Globalisierung zwar ein wenig verlangsamen, aber nicht beenden oder zurückdrehen. So erreichte im Jahr 1913 die globale Welthandelsquote, also der Anteil der Exporte am Weltproduktionswert, nach neuen Schätzungen[48] 8,2 Prozent – im Vergleich zu 5,9 Prozent 1870 und nur 5,2 Prozent 1950. Später wurde dieses Niveau der Exportquote erst um 1970 überschritten, rund 25 Jahre nach dem Zweiten Weltkrieg. Dies zeigt, wie weit man 1913 mit dem wirtschaftlichen Zusammenwachsen schon gekommen war und welch dramatische Desintegration die Zwischenkriegszeit einschließlich der beiden Weltkriege mit sich brachte.

Tatsächlich ist die kurze Phase des Friedens von 1919 bis 1938 geprägt durch das umfassende Scheitern aller Versuche, auf Dauer zu der alten globalisierten Welt der Vorkriegszeit zurückzukehren. Die politische Geschichte gleicht dabei einer Tragödie, in der in einer Reihe von Industrieländern jene Kräfte die Oberhand behielten, die eine klare Abwendung von der Integration ihrer Länder in die Weltwirtschaft forderten. Dies gilt am eindeutigsten für das faschistische Italien und das nationalsozialistische Deutschland, deren Politik explizit und radikal auf das Ziel wirtschaftlicher Autarkie ausgerichtet war. Es gilt aber auch in unterschiedlichen Schattierungen für einige andere Länder, in denen sich ansonsten keine grundsätzliche Abkehr von marktwirtschaftlichen Orientierungen nachweisen lässt.

Besonders verheerend war dabei das Beispiel der Vereinigten Staaten, die im Juni 1930 mit dem sogenannten Smoot-Hawley Tariff Act die Zölle auf 20.000 Importgüter drastisch erhöhten. Das amerikanische Zollniveau erreichte danach 60 Prozent, was der Höchststand im 20. Jahrhundert werden sollte.[49] Dabei geht der politische Aufgalopp zu der Zollerhöhung weit zurück in die 1920er-Jahre, die wirtschaftlich in den Vereinigten Staaten nicht ungünstig verliefen – mit soliden Wachstumsraten und Aktienboom, aber ansonsten ohne Inflation und sogar mit sinkenden Preisen für Agrarprodukte, was allerdings die Rufe der Landwirtschaft nach Protektion verstärkte. Der radikale Schwenk zum Zollschutz war also keineswegs die Folge der Großen Depression, sondern eine eigenständige politische Grundhaltung, die sich durchsetzte – gegen den Rat von über 1.000 amerikanischen Ökonomen, die einen entsprechenden Aufruf unterzeichneten, und gegen den Widerstand der florierenden, exportorientierten Automobilindustrie mit Henry Ford an der Spitze.[50] Die Folge war eine breite Welle von Vergeltungszöllen, was den Zusammenbruch des Welthandels im Zuge der einsetzenden Weltwirtschaftskrise zumindest massiv verstärkte.[51] Die fatalen Konsequenzen dieser Entwicklung wurden erst nach dem Zweiten

Weltkrieg mit einer völlig anderen politischen Grundhaltung im Rahmen des GATT Schritt für Schritt korrigiert.

Trotz dieser Nachkriegskorrektur blieben einige indirekte Schäden auf Dauer bestehen und wirkten bis in das späte 20. Jahrhundert nach. Dies gilt insbesondere für den Schwenk lateinamerikanischer Länder in Richtung Protektionismus als Reaktion auf die Zollerhöhungen der Vereinigten Staaten und anderer Industrieländer. Einer der tragischsten Fälle ist dabei sicherlich Argentinien, ein Land mit moderner, exportorientierter Agrarwirtschaft, das in den späten 1920er-Jahren bereits weit entwickelt war – mit einem Lebensstandard, der höher lag als in Deutschland und Italien.[52] Die „Bestrafung" des Landes durch die Abschottung der Industrieländer gegenüber den argentinischen Agrarprodukten führte im Land selbst zu einem dauerhaften Misstrauen gegenüber der weltwirtschaftlichen Integration – mit der Folge, dass für lange Zeit die dominierenden politischen Kräfte, allen voran der „Peronismus", eine strikt protektionistische Orientierung vertraten. Bis in die 1990er-Jahre gab es deshalb keine Öffnung mehr gegenüber dem Weltmarkt. Mit Variationen lässt sich Ähnliches für Brasilien und einige andere Länder Lateinamerikas sagen, wenn auch Argentinien im weltweiten Vergleich besonders tief fiel, weil sein Lebensstandard gerade wegen der erreichten Handelsverflechtung bereits besonders hoch gelegen hatte. Es ist keine Übertreibung festzustellen, dass die relativ schwache Wachstumsbilanz Lateinamerikas in der zweiten Hälfte des 20. Jahrhunderts auch die Spätfolge eines Protektionismus ist, der seinen Ursprung in den Vereinigten Staaten der späten 1920er-Jahre hatte.

Daneben gab es allerdings auch einen mächtigen Zeitgeist, der in Richtung einer Abschottung vom Weltmarkt drängte. Dies gilt vor allem für jene Entwicklungsländer, die nach der nationalen Unabhängigkeit im Zuge einer Art Entkolonialisierung auch die wirtschaftliche Autarkie als zentrales politisches Ziel definierten – und dabei unterstützt wurden von vielen westlichen Intellektuellen, die für die „Dritte Welt" genau diesen als den einzig sinnvollen Weg in die wirtschaftliche Prosperität sahen. In der Theorie lieferte dabei der Lehrbuchfall des Erziehungszolls das Hauptargument für die Protektion.[53] Danach ist es in Entwicklungsländern zunächst wichtig, die noch schwächliche heimische Industrie zu schützen, bis sie die nötige Effizienz und Größe erreicht hat, um dann im Weltmarkt mit dem verarbeitenden Gewerbe der Industrieländer konkurrieren zu können. Dies gilt vor allem für relativ große, bevölkerungsreiche Länder mit beträchtlichem Potenzial der Ausdehnung des Binnenmarktes. Wird dieser Weg nicht beschritten, so droht das Entwicklungsland auf Dauer zum Agrar- und Rohstofflieferanten degradiert zu werden, mit einer immer größeren Abhängigkeit von mächtigen Abnehmern in den reichen Industrieländern und ohne Perspektive, aus dieser immer tieferen Falle der Spezialisierung herauszukommen.

So weit die Theorie. Sie ist nachvollziehbar, wenn auch keineswegs zwingend.[54] Die Praxis dagegen, die unter der Bezeichnung „Politik der Importsubstitution" firmiert, sah ganz anders aus, und zwar praktisch überall, wo diese Politik betrieben wurde, selbst in sehr großen Ländern. Brasilien und Indien hatten bis in die späten 1980er-Jahre extrem hohe effektive Raten der Protektion im Bereich von 100 Prozent.[55] Dies half tatsächlich den inländischen Industrien, hinter fast wasserdichten Schutzmauern zu wachsen. Eine nachhaltige Konkurrenzfähigkeit auf den Weltmärkten wurde damit aber nicht erreicht. Der Hauptgrund dafür war der fehlende Wettbewerb: Selbst in einem großen Land wie Indien erwies sich der Binnenmarkt als noch viel zu klein, um einen harten Konkurrenzkampf der Anbieter im verarbeitenden Gewerbe zu erzwingen. Gerade die Protektion erlaubte es den wenigen Produzenten, offene oder verdeckte Kartelle zu schließen, oft mit stillschweigender Duldung von Politik und Bürokratie, die eng mit der städtisch-industriellen Elite verquickt waren. Hinzu kam, dass die Innovationsimpulse aus dem Ausland völlig fehlten und somit gerade das nicht zustande kam, was man sich versprochen hatte: das Lernen der Arbeitskräfte und der Fortschritt der Technologie.

Tatsächlich waren die Ergebnisse der Politik der Importsubstitution in Entwicklungsländern in hohem Maße ernüchternd. Dies zeigt sich vor allem im Vergleich zu den wenigen Nationen wie die vier asiatischen Tiger (Hongkong, Singapur, Südkorea, Taiwan), die schon frühzeitig den alternativen Weg der Exportorientierung gingen und damit ihr Wachstum beschleunigen konnten, angekoppelt an die weltwirtschaftliche Entwicklung. Sie ließen im Wachstumstempo und schließlich im Pro-Kopf-Einkommen Brasilien und Indien sehr schnell hinter sich und entwickelten dabei genau jene global wettbewerbsfähige Industrie, die in den Ländern der Importsubstitution nicht zustande kam. Zwar waren sie keineswegs Musterknaben der außenwirtschaftlichen Offenheit, weshalb über die genauen Einzelheiten ihres Erfolges bis heute wissenschaftlich gestritten wird.[56] Es steht allerdings außer Zweifel, dass sie im Kern das Gegenteil einer Politik der Weltmarktabschottung betrieben, wenn auch vor allem bei Singapur und Südkorea starke industriepolitische Interventionen hinzukamen.[57]

Spätestens seit Anfang der 1990er-Jahre ist das Modell der Importsubstitution als Leitlinie für die Politik der Entwicklungsländer praktisch verschwunden. Die prominentesten großen Länder, die das Modell propagiert hatten, allen voran Brasilien und Indien, senkten ihre Zölle und begannen mit einer gezielten Politik der Weltmarktintegration. Tatsächlich stiegen die Export- und Importquoten der Entwicklungsländer seither insgesamt drastisch an, von unter 20 Prozent in den späten 1980er-Jahren bis auf über 30 Prozent in der jüngsten Vergangenheit.[58] Damit war auch durchweg in den betroffenen Ländern ein Wachstumsschub verbunden, und zwar vor allem in der Industrie. Und dort zum Teil sogar ausgerechnet in jenen Branchen, die zuvor als zwingende Kandidaten für den Zollschutz galten, so zum Beispiel die indische Automobilindustrie, die derzeit ansetzt, auch ausländische Märkte zu erobern.

Vielleicht ist es ein historischer Zufall. Jedenfalls endete das größte Experiment der Abschottung, die sozialistische Planwirtschaft, in etwa zur gleichen Zeit wie die Politik der Importsubstitution der Entwicklungsländer. Sie fand praktisch ihr Ende mit dem Fall der Mauer in Berlin im November 1989. Sehen wir von Kuba und Nordkorea ab, so war die Planwirtschaft nur in China bis zum Ende der 1970er-Jahre und in Mittel- und Osteuropa bis

1989 konsequent umgesetzt worden. Elemente von ihr finden sich aber in einer Vielzahl von protektionistischen Regimen wieder, so auch im Indien der 1970er- und 1980er-Jahre, wo der Zollschutz nach außen stets auch durch ein komplexes bürokratisches System der Genehmigungsverfahren nach innen ergänzt wurde.

Es gibt heute kaum noch einen ernst zu nehmenden Intellektuellen, der die Prinzipien der Planwirtschaft verteidigt. Zu absurd erscheint im Nachhinein deren Grundidee, den dezentralen Suchprozess des Marktes – immer und überall – durch Beschlüsse einer staatlichen Bürokratie zu ersetzen. Zu grotesk sind auch in der Erinnerung die enormen Ineffizienzen, die dieses Wirtschaftssystem mit sich brachte, wo immer es konsequent umgesetzt wurde. Weniger beachtet werden allerdings in der öffentlichen Diskussion die langfristigen Schäden, die das System hinterlassen hat. Sie sind vor allem dort zu besichtigen, wo ehemals hoch entwickelte Industrieregionen nach dem Zusammenbruch der Planwirtschaft eine völlig neue Produktpalette entwickeln müssen.

Gute Beispiele dafür liefern der Osten Deutschlands sowie die Tschechische Republik. Sowohl Sachsen als auch Böhmen waren in der Zwischenkriegszeit industrielle Zentren von europäischem Rang. Sie verfügten über Produktionsstätten für exportfähige Industrieprodukte, die ihnen ein Pro-Kopf-Einkommen garantierten, das in der europäischen Spitzengruppe lag.[59] In vier Jahrzehnten der fast kompletten Abschottung wurden diese Produkte allerdings ganz anders weiterentwickelt, als es der Weltmarkt erforderte. Es gab zwar auch Wachstum, und dieses beruhte auch auf neuem technischem Wissen, aber es fehlte die Rückkoppelung zu den Nachfragern in den Weltmärkten. Das Ergebnis: Kaum ein Produkt konnte nach Öffnung der Grenzen noch zu Preisen abgesetzt werden, die ein Lohnniveau und damit einen Lebensstandard auf westeuropäischem Niveau hätten rechtfertigen können. Ein Trabant aus Sachsen und ein Škoda aus Böhmen waren nur innerhalb der sozialistischen Planwirtschaft absetzbar, aber nicht im offenen Weltmarkt, jedenfalls nicht zu kostendeckenden Preisen. Es begann deshalb ein

Das Rätsel der Planwirtschaft.

Wie die DDR einst Großbritannien überholte.

„England fällt zurück" – so die *Zeit* am 16. Januar 1976. „Das kranke England" – so der *Spiegel* noch drei Jahre später am 5. Februar 1979.

Was war passiert? Um dies herauszufinden, blicken wir am besten in den Weltbank-Atlas von 1974. Dort erklärt sich alles, denn dort steht: Die DDR hat ein Pro-Kopf-Einkommen von 3.430 US-Dollar; sie liegt damit vor Großbritannien mit 3.360 US-Dollar, knapp dahinter die Tschechoslowakei mit 3.220 US-Dollar.

Nun weiß jeder, der in den 1970er-Jahren nach England reiste, dass es diesem Land damals wirklich nicht besonders gut ging. Trotzdem: Wer kurz zuvor oder danach in die DDR fuhr und sich aufmerksam umschaute, der kam schnell zu dem Ergebnis, dass es zwischen dem kapitalistischen Problemkind und dem sozialistischen Musterknaben doch noch einen gehörigen Unterschied im Lebensstandard gab. Eigentlich egal, was man verglich: London mit Ostberlin, Manchester mit Leipzig oder ein Dorf an der Küste von Kent mit einem Dorf an der Küste von Mecklenburg. Da lagen doch noch Welten dazwischen, und zwar zugunsten Englands.

Was war nun verkehrt: die Statistik oder der Augenschein? Die Antwort kann nur lauten: die Statistik. Und der Fehler ist eigentlich gar nicht schwer zu erkennen. Die Waren und Dienstleistungen im sozialistischen „Ostblock" wurden nicht an Märkten bewertet. Deswegen hatte der Ostblock auch keine Volkswirtschaftliche Gesamtrechnung im westlichen Sinne. Also mussten die Statistiker, wollten sie Ost und West in Lebensstandard und Produktivität vergleichen, eigene Bewertungen vornehmen, und zwar vom Westen aus. Sie ermittelten aufgrund von Produktcharakteristika einen fiktiven Wert, den ein Ostprodukt wohl hätte, würde es auf dem Weltmarkt angeboten und verkauft.

Dieser Wert wurde systematisch überschätzt. Offenbar blieb die schleichende Entwertung der abgeschotteten Produktpalette des Ostens bei den westlichen Statistikern weithin unbeachtet. Aber in der Realität, da rollte sie unerbittlich ab, und der aufmerksame Reisende konnte das wahrnehmen. Zum Beispiel bei den Autos: Ein Wartburg der 1950er-Jahre war mit einem gewissen Discount im Westen vielleicht noch ganz gut absetzbar; ein Wartburg der 1970er-Jahre hatte es da schon viel schwerer; und ein Wartburg nach dem Mauerfall war praktisch unverkäuflich – es sei denn, zu einem lächerlich niedrigen Preis. Sein Marktwert war sehr nahe bei null, denn er verbrauchte für seine Leistung viel zu viel Benzin, seine Abgaswerte lagen viel zu hoch, die Federung war viel zu schlecht, die Sitze waren viel zu spartanisch und die Farben viel zu wenig à la mode.

Genau da lag ja das fundamentale Problem im wiedervereinigten Deutschland ab 1990. Plötzlich gab es sie wirklich, die Marktpreise, und sie machten quer durch die industrielle Produktpalette deutlich, dass der Weltmarktwert der DDR-Produkte sehr gering war. Eigentlich ganz einfach, aber die Statistiker hatten jahrelang von dem Problem keine Notiz genommen. Oder sie wussten davon, sprachen es aber nicht allzu laut aus.

Dafür gab es nachvollziehbare Gründe. Beim amerikanischen Geheimdienst (CIA), der regelmäßig Zahlen über die Wirtschaftsstärke des Ostens veröffentlichte, spielte interessengebundene Panikmache eine wichtige Rolle: Je stärker der Feind statistisch dargestellt wurde, umso größer erschien die militärische Bedrohung und umso mehr Geld war von der Regierung für Geheimdienstzwecke zu erwarten. Daneben gab es aber auch unschuldigere Motive: bei den zuständigen Wissenschaftlern eine gewisse Neigung, lieber mit klein gedruckten Warnungen etwas Quantitatives vorlegen zu können, als gar nichts zu liefern.

In jedem Fall hieß das Ergebnis: falsche Zahlen, oder zumindest grob irreführende. Und die taten ihre Wirkung. Sie helfen zu erklären, warum noch bis Mitte der 1980er-Jahre trotz aller erkennbaren wirtschaftlichen Probleme des Ostblocks kaum jemand mit dem baldigen Zusammenbruch des Systems rechnete. Und warum auch nach 1990 die Chancen des baldigen Aufholens von Mittel- und Osteuropa viel zu optimistisch eingeschätzt wurden.

ungeheuer schwieriger und langwieriger Prozess, in dem erst neues marktfähiges Wissen wiederaufgebaut werden muss.

Dieser Prozess ist noch lange nicht abgeschlossen. Genau deshalb klafft auch 20 Jahre nach dem Fall von Mauer und Eisernem Vorhang noch immer eine tiefe Wohlstandslücke in Europa – zwischen dem postsozialistischen Osten und dem (durchgehend) kapitalistischen Westen. So lag die industrielle Arbeitsproduktivität in Tschechien 2007 bei 31 Prozent und das Bruttoinlandsprodukt pro Einwohner bei knapp 40 Prozent des westdeutschen Niveaus. Selbst Ostdeutschland hat noch einen deutlichen Rückstand zum Westen, trotz massiver Hilfe im Rahmen des innerdeutschen Aufbaus Ost. Seine industrielle Arbeitsproduktivität lag 2007 bei 77 Prozent und sein Bruttoinlandsprodukt pro Kopf bei 68 Prozent des Westniveaus.[60] Diese Wohlstandslücken hätte es ohne die Planwirtschaft nicht gegeben. Sie sind der Preis der Abschottung, der auch 20 Jahre nach deren Ende noch zu entrichten ist.

Aus alledem wird klar: Eine Abschottung vom Weltmarkt gleich welcher Art ist ein untaugliches Mittel, um den Herausforderungen der Globalisierung zu begegnen. Wer sich abschottet, verzichtet nicht nur auf den Wettbewerb, der die Effizienz fördert, sondern auch auf das neue Wissen, das überhaupt zur Eroberung von Märkten nötig ist. Beides hat Bedeutung, aber je weiter ein Land bereits industriell entwickelt ist, desto wichtiger wird das neue Wissen. Es ist deshalb wohl auch kein Zufall, dass nach Ende der Abschottung die wirtschaftliche Dynamik in Entwicklungsländern wie China und Indien weit über das hinausgeht, was wir in Mittel- und Osteuropa beobachten.

Allerdings: Offenheit (statt Abschottung) ist noch lange keine Garantie für einen Weg zum Wohlstand. Als Teil einer Gesamtstrategie hat sie den Status einer notwendigen, nicht einer hinreichenden Bedingung: Ohne Offenheit kann es wohl kein nachhaltiges Wachstum geben, aber die Offenheit garantiert noch lange nicht, dass es tatsächlich auch zu einem nachhaltigen Wachstum kommt. Dies gilt insbesondere für Nationen und Regionen, die bereits einen hohen Lebensstandard erreicht haben. Also auch für Deutschland.

2 Grenzen des Wachstums

2.1 Bevölkerung und Ernährung

Im Jahr 1972 veröffentlichte der Club of Rome eine Studie mit dem Titel *Die Grenzen des Wachstums* (im Original: *The Limits to Growth*).[61] Es wurde eines der einflussreichsten Bücher des 20. Jahrhunderts. In der Studie wurden erstmals Modellrechnungen vorgelegt, die zeigten, wie das Wachstum der Weltwirtschaft unweigerlich an Grenzen stößt. Dabei lautete die Kernaussage: Wenn die Bevölkerung, die Produktion von Nahrungsmitteln und Industriegütern sowie die Umweltverschmutzung und der Verbrauch nicht erneuerbarer Rohstoffe mit unverändertem Tempo weiterwachsen, dann wird die Weltwirtschaft in absehbarer Zeit kollabieren – und zwar durch die Knappheit an Ressourcen. Technischer Fortschritt und neue Entdeckungen von Rohstoffreserven können den Kollaps zwar hinauszögern, aber nicht wirklich verhindern. Der dramatische Zusammenbruch der weltweiten Industrieproduktion wurde dabei, je nach Modellannahme, irgendwann ab Mitte des 21. Jahrhunderts angesetzt. Extreme Engpässe für einzelne Rohstoffe (zum Beispiel Öl) sahen die Modelle allerdings schon für einen viel früheren Zeitpunkt voraus.

Diese Ergebnisse folgten einer zwingenden Logik: Es wurde in den Modellen im Wesentlichen angenommen, dass der Verbrauch von Ressourcen mit konstanter Rate zunimmt, die Verfügbarkeit von Ressourcen dagegen nicht. Und auch nicht der technische Fortschritt, der den Stand der Produktivität bestimmt. Damit muss das exponentiell steigende Niveau des Verbrauchs irgendwann an die Decke der Ressourcenverfügbarkeit stoßen, mit den entsprechenden Folgen für die Produktion und das Einkommen pro Kopf. Zwar ließen die Modelle des Club of Rome durchaus Möglichkeiten der Anpassung zu –

durch neue Entdeckungen von Rohstoffreserven und einen gewissen technischen Fortschritt; aber das Ausmaß beziehungsweise die Geschwindigkeit dieser Innovationen wurden stets so niedrig angenommen, dass sie die Wirkung des Verbrauchs auf die Ressourcenknappheit nicht auffangen konnten.

So weit die Logik. Sie ist in sich schlüssig und jenseits jeder Kritik. Sie war auch 1972, als das Buch *Die Grenzen des Wachstums* veröffentlicht wurde, keineswegs neu. Denn bereits Ende des 18. Jahrhunderts hatte Thomas Malthus das Modell einer Wirtschaft entworfen, die über eine bestimmte Bevölkerungsgröße und Einkommenshöhe auf Dauer nicht hinauskommt, und zwar wegen der Begrenztheit der Ressourcen.[62] Malthus sagte mit Blick auf die Agrargesellschaft seiner Zeit voraus, dass eine Erhöhung der Arbeitsproduktivität und damit des Pro-Kopf-Einkommens zwar zunächst zu einer Zunahme der Bevölkerung führt; diese erzwingt dann aber die Kultivierung von zusätzlichem Land von minderer Qualität – mit der Folge, dass Arbeitsproduktivität und Pro-Kopf-Einkommen wieder sinken, vielleicht sogar Hungersnöte drohen und die Bevölkerungsgröße jedenfalls wieder auf ihr altes Niveau zurückfällt. Die Wirklichkeit verlief dann ganz anders, als Malthus glaubte, denn spätestens mit der Industrialisierung spielte die Qualität des Bodens offenkundig als Wachstumsgrenze keine wichtige Rolle mehr.[63]

Was die ökonomische Logik betrifft, lieferte der Club of Rome also nichts anderes als neue malthusianische Grenzen des Wirtschafts- und Bevölkerungswachstums[64], und zwar für die moderne Industriegesellschaft und nicht die traditionelle Agrarwirtschaft. Nicht mehr die Verfügbarkeit von Land setzte nun die Grenze, sondern die Reserven an Rohstoffen. Tatsächlich findet sich die Grundidee des Club of Rome bis heute in praktisch allen Aussagen und Modellen zu Grenzen des Wachstums wieder. Es ist für die Qualität der Ergebnisse dabei fast unerheblich, was im Einzelnen im Vordergrund steht – ob Bevölkerungswachstum, Nahrungsmittel-, Rohstoff- oder Energieknappheit oder auch Klimawandel. Stets geht es um Fragen nach den Grenzen der Belastbarkeit des Planeten Erde, sei es in

Form von Übernutzung landwirtschaftlicher Flächen, Ausbeutung von Rohstoffen oder Emission von Schadstoffen zu Wasser, zu Land oder in der Luft.

Die Fragen, die wir zu stellen haben, sind deshalb im Grundsatz in allen Fällen die gleichen. Sie lauten: Wo liegen die Grenzen? Was wissen wir über sie? Wie anpassungsfähig ist die Weltwirtschaft im Anblick der Grenzen? Wie stark hängt die Fähigkeit zur Anpassung selbst von Wohlstand und Wachstum ab? Wann ist die beste Zeit zur Anpassung? Wer soll die Anpassung steuern? Und schließlich: Wer bremst und wer trägt die Kosten?

Beginnen wir mit dem Bevölkerungswachstum – jenem Gebiet, bei dem unser Wissen noch die wenigsten Lücken aufweist. Jahrzehntelang war der Begriff „Bevölkerungsexplosion" in aller Munde, wenn es darum ging, die Veränderung der Zahl der Menschen zu beschreiben. Dieser Begriff traf den Nagel auf den Kopf, denn seit der Industrialisierung nahm die Weltbevölkerung mit einer Geschwindigkeit zu, wie es sie nie zuvor gegeben hatte. So lebten Anfang des 19. Jahrhunderts etwa eine Milliarde Menschen auf der Erde, heute sind es fast sieben Milliarden. Allerdings erreichte die Wachstumsrate der Weltbevölkerung in den 1960er-Jahren mit etwa 2,1 Prozent pro Jahr ihren Höhepunkt. Seither ist sie recht kontinuierlich gesunken und lag in den letzten Jahren bei 1,2 Prozent pro Jahr. Laut Prognose wird sie weiter sinken (siehe **Schaubild 2**).

Hinter diesem neuen Trend verbirgt sich eine überaus dramatische Veränderung: die Abnahme der sogenannten Fertilitätsrate, definiert als die Zahl der Kinder, die eine Frau im gebärfähigen Alter durchschnittlich haben wird. Die globale Fertilitätsrate erreichte in den frühen 1960er-Jahren mit 4,9 einen Höhepunkt und ist seither auf etwa 2,5 gesunken. Nach allen Prognosen ist zu erwarten, dass sie in den nächsten 40 Jahren weiter sinken wird – auf ein Niveau irgendwo zwischen 2,0 und 2,2. Zur Reproduktion einer konstanten Bevölkerung ist etwa dieses Niveau nötig.[65] Die Folge: Ungefähr zur Mitte des 21. Jahrhunderts wird die Zahl der Weltbewohner ihren Höhepunkt erreichen, und zwar, wie Modellrechnungen zeigen, bei etwa neun bis zehn Milliarden Menschen. Danach ist ein moderates Absinken wahrscheinlich. All dies ist weitgehend unstrittig und gehört zu dem Verlässlichsten von allem, was wir an Zukunftsvorhersagen für die nächsten Dekaden haben. Denn kaum ein globaler Trend ist so träge und stabil wie Veränderungen der Demografie.

So weit also die Prognose. Trifft sie zu, so ist eine Schlussfolgerung unumgänglich: Die „Bevölkerungsexplosion" seit dem frühen 19. Jahrhundert war keine Initialzündung für eine endlose Kettenreaktion, die zu einer endlosen Vergrößerung der Weltbevölkerung führt – mit einer ebenso endlosen Steigerung des Bedarfs an materiellen Gütern. Sie war vielmehr der Startschuss für eine gewaltige, aber begrenzte Anpassung der Weltbevölkerung von knapp einer Milliarde auf neun bis zehn Milliarden in rund 250 Jahren. Das Ausmaß der Zunahme ist natürlich dramatisch, und es stellt fraglos höchste Ansprüche an die Fähigkeit der Menschheit, sich selbst wirtschaftlich zu versorgen. Aber es zeigt doch, dass es – zumindest was die Anzahl der Menschen betrifft – keine unermessliche Dimension des Problems gibt. Dies widerspricht mancher Befürchtung, die noch in den 1960er- und 1970er-Jahren gehegt wurde.

Wo liegen die zentralen Gründe für die Abnahme der globalen Fertilitätsrate und damit die langfristige Aussicht auf Stabilität der Weltbevölkerung? Die Antwort darauf ist ähnlich unstrittig wie die demografischen Fakten. An erster Stelle steht der Zusammenhang mit dem Wohlstandsniveau: Die Rate der Fertilität beginnt bei einem jährlichen Pro-Kopf-Einkommen von 1.000 bis 2.000 US-Dollar zu sinken und erreicht irgendwo bei 4.000 bis 10.000 US-Dollar das Niveau der Reproduktionsrate. Gerade den Einkommensbereich dazwischen, also die Passage des Übergangs, haben in den letzten Jahren besonders viele Länder durchlaufen oder sind dabei, dies zu tun. Im Einkommensniveau darunter liegen typischerweise nur mehr die ganz armen Länder der Welt, die meisten in Afrika. Sie weisen noch immer sehr hohe Fertilitätsraten auf.

Die Erklärung für diese Systematik ist kaum strittig, auch wenn es bei der genauen Gewichtung der Gründe noch viele

Schaubild 2:
Wachstum der Weltbevölkerung 1500-2050*

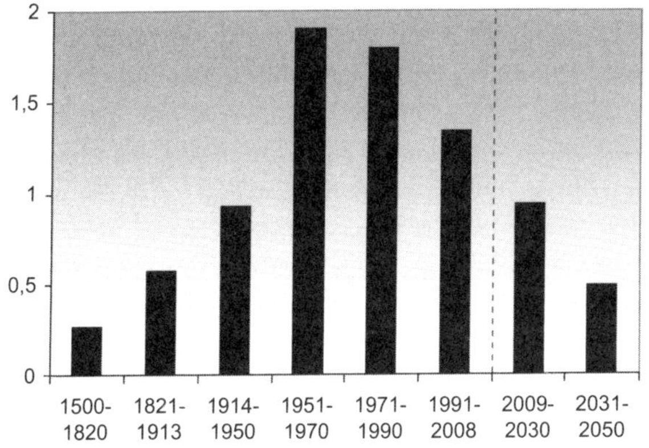

* Durchschnittliche jährliche Wachstumsrate (in %); 2009-2030, 2030-2050 Prognosedaten der OECD 2010

Datenquellen: Maddison (2003); OECD (2010)

Unsicherheiten gibt. Im Wesentlichen lassen sich zwei Begleiterscheinungen des (bescheidenen) Wohlstands identifizieren, die für die Entwicklung verantwortlich gemacht werden können.[66] Zum einen sind es Industrialisierung und Urbanisierung, die dafür sorgen, dass der Wunsch nach Kindern abnimmt. Denn in sehr armen Agrargesellschaften ist der „wirtschaftliche Wert" von Kindern für die Eltern extrem hoch, weil das schiere Überleben nur durch harte physische Feldarbeit gesichert werden kann und es in der Regel keinerlei staatliche Unterstützung, Rentenversicherung und sonstige Versorgungssysteme gibt. Mit der Landflucht und zunehmender industrieller Beschäftigung ändert sich dies: Der Bedarf an physischer Arbeit auf landwirtschaftlichen Flächen entfällt, Arbeitsverträge in der Industrie sorgen für höhere und einigermaßen stabile Einkommen, die Möglichkeiten der Versicherung verbessern sich. Die Kinder müssen deshalb weniger arbeiten, gehen dafür regelmäßiger in die (vorhandenen und nahe gelegenen) Schulen, verursachen aber auch höhere

Kosten. Es ist dann naheliegend, weniger Kinder zu haben, aber diesen eine bessere Bildung zu ermöglichen.

Neben Industrialisierung und Urbanisierung ist es das steigende Bildungsniveau der Frauen, das typischerweise für kleinere Familien sorgt. Die Gründe sind dabei vielfältig: Gebildete Frauen sind eher bereit, durch Empfängnisverhütung ungewollte Schwangerschaften zu vermeiden;[67] sie bekommen ihr erstes Kind im Durchschnitt später, sodass weniger Zeit für weitere Kinder bleibt; sie sind eher geneigt, mehr Zeit und Mühe in die Weitergabe der Bildung an ihre Kinder zu investieren, was zwar die Qualifikation der Kinder für das spätere Berufsleben verbessert, aber gleichzeitig die Möglichkeit beschränkt, eine größere Zahl von Kindern aus eigener Sicht angemessen zu betreuen. Schließlich erzielen gebildete Frauen am Arbeitsmarkt höhere Löhne, was für sie die Hausarbeit mit den Kindern indirekt verteuert, denn es entgeht ihnen dann – ganz oder teilweise – das Einkommen aus der Erwerbstätigkeit.

Klar ist also: Der Trend in Richtung kleinerer Familien wird im Zuge des Wachstums durch eine ganze Reihe von gleichgerichteten Kräften verstärkt. Das heißt nicht, dass andere Ursachen keine Rolle spielen. Dies gilt zum Beispiel für eine Vielzahl von bevölkerungspolitischen Instrumenten wie Aufklärung und Versorgung mit Verhütungsmitteln, die durchaus mit Erfolg in sehr armen Ländern eingesetzt werden. Und es gilt bis heute auch für die staatlich durchgesetzte Ein-Kind-Politik in China, die mit – moralisch höchst fragwürdigen – Zwangsmethoden über Jahrzehnte dafür gesorgt hat, dass China auch zu Zeiten von extrem niedrigen Pro-Kopf-Einkommen schon sehr niedrige Geburtenraten aufwies. Trotzdem spricht vieles dafür, dass auf lange Sicht die alles dominierende Kraft für den Rückgang der Fertilitätsrate der Wohlstand selbst ist, mit all seinen Begleiterscheinungen der Industrialisierung, Urbanisierung sowie Bildung und Emanzipation der Frauen.[68] So wäre China ohne die Ein-Kind-Politik heute ohne Zweifel bevölkerungsreicher – Schätzungen sagen: um 300 bis 400 Millionen Menschen;[69] aber es ist nicht anzunehmen, dass es sich dann dem Trend zur Senkung der Fertilitätsrate entzogen hätte, denn Länder wie Bangladesch, Brasilien, Indien, Indonesien und der Iran weisen heute Raten auf, die nicht viel höher liegen als die Chinas.

Zweifellos hat die erwartete Stabilisierung der Weltbevölkerung große Bedeutung für die Chancen der Menschheit, die Belastung des Planeten zu begrenzen. Daneben liefert sie aber eine Erkenntnis von noch viel grundsätzlicherer Bedeutung. Sie ist nämlich der erste globale Beleg dafür, dass es eine Art dämpfende Rückkoppelung des weltwirtschaftlichen Wachstums auf den Ressourcenverbrauch geben kann. In einem zentralen Punkt der Entwicklung, nämlich der Größe der Weltbevölkerung, zeigt die Menschheit offenbar wachstumsbedingte Verhaltensmuster, die eben nicht zur fortschreitenden „Explosion" des Systems führen, sondern zu dessen Selbststabilisierung beitragen. Dass dies lange nicht gesehen werden konnte, lag ausschließlich an der Tatsache, dass wir bisher noch in dem lebten, was wir im ersten Kapitel dieses Buches die „Kleine Welt" der Industrialisierung genannt haben. Erst in den letzten Jahrzehnten auf dem Weg in die „Große Welt" fällt ins Auge, dass sich die Verhaltensmuster auch in den bisherigen Entwicklungsländern in stabilisierender Weise anpassen, und zwar mit rasender Geschwindigkeit, viel schneller, als dies zuvor in den heutigen Industrieländern geschah.

Das ist eine Erfahrung von großer Tragweite. Die stilisierte Geschichte, die sie beschreibt, lässt sich wie folgt zusammenfassen: Die Industrialisierung und Urbanisierung im 19. Jahrhundert sorgten damals in den heutigen Industrieländern dank verbesserter Hygiene und medizinischer Versorgung für eine Erhöhung der Lebenserwartung und eine Senkung der Säuglingssterblichkeit. Dies führte bei sehr langsam sinkender Fertilitätsrate zu einer starken Zunahme der Bevölkerung. Es entstand dadurch lange Zeit der Eindruck, Bevölkerungszunahme und Wirtschaftswachstum gingen Hand in Hand, ganz im Sinne von Thomas Malthus. Die Korrektur dieses Bildes wurde möglicherweise durch die beiden Weltkriege und die wirtschaftlich schwierige Zwischenkriegszeit um einige Jahrzehnte verzögert. Erst ab den 1960er-Jahren nach Ende des Babybooms der Nachkriegszeit stellte sich in den Industrieländern jene Entwicklung ein, mit der

Eine verborgene Tragödie.

Asiens Familien zwischen Tradition und Moderne.

Ein-Kind-Politik. So hieß die harte politische Antwort, die das kommunistische China in den 1970er-Jahren auf seine Bevölkerungsexplosion gab. Sie wirkte: In China leben heute knapp 1,4 Milliarden Menschen, und es werden in der Zukunft kaum mehr sein. Der Preis für die Stabilisierung war allerdings hoch: Mehr als eine Generation von Eltern wurde vom Staat daran gehindert, ihren Familientraum zu verwirklichen, und zwar so, wie sie selbst ihn sich vorstellte. Zweifellos ein Raub an Freiheit, wie es ihn nur selten in der Geschichte gibt.

Der Raub hatte eine massive Nebenwirkung. Diese lässt sich an der sogenannten Geschlechterrelation ablesen, also am Zahlenverhältnis von Männern und Frauen in der Gesellschaft. In der Nachwuchsgeneration Chinas liegt sie bei 120 zu 100. Normal ist – nach der Frequenz der Geburten – ein Verhältnis von etwa 103 zu 100. Es werden also fast gleich viele Jungen und Mädchen geboren, wobei die leichte Überzahl des männlichen Geschlechts eine biologische Reaktion darauf ist, dass männliche Babys eine etwas höhere Sterbewahrscheinlichkeit aufweisen als weibliche. In der Nachwuchsgeneration sollte sich also in etwa eine Relation von eins zu eins wiederfinden. Daran gemessen gibt es etwa 20 Prozent mehr junge Männer als Frauen. Warum?

Die Antwort ist furchtbar, aber unausweichlich: Junge Eltern haben systematisch dafür gesorgt, dass wenigstens das eine Kind, das sie bekommen durften, ein Junge wurde. Die Folge: eine riesige Zahl von Abtreibungen weiblicher Föten, deren Geschlecht per Ultraschall identifiziert wurde, und wahrscheinlich eine unbekannte Anzahl von Tötungen weiblicher Säuglinge.

Ein grausamer Befund. Er erklärt sich aus dem noch immer tief sitzenden Wunsch der Eltern und ihrer Umgebung, einen Sohn zu haben – und keine Tochter. In einer modernen Industriegesellschaft gibt es dafür eigentlich keinen Grund.

Anders in der traditionellen Welt der Landwirtschaft: Söhne sind Stammhalter des Erbes, sie haben stärkere Körperkraft für die Feldarbeit, sie werden nicht mit einer teuren Mitgift „wegverheiratet", sie bleiben vor Ort und sorgen für die Eltern im Alter. Kurzum: Sie sind ökonomisch „mehr wert" als Töchter. Und dies wirkt sozial noch lange nach, auch wenn es für die moderne Welt gar nicht mehr zutrifft.

Der Konflikt zwischen Tradition und Moderne beschränkt sich dabei nicht auf China und seine Ein-Kind-Politik. In anderen asiatischen Ländern, vor allem in Indien, zeigt sich Ähnliches, und zwar noch stärker beim zweiten und dritten Kind. Wenn Eltern schon eine Tochter haben (oder gar zwei), dann wollen sie beim nächsten Kind einen Sohn; und manche tun alles dafür, ihn auch zu bekommen. Tatsächlich steigt die Geschlechterrelation in einigen Ländern Asiens vom ersten über das zweite bis zum dritten Kind steil an, und zwar weiter zulasten der Mädchen. Der Grund: Selbst ohne staatlichen Zwang wünschen sich die Eltern in der neuen modernen Welt, nur noch wenige Kinder zu haben, vielleicht zwei oder drei. Gleichzeitig sind sie und ihre Umgebung aber noch tief befangen in traditionellen Werten, die nach einem Sohn verlangen und nicht nach einer Tochter.

Vielleicht ist dieser Konflikt der Punkt, an dem Länder wie China und Indien den höchsten sozialen Preis zahlen für die enorme Geschwindigkeit, mit der ihre Gesellschaften den Wandel hin zum Wohlstand durchlaufen. Denn die Wertvorstellungen hinken hinter den eigentlichen ökonomischen Erfordernissen her. Das furchtbare Ergebnis: Abtreibungen in dreistelliger Millionenhöhe. Die Folgen liegen in der Zukunft: eine Gesellschaft, die damit leben muss, dass jeder sechste Mann keine Partnerin für die Ehe finden wird. Das einzig Positive daran ist, dass junge Damen sehr umworben werden, was sich in den betroffenen Ländern schon beobachten lässt: Bedeutung und Höhe der Mitgift nehmen ab. Das Negative aber wird überwiegen: Jungen Männern ohne Frauen und Familien fehlt oft die Orientierung im Leben. Asien wird damit umgehen müssen.

im Zuge von Industrialisierung, Urbanisierung und Emanzipation der Frau eigentlich zu rechnen sein sollte. In den aufholenden Entwicklungs- und Schwellenländern vollzieht sich inzwischen dieser gesellschaftliche Wandel im Zeitraffer, genau wie das Wirtschaftswachstum selbst, und zwar seit den 1980er-Jahren.

Das Ergebnis ist, dass der wachsende Wohlstand weltweit eine stabilisierende Wirkung auf die Bevölkerungsentwicklung entfaltet. Es ist wie eine erste große Zäsur im Prozess der Industrialisierung und des damit verbundenen Wertewandels: Was Anfang des 19. Jahrhunderts mit Macht in Großbritannien einsetzte, findet einen ersten Abschluss Mitte des 21. Jahrhunderts, und zwar dadurch, dass in weiten Teilen der Welt die Rolle von Frauen und Kindern sich radikal gewandelt hat. Dazwischen liegt – über zweieinhalb Jahrhunderte verteilt – ein Wachstum der Bevölkerung um den Faktor neun bis zehn, und dies bei massiver Zunahme des Wohlstands.

Es ist wichtig, sich klarzumachen, dass die Phase des Bremsens der Bevölkerungszunahme für die betroffenen Länder wirtschaftlich beträchtliche Vorteile hat. Charakteristisch für sie ist nämlich ein besonders hoher Anteil der Bevölkerung in Erwerbstätigkeit: Die Anzahl der Kinder ist relativ klein und die Anzahl der Ruheständler vorübergehend auch. Genau diese günstige Situation erlebten die meisten Industrieländer in den letzten drei Dekaden, nachdem die Generation der Babyboom-Kinder in den Arbeitsmarkt hineingewachsen war. Für viele Entwicklungs- und Schwellenländer beginnt diese günstige Phase erst jetzt und dauert bis Mitte des Jahrhunderts. Nach Ende der Phase werden die Konsequenzen der Alterung allerdings eine „Last" für den Sozialstaat und die Rentensysteme, weil dann besonders viele Erwerbstätige in den Ruhestand wechseln. Dies erleben wir in den Industrieländern schon heute. In der übrigen Welt wird es zur Mitte des Jahrhunderts beginnen, sich bemerkbar zu machen.

So weit zur Entwicklung der Weltbevölkerung. Bei aller Stabilisierung: Es bleibt eine Größenordnung von neun bis zehn Milliarden Menschen, die Mitte des 21. Jahrhunderts ernährt

Schaubild 3: Lebensmittelpreise 1961-2008*

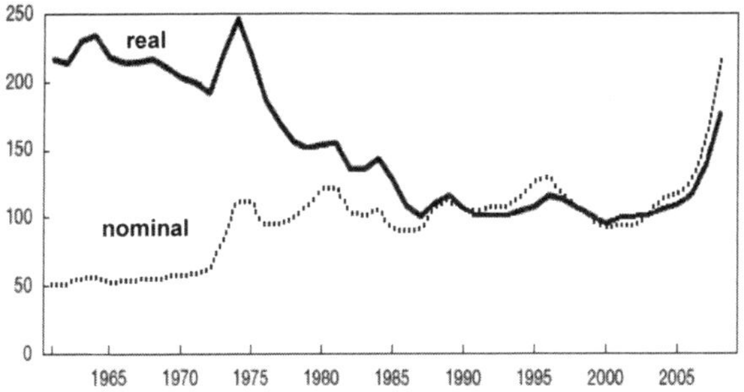

* FAO–Index der Lebensmittelpreise (nominal/real; 1998-2000 = 100)

Datenquelle: Food and Agriculture Organization of the United Nations (2009)

werden müssen. Die nächste Frage ist also: Reicht dafür die Produktion von Nahrungsmitteln? Bis vor wenigen Jahren sah es so aus, als gäbe es in dieser Hinsicht keinerlei Grund zu Befürchtungen: Das Preisniveau von Lebensmitteln blieb von Mitte der 1970er- bis Ende der 1990er-Jahre in etwa nominal konstant, was auf eine drastische reale Preissenkung von über 40 Prozent hinauslief, weil es in den meisten anderen Lebensbereichen kräftige Preissteigerungen gab (siehe **Schaubild 3**). Etwa um die Jahrtausendwende kam es allerdings zu einer Trendumkehr. Von 2000 bis 2007 stiegen die Lebensmittelpreise an, und zwar zunächst moderat und ab 2006 sehr scharf. Die Finanzkrise brachte im Laufe des Jahres 2008 eine vorübergehende Korrektur nach unten, die aber seither fast schon wieder vollständig revidiert ist. Vergleichen wir die Entwicklung vom Anfang bis zum Ende der Dekade, so geht es fast um eine Verdoppelung des Preisniveaus. Dies hat es seit Jahrzehnten nicht gegeben.

Hat diese jüngste Entwicklung zu Versorgungsengpässen und Hunger in den ärmsten Ländern der Welt geführt? Die Antwort lautet: Ja. Die absolute Anzahl unterernährter Menschen stieg seit Anfang der Dekade an, und zwar von rund 850 Millionen auf etwa eine Milliarde. Ein Teil des Anstiegs ist auf die Verschlechterung der wirtschaftlichen Lage ab 2007 zurückzuführen – eine Folge also der Rezession, die nach der Finanzkrise einsetzte. Dies ist eine Entwicklung, die sich nach Ende des Konjunktureinbruchs selbst korrigieren wird. Es bleibt aber der fortwirkende, längerfristige Trendbruch seit Beginn des Jahrzehnts: Die langjährigen Erfolge in der Bekämpfung des Hungers laufen anscheinend aus. Das ist ein beunruhigender neuer Trend. Er hängt mit den gestiegenen Preisen für Lebensmittel zusammen, wie eine jüngste Studie der Weltbank[70] zeigt: Der Preisanstieg sorgt nämlich in den ärmsten Teilen der Welt für eine Umverteilung, und zwar zugunsten der – durchaus armen – Agrarproduzenten und zuungunsten der Konsumenten, die im Durchschnitt noch ärmer und am stärksten vom Hunger bedroht sind.

Wo liegen die Gründe für den weltweiten Preisanstieg von Grundnahrungsmitteln? Es sind letztlich zwei tiefere Ursachen: das Wirtschaftswachstum selbst und die Politik. So sorgt der wachsende Wohlstand in China, Indien und anderen Teilen der Welt für eine Veränderung des Speisezettels: Die Verbraucher essen mehr Fleisch und weniger Brotgetreide und Reis. Dies ist ein völlig normaler Strukturwandel der Nachfrage, der genau dem Muster folgt, wie es früher in den heutigen Industrieländern zu beobachten war. Die Folge: Immer mehr Getreide wird als Viehfutter verwendet, wo es über den Weg der Fleischproduktion pro Kilo weniger an Nährwert für den Menschen bereitstellt, als wenn es direkt verbraucht wird. Dieser Strukturwandel hat beachtliche Ausmaße. So ist der Fleischkonsum pro Kopf in China heute etwa zweieinhalbmal so hoch wie 1985, was bei einer Bevölkerung von fast 1,4 Milliarden Menschen den Getreideverbrauch vervielfacht. Es ist also nicht nur das Wachstum der Weltbevölkerung, das bis 2050 die Nachfrage nach Lebensmitteln bestimmt, sondern vor allem auch der Anspruch der Konsumenten nach „veredelten“ Formen des Konsums. Allerdings ist diese Entwicklung – selbst in China – ein eher schleichender Prozess, denn Ernährungsgewohnheiten verändern sich über Jahrzehnte, nicht Jahre.

Der zweite Grund für die Trendumkehr liegt in der zunehmenden Verwendung von Mais und Ölsaaten (Raps, Sonnenblumen) in verschiedenen Sorten von Treibstoffen für Kraftfahrzeuge. So gab es in der Europäischen Union seit 2001 und in den Vereinigten Staaten seit 2004 groß angelegte Programme zur Förderung des Anbaus erneuerbarer Rohstoffe. Das Hauptziel war dabei ein klimapolitisches, nämlich das Ersetzen von fossilen Brennstoffen durch Ethanol beziehungsweise Biodiesel, deren Ökobilanz mit Blick auf den Ausstoß von Treibhausgasen als besser angesehen wird. Diese bewusste „Ökopolitik" wirkte schnell und nachhaltig. So gab es einen fast ruckartigen Wandel der Anbaustruktur von Sojabohnen und Weizen zu Mais und Ölsaaten, und zwar nicht nur in den Vereinigten Staaten und Europa, sondern weltweit. Der Verknappung des Angebots folgten Preissteigerungen bei Brotgetreide sowie Viehfutter (und damit Fleisch), was durch die übliche Substitution der Verbraucher auch zu höheren Preisen bei Reis und anderen Grundnahrungsmitteln führte. Als politische Reaktion darauf folgten in einer Reihe vor allem asiatischer Länder Exportbeschränkungen für Lebensmittel, was die Weltmarktpreise weiter nach oben trieb.

Welche der beiden Entwicklungen – Nachfragewandel der Entwicklungsländer oder Ökopolitik der Industrieländer – trägt die Hauptverantwortung für die Preisexplosion bei Lebensmitteln im letzten Jahrzehnt? Empirische Studien[71] geben eine recht eindeutige Antwort, auch wenn Einzelpunkte strittig bleiben: Mindestens 70 Prozent der Preiserhöhung gehen auf das Konto der Ökopolitik und ihrer Folgen, der Rest erklärt sich durch andere Faktoren einschließlich schlechter Ernten. Wichtig ist dabei, dass nicht jede Form der „Ökopolitik" zugunsten von Biotreibstoff zu höheren Preisen führen muss. So sorgte Brasilien mit seiner Nutzung von Rohrzucker zur Herstellung von Ethanol bisher wohl für keinerlei Verteuerung an den Märkten, einfach weil die zusätzliche Zuckerproduktion nicht zulasten von Brotgetreide und Viehfutter ging. Tatsächlich gäbe es die Möglichkeit auch für die Vereinigten Staaten und Europa, ihre Ökopolitik auf importiertem Rohrzucker aufzubauen, was billiger wäre und Brasilien und afrikanischen Produzenten von Rohrzucker neue Einnahmequellen erschließen würde. Es sind amerikanische und europäische Importzölle, die bisher diesen Weg verschließen.[72]

Kurzum: Was wir heute an Grenzen des globalen Wachstums in Form von Preissteigerungen bei Grundnahrungsmitteln beobachten, das ist zu einem Großteil das Ergebnis bewusster Schwerpunkte der Ökopolitik in den Industrieländern. Ob die Konkurrenz der Verwendungen („Teller oder Tank?") zum Dauerproblem wird, hängt maßgeblich von technischen Fortschritten ab, die heute noch nicht zu überblicken sind. So besteht die Hoffnung und Erwartung, dass in einigen Jahren eine neue Generation von Biotreibstoffen das Problem entschärft. Diese könnten aus Abfällen der Landwirtschaft stammen; oder aus Algen, gepflanzt auf riesigen Brackwasserflächen, die nicht in Konkurrenz stehen zur Produktion von Nahrungsmitteln (so zum Beispiel im heißen, dünn besiedelten Texas). Bisher stecken die Forschung und erst recht die industrielle Umsetzung offenbar noch in den Anfängen. Solange noch keine Lösung in Sicht ist, bleiben also die Grenzen der globalen Ernährung eng verknüpft mit Fragen nach der Energie- und Klimapolitik. Auf diese werden wir noch ausführlich zurückkommen.

In jedem Fall wird es langfristig einen massiven Bedarf geben, die weltweite Produktion an Nahrungsmitteln zu steigern. Dafür sorgen allein schon die Zunahme der Weltbevölkerung und der Strukturwandel der Nachfrage, und zwar selbst dann, wenn die Ökopolitik der Industrieländer in der Zukunft für den Rest der Welt erheblich verbrauchsfreundlicher werden sollte. Es ist dabei sehr unwahrscheinlich, dass noch in hohem Maße zusätzliche Landflächen für die Nutzung erschlossen werden können. Zu groß wäre dann der ökologisch bedenkliche Bedarf an Verkehrserschließung entlegener Gebiete und Rodung von Wäldern. Der zusätzliche Ertrag muss also aus höherer Produktivität kommen. Dies erfordert nicht weniger als eine zweite „grüne Revolution", die einen ähnlichen Ertragsschub bringen muss wie die erste grüne Revolution in den 1950er- und 1960er-Jahren. Damals wurden durch moderne Pflanzenzucht vor allem neue Reis- und Weizensorten entwickelt und in Entwicklungsländern mit Erfolg eingeführt.[73]

Das heutige Potenzial für Ertragssteigerungen liegt dabei auf zwei Ebenen. Zum einen bedarf es in vielen der ärmsten Entwicklungsländer einer Stärkung des Kredit- und Kapitalmarktes für Investitionen in der Landwirtschaft. Tatsächlich hat die jüngste Preisexplosion eine Welle solcher nationalen Initiativen angestoßen; und auch die internationale Unterstützung konzentriert sich zunehmend darauf, die Engpässe bei Mikrokrediten zur Finanzierung von Traktoren, Dünger, Bewässerungsanlagen und Ähnlichem zu beseitigen oder zumindest zu mildern.[74] Zum anderen muss es weitere Fortschritte in der Qualität des Saatguts geben, angepasst an die spezifischen Bedingungen von Klima und Boden in den jeweiligen Regionen. Ob dies mit konventionellen Züchtungsmethoden oder mit grüner Gentechnik erfolgt, ist dabei zweitrangig. Wichtig ist allein, dass sich ein Ertragsschub ergibt und möglichst auf den Einsatz von ökologisch und gesundheitlich problematischen Pestiziden verzichtet werden kann.

Tatsächlich ist der Einsatz von genetisch verändertem Saatgut außerhalb Europas längst weitverbreitet. Bereits heute stehen weltweit auf etwa 1,34 Millionen Quadratkilometer Ackerfläche gentechnisch veränderte Pflanzen, also auf einer Fläche so groß wie das Land Peru und damit mehr als dreieinhalbmal so groß wie Deutschland. Immer noch über 50 Prozent davon entfallen auf Nordamerika, aber der Rest – mit steigender Tendenz – auf China, Indien, Südafrika und lateinamerikanische Länder.[75] Was die globale Entwicklung der Versorgung mit Lebensmitteln betrifft, ist es dabei fast gleichgültig, ob die Europäische Union ihre skeptische bis ablehnende Haltung gegenüber gentechnisch verändertem Saatgut beibehält oder nicht. Denn in Europa selbst ist das Potenzial für Steigerungen der Produktivität im weltweiten Vergleich ohnehin eher gering und damit die Wirkung auf den Weltmarkt ebenso. Es geht da letztlich mehr um die politische Frage, ob Europa für sich selbst den Weg einer (weitgehend) gentechnisch freien Region wählt – unter Verzicht auf zusätzliches Wachstum in seiner Agrarwirtschaft und möglicherweise auch auf bestimmte Optionen der technologischen Entwicklung.

2.2 Energie und Klimawandel

Eine Wirtschaft braucht Energie. Und eine Wirtschaft, die wächst, braucht mehr Energie. Das ist jedenfalls die historische Erfahrung. Es kann deshalb nicht überraschen, dass der Club of Rome 1972 die Grenzen des Wachstums als Erstes im Energieverbrauch ortete. In absehbarer Zeit würden die Vorräte an Erdöl und anderen Rohstoffen rein physisch nicht mehr ausreichen, um das Wachstum der Weltwirtschaft mit der damals üblichen Geschwindigkeit zu ermöglichen. So jedenfalls die Vorhersage, oder genauer: das Szenario des Club of Rome.

Die Realität sah dann viel komplexer aus. Es kam tatsächlich im Zuge von zwei sogenannten Ölkrisen – 1973/74 und 1980/81 – zu einem drastischen Anstieg des Ölpreises (siehe **Schaubild 4**). Es folgten jeweils schwere Rezessionen; und es gab bis Ende der 1980er-Jahre eine gewisse Abschwächung des weltwirtschaftlichen Wachstums, die allerdings im langfristigen historischen Vergleich eher einer Normalisierung gleicht als einem tiefen Einbruch. Im Rückblick ist es nämlich der Wachstumsspurt der 1950er- und 1960er-Jahre, der stark aus dem Rahmen fällt, und nicht die Entwicklung danach, die bis 1990 nur leicht unterhalb des Wachstumstrends liegt (und danach eher darüber).[76] Aber was noch wichtiger ist: Es setzte sehr schnell ein Wandel der industriellen Produktionsstrukturen ein, der die westlichen Marktwirtschaften ein gutes Stück „weg von Öl" führte. Mehr als das: Der generelle Anstieg aller Energiepreise gab der Industrie auf breiter Front ökonomische Anreize, ihre Produktionsprozesse so anzupassen, dass weniger Energie eingesetzt wurde. Auch der technische Fortschritt orientierte sich in diese Richtung: Die nächste Generation von Maschinen arbeitete deutlich energiesparender als die letzte. Die industrielle Welt veränderte sich grundlegend.

Dieser Prozess erwies sich als weitgehend unumkehrbar. Er hat Ähnlichkeiten mit der Reaktion Großbritanniens auf die Preisexplosion der Holzkohle im 17. und 18. Jahrhundert: Damals führte der Strukturwandel weg vom Holz, und zwar für

Schaubild 4: Der Ölpreis 1970-2010

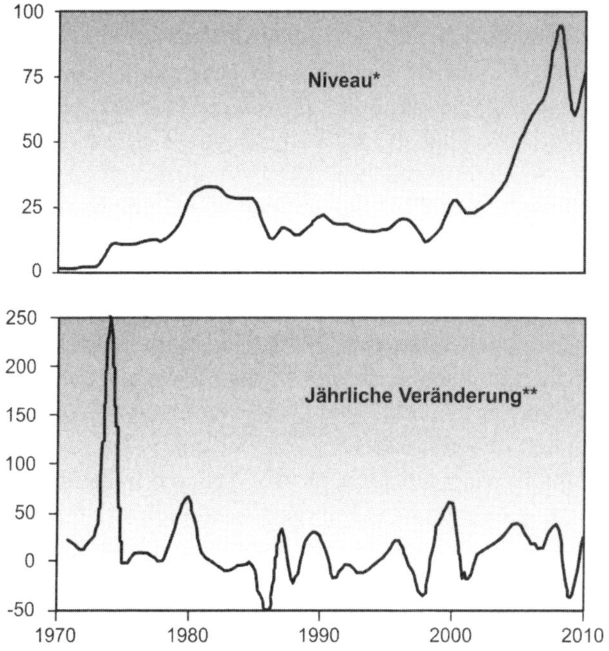

* US-$ / Fass für Rohöl
** Veränderung in Prozent
Datenquelle: OPEC (2008)

immer; nun führte er weg vom Öl. War die Technik einmal auf breiter Front umgestellt, gab es kein Zurück, und zwar auch nicht, als der Ölpreis ab 1985/86 wieder deutlich sank. Zwar sorgte der Preisrückgang für eine gewisse Pause in der Entwicklung der Technik und des Verbraucherverhaltens. So wurden zum Beispiel in der Automobilindustrie ab den frühen 1990er-Jahren in Deutschland auch für den privaten Kunden zunehmend schwere, geländegängige Fahrzeuge hergestellt. Allerdings nutzten deren starke Motoren durchaus die neueste energiesparende Technik und nicht jene früherer Zeiten. Der hohe Verbrauch ergab sich allein aus einem Mehr an Gewicht, Komfort und Fahrsicherheit.

Im Rückblick muss man den beiden Ölkrisen nicht nur wirtschaftliche, sondern auch weltgeschichtliche Bedeutung beimessen. Denn sie lieferten, wie sich einige Jahre später herausstellte, eine ungeheure Bewährungsprobe für die Planwirtschaft sowjetischen Typs. Und die scheiterte daran, und zwar kläglich. Während sich in westlichen Marktwirtschaften der Strukturwandel hin zu neuer energiesparender Technik durchsetzte, geschah nichts dergleichen im sozialistischen Osten. Der ohnehin beträchtliche Rückstand des Ostens wurde dadurch nicht nur noch größer, sondern auch weithin sichtbarer: Während sich der Westen unter Schmerzen von der alten Industriegesellschaft verabschiedete, blieb der Osten in ihr gefangen – mit massiver Energieverschwendung und Umweltverschmutzung. Und die war zu besichtigen im direkten Vergleich zum Westen, eine politisch verheerende Situation, die das Vertrauen in die Planwirtschaft endgültig zerstörte. Es begann auch die Zeit, in der eine Wirtschaft wie die sowjetische in ihrem Verarbeitenden Gewerbe Wertzerstörung – und keine Wertschöpfung – betrieb: Zu den hohen Weltmarktpreisen bewertet war das Erdöl, das in die Produktion von Industriegütern einfloss, oft wertvoller als die hergestellten Güter selbst. Eine absurde Situation, vielleicht die absurdeste, die man sich als Folge der Abschottung vom Weltmarkt vorstellen kann.

Die Ölpreisschocks hatten also gewaltige Konsequenzen für die weitere Entwicklung der Weltwirtschaft. Zu einem Versiegen der Ölquellen führten sie allerdings nicht. Ganz im Gegenteil: Die Suche nach neuen Vorräten wurde lohnender, mit der Folge einer Welle neuer Explorationen in Regionen, wo man bisher keine wirtschaftlich rentable Förderung erwarten konnte. Das Ergebnis ist bemerkenswert – nach fast 40 Jahren und zwischenzeitlichem Fallen und Wiederansteigen des Ölpreises: Die heute geschätzte Reichweite der weltweiten Ölvorkommen ist nicht kürzer als Anfang der 1970er-Jahre.

Tatsächlich erwiesen sich in der Vergangenheit fast alle Schätzungen von absoluter Verknappung von Rohstoffen für die Energiegewinnung als zu pessimistisch. So herrscht heute Einigkeit, dass es auf absehbare Zeit keinen physischen Engpass in der weltweiten Rohstoffversorgung geben wird. Beim derzeitigen Verbrauchsstand reichen die Vorräte an Steinkohle für über 100, an Braunkohle über 200, an Erdöl über 40 und an Erdgas über 60 Jahre. Zwar schrumpfen diese Zeiträume rein rechnerisch, wenn wir eine kräftige wachstumsbedingte Zunahme des Verbrauchs unterstellen. Allerdings bleibt dann die Frage, inwieweit nicht durch Preissteigerungen wieder verstärkte Suchprozesse nach neuen Technologien und neuen Vorräten angestoßen würden, genau wie bei den Ölpreisschocks in der Vergangenheit. Obendrein bietet die Nutzung der Kernkraft im Grundsatz bereits heute einen Weg der schier unbegrenzten Energieproduktion. Bei ihr liegt der Engpass ganz offensichtlich nicht in der Verfügbarkeit, denn die Reichweite der Uranvorräte ist sehr groß. Stattdessen geht es um Risiken, die vor allem mit der Endlagerung hochtoxischen Materials sowie der Möglichkeit des Baus von Atombomben zusammenhängen.

Es geht also im Kern gar nicht mehr um die physischen Grenzen der Nutzung des Planeten auf der Suche nach Rohstoffen. Es geht stattdessen um eine andere Frage: Wo liegt die ökonomische, ökologische und ethische Grenze für die Nutzung der Rohstoffe? Dies ist eine komplexe Frage, die sich die Menschheit selbst stellt. Sie ist nicht „naturgegeben", denn absolute Schranken der Verfügbarkeit von Rohstoffen spielen dabei keine Rolle. Seit einigen Jahren wird diese Frage trotz ihrer Komplexität recht eindeutig beantwortet, und zwar weltweit. Die Antwort lautet: Die wichtigste Grenze ist der vom Menschen verursachte Klimawandel. Er hat alle anderen Kandidaten weit in den Schatten gestellt. Er wird inzwischen als jene Schwelle angesehen, an deren Überschreiten sich jedes Wirtschaftswachstum in seinen Folgen messen lassen muss. Er wird uns deshalb für den Rest dieses Kapitels beschäftigen.

Der grundlegende Gedankengang ist einfach. Die Erdatmosphäre wirkt wie ein Treibhaus, das heißt, sie erlaubt den ungehinderten Eintritt kurzwelliger Sonnenstrahlung von außen, erschwert aber den Austritt der langwelligen Wärmestrahlung, die von der Erde reflektiert wird. Erst dadurch wird überhaupt die Atmosphäre auf eine Temperatur gebracht, die für die Verbreitung menschlichen und tierischen Lebens günstig ist. Ohne Treibhauseffekt läge die bodennahe Lufttemperatur bei durchschnittlich minus 18 Grad, mit ihm liegt sie heute bei etwa 15 Grad Celsius. Dabei trägt eine Reihe von Gasen in entscheidendem Maße zum Treibhauseffekt bei, allen voran der Wasserdampf sowie Kohlendioxid, Methan, Fluorkohlenwasserstoffe sowie Distickstoffoxide (auch Lachgas genannt). Es ist also letztlich das Zusammenwirken von einfallendem Sonnenlicht sowie Auf- und Abbau der sogenannten Treibhausgase, das den Wärmezustand der Atmosphäre bestimmt.

An dieser Stelle kommt nun der Mensch ins Spiel. Er beeinflusst durch Emissionen der verschiedensten Art den Bestand an Treibhausgasen in der Atmosphäre. So sorgt zum Beispiel die Landwirtschaft für einen Anstieg des Methangehalts – als Nebenprodukt der Verdauung von Rindern in der Viehhaltung; und die Verbrennung von Kohle und Erdöl erhöht den Gehalt an Kohlendioxid. Grundsätzlich kann also die Menschheit das Klima beeinflussen, und zwar dann, wenn sie durch ihre Art des Wirtschaftens den Gehalt an Treibhausgasen derart stark verändert, dass es messbare Rückwirkungen auf die Temperatur der Atmosphäre hat. Für den allerlängsten Teil der Menschheitsgeschichte war dies praktisch undenkbar: Es gab einfach nicht genug Menschen, und das Ausmaß an wirtschaftlicher Aktivität, das sie entfalteten, war in seiner potenziellen Emissionswirkung derart klein, dass es im Vergleich zu natürlichen Einflüssen vernachlässigt werden konnte. Man mochte also getrost das als null ansehen, was heute als „anthropogener Effekt“ auf das Klima bezeichnet wird.

Seit Beginn der Industrialisierung hat sich dies verändert. Der Hauptgrund ist dabei die Gewinnung von Energie: Der Rückgriff auf Kohle, Erdöl und Erdgas hat dazu geführt, dass vor allem die Konzentration von Kohlendioxid in der Atmosphäre kontinuierlich nach oben ging. Sie beträgt heute etwa 385 ppmv (parts per million by volume). Messungen aus Eisbohrkernen deuten darauf hin, dass sie in den letzten 800.000 Jahren niemals über

300 ppmv lag. Sie hat sich also mindestens um 28 Prozent erhöht. Auch bei Methan und Lachgas gibt es deutliche Zunahmen gegenüber lang zurückliegenden historischen Pegelständen. Die naturwissenschaftliche Kernfrage ist nun: Hat diese deutliche Zunahme des Ausstoßes an Treibhausgasen das Klima verändert? Vor allem: Hat es eine Zunahme der Temperatur als Folge der Industrialisierung gegeben?

Tatsächlich beobachten wir laut Angaben des Intergovernmental Panel on Climate Change (IPCC) im Zeitraum zwischen 1906 und 2005 einen Anstieg der durchschnittlichen Lufttemperatur im Bodenbereich von 0,74 Grad Celsius. Für diesen Zeitraum ist dies ein deutlicher, statistisch abgesicherter Trend nach oben – allerdings überlagert von Schwankungen unterschiedlicher Länge, die auch ausgeprägte Kältephasen wie in den 1960er-Jahren und Wärmephasen wie kurz vor der Jahrtausendwende einschließen. Strittig bleibt allerdings, wie sich die heutige Temperatur im noch längerfristigeren historischen Vergleich darstellt. Nach Rekonstruktionen früherer globaler Temperaturen durch Näherungsgrößen präsentierte der IPCC für die letzten 1.000 Jahre eine Grafik, die in der Klimaforschung als Hockeyschläger bekannt ist (siehe **Schaubild 5**).[77] Danach erreichen wir heute Temperaturen, die selbst deutlich höher liegen als die mittelalterliche Warmzeit zwischen 1000 und 1300, also jener Periode, die bis vor Kurzem als die wärmste der nachchristlichen Geschichte weithin anerkannt war. Ob das stimmt, bleibt kontrovers, und wird sich wahrscheinlich auch in den nächsten Jahren kaum eindeutig klären lassen.

Jedenfalls liefert der positive Temperaturtrend im 20. Jahrhundert ein erstes Indiz für einen anthropogenen Einfluss. Denn er läuft im Wesentlichen parallel zum ebenfalls positiven Trend des Gehalts der Atmosphäre an Treibhausgasen und insbesondere an Kohlendioxid, dem bei Weitem wichtigsten Emissionsbegleiter der Industrialisierung. Allerdings sind zwei parallele Trends noch alles andere als ein empirischer Beleg für einen kausalen Zusammenhang. Es hat nun seit dem Beginn der Forschungen zum Klimawandel beträchtliche Anstrengungen gegeben, den anthropogenen Einfluss auf die globale Durchschnittstemperatur dingfest zu machen und abzuschätzen. Die wichtigste alternative Erklärung für die Erwärmung ist dabei eine verstärkte Sonneneinstrahlung, bedingt entweder durch Schwankungen der solaren Aktivität selbst („Sonnenfleckenhypothese") oder durch eine Veränderung der Dichte in der Atmosphäre von sogenannten Aerosolen, die das Sonnenlicht nach außen reflektieren.

Die Mehrheitsmeinung der Klimaforschung ist derzeit eindeutig, dass der anthropogene Einfluss bei Weitem den größten Teil der Temperaturzunahme zu verantworten hat. Ein nur kleiner Teil wird einer gestiegenen Sonnenaktivität zugeschrieben. Etwas stärker gewichtet wird die Bedeutung der Aerosole, und zwar vor allem als historische Erklärung für die vorübergehende Kälteperiode der 1960er- und frühen 1970er-Jahre. Damals belasteten die Industrieländer die Atmosphäre durch besonders starke Emissionen von Sulfaten. Diese gingen anschließend deutlich zurück, als auf breiter Front gezielte Umweltschutzmaßnahmen wie der Einbau von Filtern ergriffen wurden. Ab den 1990er-Jahren führte dies zu einem spürbaren positiven Beitrag zur Erwärmung, der nur vorübergehend unterbrochen wurde durch die kühlende Wirkung, die der Ausbruch des Vulkans Pinatubo 1991 durch die austretenden gewaltigen Aschemengen verursachte.

So weit die klare Mehrheitsmeinung. Sie findet sich am prominentesten in den Stellungnahmen des IPCC, zuletzt in dessen viertem Bericht aus dem Jahr 2007.[78] Klare Mehrheitsmeinung heißt dabei allerdings keineswegs, dass es einen gesicherten wissenschaftlichen Konsens gibt. Tatsächlich hat der Aufschwung der Klimaforschung die kritische Auseinandersetzung mit einzelnen ihrer Hypothesen und Methoden eher befördert und intensiviert als beschnitten. So schätzen zum Beispiel einige Wissenschaftler aufgrund neuerer Forschungen die Bedeutung der Sonnenkraft viel höher ein, als es die Mehrheitsmeinung tut. Der Ansatzpunkt für diese Meinung ist dabei die Strahlungsintensität und die damit ausgelöste Wolkenbildung, die unter bestimmten Umständen gleichfalls den Treibhauseffekt befördert;[79] oder es ist eine besonders starke Wirkung

Schaubild 5: Temperatur der Atmosphäre 1000-2000*

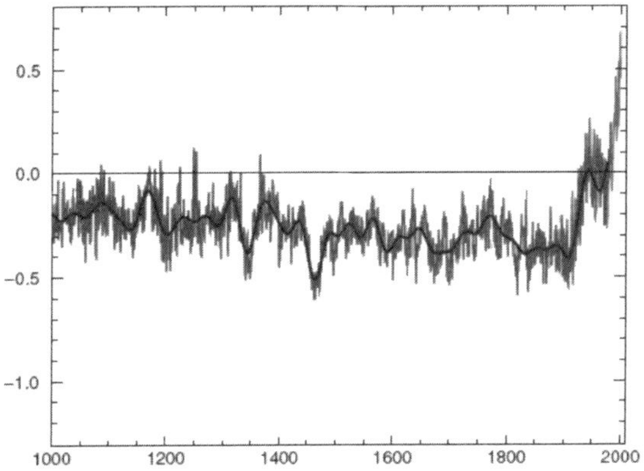

* Abweichung der Temperatur (in °C) vom Mittelwert 1961-1990; Oberflächentemperatur, gemessen in der nördlichen Hemisphäre

Datenquelle: Intergovernmental Panel on Climate Change (2001)

der Verminderung von Aerosolen, die bisher unterschätzt wurde.[80] Andere Forscher zeigen auf, dass die vom IPCC verwendeten Klimamodelle mit ihrer Zuschreibung großer Wirkungen der Treibhausgasemissionen außerstande sind, Beobachtungen aus der Vergangenheit auch im Nachhinein zu prognostizieren.[81] Wieder andere weisen darauf hin, dass die weltweit verbreiteten Messstationen an vielen Stellen in Entwicklungs- und Schwellenländern Temperaturanstiege erfassen, die durch die (lokale) Urbanisierung bedingt sind und nicht durch eine (globale) Erwärmung.[82]

Kurzum: Die wissenschaftliche Auseinandersetzung läuft auf vollen Touren. Es kann auch kaum überraschen, dass dies so ist. Denn die Atmosphäre und das Klima sind Systeme, deren Verhalten sich nur sehr schwer in überschaubaren Modellen abbilden lässt. Es wäre eher merkwürdig, würden Daten, Fakten und Modelle zu eindeutigen Ergebnissen führen, die alle Forscher und Beobachter in bravem Konsens akzeptierten. Dies

Das Hockeymatch:

NRC Climatologists gegen NAS Statisticians.

Er ist zum Symbol des Klimawandels geworden: der Hockeyschläger. Im Jahr 2001 wurde er dem Weltpublikum vorgestellt. Es geht dabei um eine einfache Grafik im dritten IPCC-Bericht. Sie zeigt die Durchschnittstemperatur der nördlichen Hemisphäre über ein ganzes Millennium, vom Jahr 1000 bis zum Jahr 2000. Die Botschaft: Lange Zeit gibt es nichts als kurzfristige Zacken, aber im 20. Jahrhundert kommt eine kräftige Bewegung nach oben und ganz am Ende schießt die Temperatur auf Rekordhöhe. Also: ein Hockeyschläger – mit einem langen Schaft, der am Boden liegt, und einer steilen Kelle, die nach oben zeigt.

Zweifellos eindrucksvoll. Aber auch wahr? Kaum ein Befund der Klimaforschung hat so viel hitzige Debatten ausgelöst wie der Hockeyschläger, den das Team von Michael Mann an der Pennsylvania State University 1998 in einem Fachartikel erstmals veröffentlichte und der dann vom IPCC popularisiert wurde. Der Grund für die Aufregung: Mann widersprach dem bis dahin akzeptierten Befund, dass die sogenannte mittelalterliche Wärmeperiode zwischen 1000 und 1300 die bisher höchsten Temperaturen aufwies, die – wenn überhaupt – gerade erst wieder im Zuge der globalen Erwärmung erreicht wurden. In Manns Befund steckte eine spektakuläre Botschaft: Wir haben heute schon so hohe Temperaturen, wie es sie in vorindustriellen Zeiten nie gab.

Einige äußerten sich kritisch, allen voran der kanadische Statistiker Ross McKitrick. Er bemängelte die Methodik, die zu dem Ergebnis führte. Für die Zeit vor Mitte des 19. Jahrhunderts gibt es nämlich kaum verlässliche Aufzeichnungen der Temperatur. Man verwendet deshalb Näherungsgrößen, die in einer sogenannten Hauptkomponentenanalyse verarbeitet werden. Es gibt dabei zwei Probleme: die Qualität der Näherungsgrößen und die statistische Methodik selbst. Beides stieß auf Kritik. Die Näherungsgrößen stammten vor allem aus Baumringen, Bohrlöchern, Eiskernen, Korallenriffen und historischen Aufzeichnungen. Ihre Aussagekraft wurde angezweifelt, teils wegen erheblicher Messprobleme, teils wegen fehlender geografischer Repräsentativität. Der statistischen Methodik wurden schwerwiegende Fehler angekreidet, vor allem eine falsche Zentrierung. Der Vorwurf: Selbst Daten, die einem Zufallsprozess folgten, neigten dazu, einen Hockeyschläger zu „produzieren". Die Kritik blieb nicht ohne scharfe Gegenreaktion: Methodische Fehler wurden zwar eingeräumt, aber ihre Bedeutung für das Ergebnis nach neuen Berechnungen bestritten.

Bei allem fällt auf, wie überaus scharf die Kontroverse geführt wurde, zumeist auf den einschlägigen Websites der beiden „Lager". Die politische Bedeutung der Fragen hinterließ offenbar deutliche Spuren. Schließlich setzte der amerikanische Kongress sogar Ausschüsse ein, um der Wahrheit näher zu kommen. So wurden im Jahr 2006 zwei Berichte geschrieben – der eine vom National Research Council (NRC), der andere von der National Academy of Sciences (NAS). Beide Berichte hoben das Niveau der Debatte, weil sie sich spürbar um mehr Objektivität bemühten. Der eigentliche Dissens war aber nicht aufzulösen, denn im Ergebnis neigte der NRC-Bericht eher der Pro-Linie zu, der NAS-Bericht eher der Kontra-Linie. Die beiden Lager unterstellten prompt dem jeweils „gegnerischen" Bericht eine vorurteilsgeprägte, politisch motivierte Haltung.

Die Realität ist möglicherweise viel einfacher. Sie könnte mit der unterschiedlichen Geisteshaltung zweier Wissenschaftsgemeinden zu tun haben: Im NRC-Bericht dominiert die Handschrift der naturwissenschaftlichen Klimaforscher, im NAS-Bericht die der methodenbewussten Statistiker. Jeder hat dabei seine „déformation professionnelle": Die einen fordern verwertbare Ergebnisse, die anderen eine absolut saubere Methodik.

Immerhin hat die Debatte eines klargemacht: Eine Wissenschaftsgemeinde darf sich nicht abkapseln. Selbst wenn alle ihre Erkenntnisse die strenge Prüfung durch Peer-Reviews der eigenen Profession durchlaufen, heißt dies noch lange nicht, dass damit die Wahrheit gefunden wird. Denn die Peers teilen stets die Stärken und Schwächen ihrer Profession, auch in der kleinen Gemeinde der Klimaforscher.

gibt es in keiner anderen Wissenschaft – jedenfalls dann nicht, wenn es um Zusammenhänge geht, die nicht einfach in einem (fast) perfekten Experiment nachgestellt werden können. Hier trifft die Klimaforschung auf Probleme, die in den empirischen Wirtschafts- und Sozialwissenschaften absolut üblich sind. Tatsächlich lässt sich kaum eine größere Komplexität vorstellen als bei der Modellierung des Klimas, wo die Atmosphäre, die Landmassen sowie die Ozeane und das Eis in einem Wirrwarr physikalischer und chemischer Prozesse zusammenwirken. Dagegen sind selbst ökonometrische Modelle von ganzen Volkswirtschaften eine eher übersichtliche Angelegenheit. Aber die Erfahrung lehrt, dass selbst diese Modelle die Realität oft genug unzureichend abbilden.

Mit diesen Schwierigkeiten der Erkenntnis im Blick ist es ein wenig befremdlich, mit welcher Unerbittlichkeit der Meinungskampf über den Klimawandel seit Jahren tobt. Kaum ein wissenschaftliches Thema mobilisiert so viele Reaktionen, die einschlägigen Blogs im Internet quellen davon über. Dabei wird durchaus eine Fülle von Informationen öffentlich zugänglich. Sie erlaubt es auch dem Laien, sich ein recht umfassendes und detailliertes Bild vom Stand der Wissenschaft zu machen. Jedes neu erschienene Forschungspapier ist nach kurzer Zeit im Internet verfügbar, wird zusammengefasst, diskutiert, kritisiert und kommentiert, und zwar nicht nur von fachkundigen Kollegen der Zunft, sondern auch von vielen interessierten Beobachtern mit (mehr oder weniger) gesundem Menschenverstand. Daneben berichten die Funk- und Printmedien, oft untermalt mit eindruckvollen Bildern, die den Klimawandel und seine Folgen einzufangen suchen – mit sachlicher Information, aber oft auch mit allen modernen Mitteln der suggestiven Kommunikation. Ein erster Höhepunkt war dabei die cineastische Umsetzung durch den Film *Eine unbequeme Wahrheit* (im Original: *An Inconvenient Truth*), den der frühere amerikanische Vizepräsident Al Gore 2006 produzierte. Der Film erhielt ein Jahr später einen Oscar und avancierte kommerziell zum dritterfolgreichsten Dokumentarfilm der Kinogeschichte.

Der globale Internet- und Medienrummel um den Klimawandel hat zwiespältige Folgen. Zweifellos ist es ihm zu verdanken, dass die Thematik der Öffentlichkeit allgemein verständlich zugänglich gemacht wird. Andererseits hat er auch dazu beigetragen, eine eigentlich wissenschaftliche Debatte ein Stück weit zu ideologisieren. So macht die Auseinandersetzung im Internet an vielen Stellen den Eindruck, als stünden sich zwei Gruppen unversöhnlich gegenüber: die „Prediger" und die „Leugner" des Klimawandels, oder, ein wenig freundlicher formuliert, die „Gläubigen" und die „Skeptiker". Jedes „Lager" hat seine eigenen Websites; auf denen finden sich sachliche Informationen und kritische Kommentare, aber auch kräftige Polemiken gegen die jeweils andere Seite. Die Vorwürfe bestreiten dann oft auch die Lauterkeit der Motive der Gegenseite, meist mit Hinweis auf wirtschaftliche Interessen: Hinter den Skeptikern wird dabei die Lobby der Öl- und Energiekonzerne gewittert, hinter den Gläubigen die Lobby der Windkraft- und Solarindustrien. Tatsächlich hat die Auseinandersetzung längst politische Züge. Zweifel sind angebracht, ob dies einem nüchtern-rationalen Umgang mit dem Klimawandel und seinen Folgen zuträglich ist.

Aber zurück zur Grundfrage: Wie setzt der anthropogene Klimawandel dem Wirtschaftswachstum eine Grenze? Die Antwort ist theoretisch einfach: Die Grenze liegt dort, wo das Wachstum ein Ausmaß an Klimaschäden verursacht, das schwerer wiegt als der Nutzen des entstandenen (materiellen) Wohlstands. Die klare Mehrheitsmeinung der Klimaforschung stellt nun fest: Es ist der globale Ausstoß von Treibhausgasen, der auf lange Sicht für die größten Schäden verantwortlich ist. Er sollte deshalb schnellstmöglich gebremst werden. Und zwar weltweit, da es letztlich gleichgültig ist, woher die Emissionen kommen; denn sie landen ausnahmslos in der Atmosphäre und sorgen dort für die globale Erwärmung.

Wie sollte nun der globale Ausstoß an Treibhausgasen gedrosselt werden? Auch darauf ist die Antwort im Grundsatz einfach: Die Senkung sollte möglichst so erfolgen, dass derjenige zur Ausstoßminderung veranlasst wird, der dadurch den geringsten wirtschaftlichen Schaden erleidet. Der Verzicht auf Emission kostet ihn und die Weltgesellschaft am wenigsten. Das

Pielke gegen Pachauri:

Ein Plädoyer für ein neues Paradigma.

Zum Ende des Jahres 2009, rund um den Kopenhagener Klimagipfel, kam der International Panel on Climate Change (IPCC) ins Gerede. Einige schwere sachliche Fehler wurden in seinem Bericht von 2007 gefunden, einschließlich eines grotesken Zahlendrehers, der das komplette Abschmelzen der Himalaja-Gletscher bei fortschreitendem Temperaturanstieg auf das Jahr 2035 datierte. Eine völlig absurde Prognose. In der ohnehin fragwürdigen Quelle war von 2350 die Rede gewesen. Keiner hatte den peinlichen Fehler bemerkt.

Prompt forderten namhafte Klimaforscher den IPCC-Vorsitzenden Rajendra Pachauri zum Rücktritt auf. Roger A. Pielke Sr., Meteorologe und Klimaforscher an der University of Colorado, war einer von ihnen. Auch er beklagte wie seine Kollegen die Schlampereien und noch mehr die zunehmende Politisierung der Arbeit des IPCC. Wissenschaftlich ging es Pielke aber um eine viel grundlegendere Auseinandersetzung, die er seit Langem führte. Deswegen war er auch schon einmal von den Medien in der Schublade der „Klimaskeptiker" abgelegt worden, was ihn empörte. Denn am Wandel des Klimas durch menschliche Einflüsse hegt er keinerlei Zweifel.

Worum geht es ihm? Pielke sieht in der Arbeit des IPCC eine zu starke Konzentration auf die globale Durchschnittstemperatur. Diese hält er für viel weniger wichtig als regionale Veränderungen, die sich durchaus unabhängig von weltweiten Mittelwerten abspielen, und zwar fast immer als unmittelbare Folge menschlichen Handelns. Für Pielke lautet die zentrale Frage: Wie wirkt sich die Veränderung der Landnutzung im Zuge wirtschaftlicher Entwicklung auf das Klima aus, und zwar sowohl in der jeweiligen Region als auch darüber hinaus? Im Kern empfiehlt Pielke, die Klimaforschung vom Kopf auf die Füße zu stellen: Nicht „top-down" muss die Untersuchung laufen, sondern „bottom-up".

Tatsächlich ist längst eine Fülle von Wegen nachgewiesen, auf denen der Mensch das regionale Klima beeinflusst.

So verändert zum Beispiel die Industrialisierung und Urbanisierung den Aerosolgehalt der Luft und dieser wiederum die Wolkenbildung und damit den Niederschlag. Ablagerungen von Schmutzpartikeln wie Ruß verändern das Reflexionsverhalten des Schnees. Und alles zusammen verändert die Strömungen in der Atmosphäre und hat langfristige Wirkungen auf das weiträumige Klima. Tatsächlich gibt es dazu inzwischen Studien, die dies nachdrücklich belegen, selbst für vorindustrielle Zeiten. So zeigt zum Beispiel eine Arbeit zur Veränderung des asiatischen Monsunklimas in der Zeit 1700 bis 1850, dass der damalige Wandel in der landwirtschaftlichen Nutzung maßgeblichen Einfluss auf das Klima hatte.

Was die Risiken betrifft, plädiert Pielke für ein umfassendes Konzept der „vulnerability", also der Verletzlichkeit eines lokalen, regionalen und überregionalen Gleichgewichts mit Blick auf wirtschaftliche Veränderungen. Die globale Durchschnittstemperatur hilft da fast gar nicht weiter. So sind zum Beispiel bei der Ermittlung von potenziellen Schäden durch Fluten und Hurrikans die Siedlungsstrukturen in den gefährdeten Gebieten von weit größerer Bedeutung als weltweite Temperaturtrends. Will man über wirtschaftliche Schäden und Nutzen des Klimawandels vernünftig reden, so bleibt deshalb ohnehin nur die sehr differenzierte regionale Betrachtung.

Pielke steht mit seinen Forderungen nicht allein. Es gibt inzwischen eine große Gruppe von Wissenschaftlern, die eine Weiterentwicklung der Klimaforschung in die von Pielke empfohlene Richtung befürworten, und zwar schon mit Blick auf den nächsten IPCC-Bericht im Jahr 2014. Käme sie, hätte sie weitreichende politische Konsequenzen. Denn wer, wie bisher der IPCC, ausschließlich „top-down" untersucht, der kommt auch meistens nur zu politischen Top-down-Empfehlungen. Das ist jedoch genau jener Bereich der internationalen Politik, der die größten und schwierigsten Verteilungskonflikte aufwirft. Ein Bottom-up-Ansatz kann dagegen den Handlungsbedarf weit besser regional, national oder auch zwischen benachbarten Ländern eingrenzen. Das macht die Aufgabe ein wenig einfacher. Schwierig genug ist sie ohnehin.

ist wirtschaftlich effizient, alles andere wäre Verschwendung. Tatsächlich gibt es dafür auch praktische Vorschläge der Umsetzung. Es sind dabei grundsätzlich zwei vernünftige Wege denkbar: eine globale Steuer auf die Schadstoffemissionen oder eine globale Beschränkung der Emissionsmenge und Versteigerung von Emissionslizenzen an einer globalen Börse. Aus wirtschaftstheoretischer Sicht können beide Wege effizient sein, zumal sie unter bestimmten Annahmen zu dem gleichen Ergebnis führen.[83] Was die praktischen Vor- und Nachteile betrifft, gehen die Meinungen der Wirtschaftswissenschaftler allerdings weit auseinander. Mit Blick auf das wichtigste Treibhausgas Kohlendioxid gibt es dazu schon eine lange und differenzierte Diskussion.[84] Ihr Ergebnis kann hier offenbleiben, denn es geht dabei vor allem um Fragen der Umsetzung. Entscheidend ist für uns, dass es bei beiden Verfahren zu einer weltweit einheitlichen Verteuerung des Ausstoßes von Kohlendioxid kommt, und zwar – bei gegebenem Emissionsziel – in einer ähnlichen Größenordnung.

Es ist wichtig, sich klarzumachen, dass die bisherigen Verfahren der weltweiten Senkung des Ausstoßes an Kohlendioxid in hohem Maße ineffizient sind. Dies gilt insbesondere für das Kyoto-Protokoll, da es nicht von allen Ländern ratifiziert wurde und einige von denen, die es ratifizierten, von der Anwendung ausgenommen sind.[85] Ähnliches lässt sich für die nationalen Gesetzgebungen feststellen, die auf eine Senkung des Energieverbrauches (und damit indirekt der Emission von Treibhausgasen) hinwirken. Die Ineffizienz liegt dabei allein schon in der fehlenden globalen Anwendung. Wenn zum Beispiel Deutschland den Ausstoß von Kohlendioxid dadurch senkt, dass es die Standards zur Wärmedämmung bei Neubauten verschärft, dann bleibt völlig ungeprüft, ob nicht die gleiche Menge an Emissionssenkung an anderer Stelle der Welt viel kostengünstiger erreicht werden könnte. Jedenfalls haben Länder wie China und Russland noch nicht annähernd jenen Standard an Wärmedämmung bei Neubauten vorzuweisen, der in Deutschland längst üblich ist und hier nur mit sehr hohen zusätzlichen Kosten weiter erhöht werden kann. Ein weltweit einheitlicher Preis für die Emissionen von

Kohlendioxid würde dagegen überall den gleichen Anreiz zur Senkung des Schadstoffausstoßes setzen. Er würde am ehesten dort zu Reaktionen führen, wo diese noch die wenigsten Kosten verursachen, in unserem Beispiel also in China und Russland.[86] Genau so wirkte in den 1970er- und 1980er-Jahren der Preisanstieg für Erdöl, zumindest im marktwirtschaftlichen Teil der Welt, wo er die Industrie und die privaten Haushalte ein Stück wegführte vom hohen Ölverbrauch.

Es hat in jüngster Zeit überaus eindrucksvolle Bemühungen auf internationaler Ebene gegeben, beim Abbremsen des Klimawandels gemeinsam – und effizient – zu handeln. Höhepunkt war dabei der Klimagipfel von Kopenhagen im Dezember 2009, bei dem es allerdings zu keiner Übereinkunft kam. Der stärkste Widerstand dagegen erhob sich aus einer Reihe von Entwicklungs- und Schwellenländern, allen voran China und Indien. Dies hat in westlichen Industrieländern zu einem beträchtlichen Unmut geführt, der zum Teil auch in harten politisch-moralischen Vorwürfen konkret formuliert wurde. Offenbar gibt es unter großen Gruppen von Ländern sehr unterschiedliche Interessen, die derzeit weitere politische Fortschritte erschweren.

Worum geht es bei diesen Interessen? Die Antwort ist relativ einfach, und sie führt direkt zurück zu unserem vertrauten Bild: dem Übergang von der „Kleinen Welt" zur „Großen Welt" der Industrialisierung. Prognosen der Emissionen von Treibhausgasen bis zum Jahr 2030 zeigen, dass praktisch der gesamte Anstieg auf Entwicklungs- und Schwellenländer entfallen wird (siehe **Schaubild 6**). So schätzte die amerikanische Energy Information Administration (EIA) in jüngster Zeit[87] für das Jahr 2030 die Emissionen von Kohlendioxid weltweit auf 40,4 Milliarden Tonnen, wovon 14,6 Milliarden Tonnen aus heutigen OECD-Ländern und 25,8 Milliarden Tonnen von Nicht-OECD-Ländern stammen. Darin steckt eine radikale Änderung gegenüber dem jüngsten Status quo (2006), als weltweit 29,0 Milliarden Tonnen ausgestoßen wurden, davon 13,6 Milliarden Tonnen in der OECD und 15,4 Milliarden Tonnen in den Nicht-OECD-Ländern. Die Emissionen der OECD-Länder bleiben also laut Prognose zwischen 2006 und 2030 fast konstant, die der Nicht-OECD-Länder nehmen um 68 Prozent zu. Sie machen im Jahr 2030 rund zwei Drittel aller globalen Emissionen aus.

Der Hauptgrund für diese Veränderung liegt in unterschiedlichen Prognosen für das wirtschaftliche Wachstum der beiden Ländergruppen. Für die OECD-Länder wird im Zeitraum von 2006 bis 2030 ein Wirtschaftswachstum pro Jahr von 2,2 Prozent unterstellt, für die Nicht-OECD-Länder von 4,9 Prozent. Beides sind realistische Größenordnungen. Dabei wird sogar angenommen, dass die Effizienz in der Energienutzung überall deutlich zunimmt, und zwar in den Nicht-OECD-Ländern noch erheblich schneller als innerhalb der OECD. So sinkt in der Prognose die sogenannte Kohlendioxid-Intensität, gemessen als Kohlendioxid-Ausstoß pro Wertschöpfung in konstanten Preisen, von 2006 bis 2030 in der OECD jährlich um 1,9 Prozent, außerhalb der OECD um 2,6 Prozent. Dies bedeutet in beiden Ländergruppen, dass sich der Trend in Richtung mehr Effizienz der Energieverwendung deutlich beschleunigt, und zwar durch Modernisierung und Strukturwandel, auch ohne multilaterales Abkommen zur Beschränkung der Emissionen. Allerdings sorgt allein das Wirtschaftswachstum dafür, dass dieser Effizienzgewinn sich nicht in einer (absoluten) Abnahme des Ausstoßes an Kohlendioxid niederschlägt. Dieser steigt weltweit in der Prognose von 2006 bis 2030 um 0,4 Prozent pro Jahr, in den Nicht-OECD-Ländern sogar um 1,1 Prozent pro Jahr. Lediglich in der OECD gibt es eine leichte Senkung (um 0,1 Prozent pro Jahr).

Das Bild ist also eindeutig: Die künftige Zunahme der Belastung der Atmosphäre kommt – wachstumsbedingt – fast nur aus Entwicklungs- und Schwellenländern. Dabei spielen die beiden bevölkerungsreichsten Länder der Welt, China und Indien, eine zentrale Rolle: Ihre Wachstumsraten sind hoch – in der Prognose 2006 bis 2030 für China 6,4 Prozent und für Indien 5,6 Prozent pro Jahr; obendrein verfügen sie über besonders große Reserven an Kohle, auf die sie in zunehmendem Maße zurückgreifen werden, sodass 2030 rund 56 Prozent der weltweiten Kohleförderung allein auf diese beiden Länder ent-

Schaubild 6: CO_2-Emissionen*

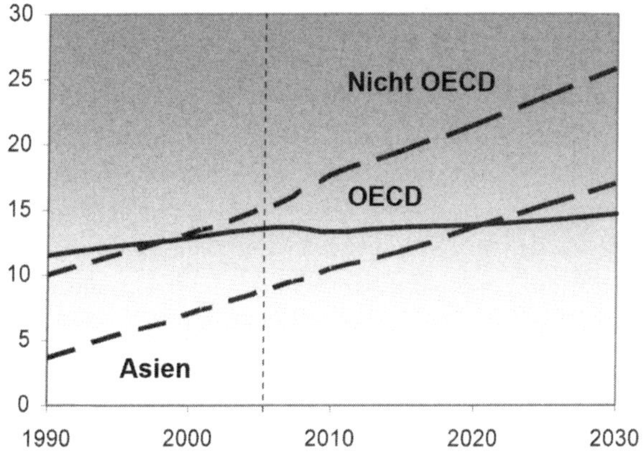

* in Mrd. Tonnen; bis 2006 tatsächliche Werte, ab 2007 Prognosen

Datenquelle: Energy Information Administration (2009)

fallen. Nun ist die Verfeuerung von Kohle jene Art der Energiegewinnung, die mit weitem Abstand den höchsten Ausstoß an Kohlendioxid mit sich bringt. Dies gilt selbst bei Anwendung der modernsten Kraftwerkstechnik, wie sie in Deutschland üblich ist.[88] Hier liegt denn auch einer der wichtigsten Gründe für die erwartete Zunahme der weltweiten Emissionen von Treibhausgasen. Dies ist übrigens schon heute in der Statistik zu erkennen: Das schnelle Wachstum von China und Indien hat eine Re-Orientierung des weltweiten Energieverbrauchs auf die Verbrennung von Kohle bewirkt. Die Kohle erlebt als Energiequelle eine Art globale Renaissance.

Trotz alledem gilt: Die stärksten Kohlendioxid-Emittenten bleiben noch lange die OECD-Länder. So sieht die EIA den Pro-Kopf-Ausstoß an Kohlendioxid für die OECD im Jahr 2030 bei 11,2 Tonnen pro Einwohner, für die Nicht-OECD dagegen bei 3,7 Tonnen pro Einwohner.[89] Selbst China mit seiner hohen Kohleförderung wird zu diesem Zeitpunkt mit 8,0 Tonnen pro Kopf gerade mal das Durchschnittsniveau Europas erreicht haben, nicht aber das der gesamten OECD. Dies liegt natürlich auch dann noch an dem erheblich höheren Lebensstandard in den wohlhabenden OECD-Ländern. Im Jahr 2030 ist also noch nicht der Punkt erreicht, bei dem die Reichen der Welt einen Grund hätten, den Ärmeren klimapolitische Vorwürfe zu machen, ohne selbst ein schlechtes Gewissen zu bekommen.

Diese Zahlen machen deutlich: Die großen, schnell wachsenden Entwicklungs- und Schwellenländer haben ein gewaltiges Interesse, in den bevorstehenden Jahrzehnten ihre erwarteten großen Wachstumspotenziale auszuschöpfen – und dafür auch den Ausstoß großer Mengen von Kohlendioxid in Kauf zu nehmen. Immerhin bedeutet eine jährliche Wachstumsrate von 6,4 Prozent, wie sie für China erwartet wird, dass die Produktionsleistung des Landes 2030 etwa dreieinhalbmal so groß sein wird wie heute, und bei nur minimal wachsender Bevölkerung dann auch der Lebensstandard. Für China heißt dies, an historischen Maßstäben gemessen, ein Sprung im Lebensstandard von Großbritannien vor dem Ersten Weltkrieg auf das Niveau etwa Mitte der 1970er-Jahre, also um ganze zwei Generationen. Für Indien mit einem erwarteten Wachstum von 5,6 Prozent geht es um eine Verdreifachung, also den Sprung von Deutschland um 1870 nach Deutschland in den späten 1950er-Jahren.[90]

Keine Frage also: Es geht um sehr viel. Die Menschen in den Entwicklungsländern werden nicht bereit sein, auf Wachstum zu verzichten. Sie folgen ihrer eigenen wirtschaftlichen und gesellschaftlichen Vernunft. Denn ein längerfristiges Wirtschaftswachstum von etwa fünf bis sechs Prozent pro Jahr sorgt auch für eine Kapitalrendite in dieser Größenordnung. Dies gilt für eine breite Palette von Investitionen, private und öffentliche: vom Ausbau und der Modernisierung des Maschinenparks in der Industrie über die Erneuerung der Infrastruktur in Verkehr und Kommunikation bis hin zu Schulbildung und Grundlagenforschung. Es ist offensichtlich, dass Länder wie China und Indien in praktisch all diesen Belangen noch für Jahrzehnte einen großen Investitionsbedarf und hohe Renditen haben werden. Auch der Umweltschutz gehört zu diesen Belangen, allerdings nur insoweit, als er tatsächlich für die Menschen vor Ort bereits in absehbarer Zeit einen Vorteil in der Lebensqualität schafft, der entsprechend hoch bewertet wird. Investitionen zur Vermeidung der globalen Erwärmung gehören wahrscheinlich nur insofern dazu, als sie mit hinreichenden lokalen Vorteilen des Umweltschutzes verbunden sind. Dies mag in Grenzen der Fall sein (zum Beispiel beim Bau neuer Kraftwerke oder bei der Wasserversorgung), ist aber sicherlich nicht die Regel. Deshalb sind sie für die Menschen vor Ort Kapitalverschwendung.

Im Ergebnis heißt dies, dass es aus der Sicht der Menschen in China, Indien und anderen Entwicklungs- und Schwellenländern völlig vernünftig ist, auf sehr langfristige Klimaschutzmaßnahmen zu verzichten. Dies gilt selbst dann, wenn globale Risiken im Land gesehen werden, diese aber in keinem Verhältnis stehen zu den enormen Vorteilen des Wirtschaftswachstums für das Land. Einzig die Vorstellung einer globalen Katastrophe apokalyptischen Ausmaßes könnte diese Sichtweise ändern, denn dann wäre auch das Land selbst davon in hohem Maße betroffen und die Menschen wären dann bereit, sich trotz hoher Kosten dagegen zu versichern. An diese Apokalypse glauben allerdings die wenigsten Menschen in diesen Ländern. Deswegen ist ihre Haltung nicht nur legitim, sondern in gewisser Weise ganz natürlich. Denn aufgrund ihrer Armut gewichten die Menschen die kurz- und mittelfristigen Vorteile des Wachstums weit höher als eher weit entfernte globale Risiken.

In reicheren Ländern trifft diese Haltung oft auf moralische Entrüstung. Dafür gibt es allerdings keine stichhaltigen Gründe: Es kann kaum überzeugen, die eigene Vorstellung von langfristiger globaler Verantwortung zu einem Prinzip zu erheben, wenn dieses ganz offenkundig vom Wohlstandsniveau abhängt. Denn im historischen Rückblick ist klar: Das Bewusstsein für globale Umweltprobleme hat sich in den wohlhabenden OECD-Ländern erst seit den 1970er-Jahren entwickelt, also nach Erreichen eines bereits überaus hohen Entwicklungsniveaus. Symbolisch dafür stehen die Botschaften des Club of Rome in dessen Buch

Die Grenzen des Wachstums. Sie erreichten in kürzester Zeit eine breite Popularität und beeinflussten alsbald die Politik, allerdings eben nur im wohlhabenden Teil der Welt.

Auf absehbare Zeit bleibt also ein grundlegender Konflikt der politischen Prioritäten zwischen – ganz grob unterteilt – der Gruppe der Industrieländer und der Gruppe der Entwicklungs- und Schwellenländer. Eine Lösung dieses Konflikts ist natürlich theoretisch denkbar: Die Industrieländer kompensieren die Entwicklungs- und Schwellenländer für die zusätzlichen Kosten, die ihnen durch Einsatz umweltschonender Technologien entstehen. Eine solche Kompensation ließe sich sogar als eine Art Umweltgebühr der industrialisierten Welt interpretieren, die nachträglich geleistet wird, und zwar für die globalen Schäden aller Emissionen von Treibhausgasen, die im Zuge ihrer besonders frühen Industrialisierung der Atmosphäre zugefügt wurden; denn genau diese Entwicklung war überaus schadstoffintensiv, und von ihr profitierten fast ausnahmslos nur die heutigen Industrieländer. Mit einem Schuss Sarkasmus und historischer Ungenauigkeit könnte man sogar von einem nachträglichen Bußgeld für den westlichen Kolonialismus sprechen.

Eine solche Lösung stößt allerdings auf enorme praktische Hindernisse. Da ist zunächst das schiere Ausmaß der Kompensation, denn es geht um gigantische Größenordnungen. Ein simples Zahlenspiel mag dies verdeutlichen. Die EIA rechnet zwischen 2010 und 2030 mit einer Zunahme des Bruttoinlandsproduktes aller Nicht-OECD-Länder von 32 auf 78 Billionen US-Dollar (in konstanten Preisen von 2005). Diesem Anstieg von 46 Billionen Dollar steht laut Prognose im Jahr 2030 ein Bruttoinlandsprodukt der gesamten OECD von 59 Billionen Dollar gegenüber. Unterstellen wir eher konservativ, dass wegen der Kosten des Übergangs auf umweltfreundliche Technologien das Wachstum im Zeitraum von 2010 bis 2030 nicht, wie angenommen, 4,6 Prozent, sondern nur 4,1 Prozent pro Jahr beträgt, also 0,5 Prozentpunkte weniger, so beliefe sich der Transferbedarf im Jahr 2030 auf 7,3 Billionen US-Dollar, das sind 12,4 Prozent des gesamten, für 2030 prognostizierten Bruttoinlandsprodukts der OECD.

Kein Zweifel: Das ist eine gewaltige Größenordnung, und dies schon bei einer durchaus noch konservativen Schätzung der Kosten, die eine vollständige Umstellung auf umweltschonende Techniken erfordern würde. Denn vergessen wir nicht, dass es hier um den größten Technologietransfer der Weltgeschichte geht. Praktisch alle industriellen Prozesse in Entwicklungsländern müssten auf den neuesten Stand der klimafreundlichen Technik umgestellt werden, von der bevorstehenden Motorisierung bis hin zum Bau von Kraftwerken, und dabei möglichst unter Vermeidung der klimaschädlichen, aber relativ preiswerten Konzentration auf die Kohle in den großen Ländern China und Indien.

Nicht nur in der Größenordnung, sondern auch in der Sache würde ein solcher Transfer bei der Bevölkerung in den Industrieländern auf wenig Verständnis stoßen. Die Adressaten wären nämlich keineswegs die ärmsten Länder der Welt, sondern diejenigen, die am schnellsten wachsen und zum Teil sogar schon eine beachtliche Wirtschaftskraft erreicht haben. Denn es geht ja nicht um Entwicklungshilfe im traditionellen Sinne, sondern um eine Kompensation für die Kosten der Entkoppelung von Wirtschaftswachstum und Emissionszunahme. Es sprengt jeden Rahmen der Fantasie, sich vorzustellen, dass in den Industrieländern die Menschen bereit wären, einen solchen klimafreundlichen Weg der Industrialisierung für diejenigen massiv mitzufinanzieren, die ohnehin auf dem Weg sind, in ein bis zwei Generationen zu den Wohlhabenden der Welt zu gehören – und zwar auch ohne Hilfe von außen.

In der Tat hat der Kopenhagener Gipfel Ende 2009 deutlich gezeigt, wie sich die politisch Verantwortlichen der Industrieländer eine „Kompensation“ für klimapolitische Maßnahmen vorstellen. Vereinbart wurde tatsächlich eine internationale Hilfe, und zwar in Form einer Unterstützung für klimapolitisch positiv bewertete Projekte. Das Volumen belief sich dabei vonseiten der Industrieländer auf zehn Milliarden Euro über mehrere Jahre, also eine Summe, die weniger als 0,1 Prozent des jährlichen Betrags unseres simplen Zahlenspiels ausmacht. Wichtiger noch als der Unterschied in der Größenordnung ist allerdings die Identität der Adressaten: Nicht die schnell wachsenden Entwicklungs- und Schwellenländer sollen von der Hilfe profitieren, sondern die Ärmsten der Welt, also gerade jene Länder, deren Entwicklung in den nächsten 20 Jahren nur sehr wenig Einfluss haben wird auf den Kohlendioxidgehalt der Atmosphäre. Offenbar spielte der Gedanke der globalen Kompensation in Kopenhagen eigentlich gar keine Rolle. Es ging vor allem um die weltweite Demonstration einer neuen Form der „ökologischen Entwicklungshilfe" mit klimafreundlicher Orientierung.

Auf einem einzigen klimapolitischen Gebiet hat der Kopenhagener Gipfel einen substanziellen Fortschritt gebracht: beim Erhalt des tropischen Regenwaldes als Speicher für Treibhausgase. Dies ist in der Tat ein beachtlicher Erfolg, zumal Einigkeit besteht, dass die Beendigung des Abholzens zu den besonders effizienten Maßnahmen gehört, um den Treibhauseffekt zu bekämpfen.[91] Der Grund für den Erfolg lässt sich aber leicht dingfest machen: Den Ländern mit den größten Reserven an tropischem Regenwald, allen voran Brasilien und Indonesien, fällt es relativ leicht, von der weiteren Abholzung Abstand zu nehmen, denn der wirtschaftliche Ertrag der zusätzlich gewonnenen Landflächen hält sich in Grenzen.[92] Hier ist insofern in absehbarer Zeit mit einer Art natürlichen Interessenkonvergenz zwischen Industrie- und Entwicklungsländern zu rechnen. Das Problem entschärft sich deshalb von selbst, sodass es auch relativ leicht zum Gegenstand supranationaler Vereinbarungen gemacht werden kann.

Ein solcher politischer Erfolg dürfte allerdings auf längere Sicht die Ausnahme bleiben. Denn beim Regenwald geht es im Wesentlichen um das Konservieren eines Treibhausgasspeichers – und nicht um einen zusätzlichen Ausstoß, den die Industrialisierung auch ohne zusätzlichen Landverbrauch mit sich bringt. In dieser Hinsicht fällt der Verzicht auf Wachstum viel schwerer. Jedenfalls dürften globale Festlegungen auf Ziele der maximalen Temperaturerhöhung (in Kopenhagen: das „Zwei-Grad-Ziel") oder auf Emissionsobergrenzen oder -steuern kaum konsensfähig sein. Günstiger sieht es mit bescheideneren Zielen aus, die sich an der Schadstoffintensität der Produktionstechnologie orientieren, aber die absoluten Obergrenzen nicht festlegen. So erklärte sich China beim Kopenhagener Gipfel bereit, seine Emissionseffizienz, also den Ausstoß an Treibhausgasen pro produzierter Einheit an Wertschöpfung, bis 2020 um insgesamt 50 Prozent zu senken. Wie die EIA-Prognosen zeigen, bedeutet dies allerdings nur eine leichte Verbesserung gegenüber jener Entwicklung, die ohnehin zu erwarten ist; denn der Strukturwandel der chinesischen Wirtschaft geht weg von schadstoffintensiver Schwerindustrie mit veralteter Technologie hin zu modernen Branchen des Verarbeitenden Gewerbes.

Kurzum: Die Interessen von Industrie- und Entwicklungsländern bleiben im Kernbereich auf lange Sicht sehr unterschiedlich. Das liegt in der Natur der Sache. Aber es birgt große politische Gefahren: Eine ökologisch sensibilisierte Öffentlichkeit in den Industrieländern könnte immer stärker danach rufen, mit hartem politischem Druck zum Ziel zu kommen. Naheliegend ist dabei der Einsatz des handelspolitischen Drohpotenzials nach dem Motto: Eine Öffnung westlicher Märkte für die Produkte der Entwicklungs- und Schwellenländer gibt es nur, wenn diese ihre „klimapolitischen Hausaufgaben" erledigen. Erste Ansätze für eine solche Haltung gab es bereits beim Scheitern der Doha-Handelsrunde der WTO im Jahr 2008.[93] Würden sie weiter verfolgt, wäre dies ein Weg mit großen Risiken für die weltwirtschaftliche Integration. Denn politisch würden sich die ökologischen Belange von den rein protektionistischen kaum trennen lassen – mit der latenten Gefahr von Handelskriegen und gegenseitiger Abschottung so wie in den 1930er-Jahren.

Tatsächlich könnte es im schlimmsten Fall zu einem völligen Zusammenbruch des kooperativen Geistes kommen, mit dem bisher die Krisen der letzten Jahrzehnte gemeistert wurden. Sehr schnell könnte gegenüber den Industrieländern der naheliegende Vorwurf aufkommen, sie betrieben einen neuen Imperialismus, diesmal im klimapolitischen Gewande. Denn kaum jemand kann den Völkern der Erde das Recht absprechen, sich wirtschaftlich zu entwickeln. Und es fällt moralisch überaus schwer, der nachfolgenden Generation von großen Entwicklungsländern das zu verwehren, was die Industrieländer für sich in ihrer Wirtschaftsgeschichte als Selbstverständlichkeit beanspruchten. Dies gilt umso mehr, als der Pro-Kopf-Ausstoß an Treibhausgasen in den Industrieländern auf lange Sicht noch deutlich über dem weltweiten Durchschnitt liegen wird.

Die Lage scheint also trostlos zu sein. Alles deutet darauf hin, dass wir in der Zukunft unweigerlich mit lautem Krach gegen die Klimagrenzen des Wachstums stoßen werden. Gibt es da überhaupt einen Ausweg? Wir werden im nächsten Abschnitt sehen, dass es ihn vielleicht doch gibt, auch ohne riesige politische Klimakonflikte auf internationaler Ebene. Ähnlich wie beim Ende der Bevölkerungsexplosion hat die denkbare Lösung des Problems einen vertrauten Namen: Wachstum. Allein das globale Wirtschaftswachstum selbst kann jene Kräfte in Gang setzen, die den Wohlstand mit einer Stabilisierung des Klimas in Einklang bringt.

2.3 Klimapolitik und Wertewandel

Wachstum verändert die Welt. Wie sie sich verändert, ist dabei im Einzelnen unsicher, und darüber zu spekulieren fällt in den Bereich der (nicht wissenschaftlichen) Futurologie. Allerdings gibt es einige grobe Trends, und über diese nachzudenken, ist sinnvoll. Nichts anderes tut ja die Forschung zu den Grenzen des Wachstums. Allerdings beschränkt sie sich auf die Ressourcen und den Klimawandel, nimmt also gewissermaßen eine „technische" Perspektive ein – und zieht daraus Schlussfolgerungen für das, was politisch getan werden sollte. Die tatsächlichen Prioritäten und Präferenzen der Menschen lässt sie außer Acht. Gerade dies führt ja zu dem beschriebenen Verteilungskonflikt.

Eine solche Selbstbeschränkung bei der Analyse ist gerechtfertigt, solange wir keinerlei Informationen darüber haben, wie sich die Präferenzen und Prioritäten der Menschen im Zuge des Wachstums verändern. Gerade solche Informationen haben wir aber: Wir wissen, was sich die Menschen sukzessive leisten, sobald es ihr Wohlstand erlaubt, von Kühlschrank und Fotoapparat über das Auto bis zu Reisen, Kosmetika und Essen im Restaurant. Wir wissen auch, dass sie mit zunehmendem Einkommen immer mehr Wert auf eine gepflegte, gesunde Umwelt legen. Ein Vergleich der urbanen Lebensbedingungen zwischen Großstädten in Entwicklungs- und Industrieländern macht dies überdeutlich. Ganz offensichtlich können sich Kalkutta, Peking und Rio de Janeiro mit London, Paris und Tokio nicht messen, wenn es um die Sauberkeit von Luft und Wasser sowie Straßen und Parkanlagen geht. Und dies ist kein Zufall: Je wohlhabender ein Land, desto strikter wird seine Gesetzgebung, was Umweltschutz und Hygiene betrifft, und umso aktiver wird die Verwaltung auf kommunaler Ebene, für eine entsprechende, teure Infrastruktur zu sorgen.

Tatsächlich ist dies ein derart selbstverständlicher Zusammenhang, dass wir ihn kaum noch zur Kenntnis nehmen. Wir bemerken eigentlich nur die Abweichungen von dieser Regel, die es natürlich auch gibt und die auf nationalen Besonderheiten beruhen. Allerdings sind diese Abweichungen zumeist minimal im Vergleich zum dominierenden Trend. So hat praktisch jedes europäische Land im Zuge seiner Entwicklung der letzten drei Jahrzehnte massive Fortschritte im lokalen Umweltschutz gemacht. Die Müll- und Mafiaskandale im italienischen Kampanien machten im Jahr 2007 nur deshalb riesige Schlagzeilen, weil sie so ungewöhnlich waren. So etwas sollte in Ländern der Europäischen Union eigentlich längst nicht mehr vorkommen, und wenn es trotzdem passiert, wird es zur Sensation.

Was für den lokalen Umweltschutz zutrifft, das gilt gleichermaßen für Themen der globalen Ökologie. Es besteht kein Zweifel, dass diese Themen in den wohlhabenden Industrieländern aufkamen und bis heute vor allem dort eine breite Öffentlichkeit bewegen. Die Entwicklung seit den 1970er-Jahren in Deutschland ist dafür ein guter Beleg: Wie Umfragen zeigen, wurden Themen der Ökologie – von der Ressourcenknappheit bis zum Klimawandel – eine im Trend zunehmende Bedeutung beigemessen. Die kurzfristigen Stimmungsschwankungen, die sich dabei zeigten, waren vor allem auf konjunkturelle Wechsel der wirtschaftlichen Lage zurückzuführen. In anderen Ländern war die Entwicklung etwas langsamer, aber sie ging in die gleiche Richtung. Es waren vor allem die Medien aus den Industrieländern, die den Klimagipfel von Kopenhagen zu einem Ereignis von epochaler Bedeutung hochstilisierten. Und sie taten es in der Erwartung, dass ihr eigenes Publikum „zu Hause" dies auch goutiert.

Ein ähnlicher Trend – hin zur Ökologie – wird zu gegebener Zeit auch jene Länder erfassen, die sich erst jetzt mitten auf dem Weg zum Wohlstand befinden. Alle ökonomischen Kräfte ziehen in diese Richtung. So werden mit steigendem Pro-Kopf-Einkommen nach und nach die wichtigsten materiellen Bedürfnisse befriedigt; weiter entfernte persönliche und gesellschaftliche Ziele rücken dann in den Vordergrund, darunter auch der Schutz des Klimas.[94] Daneben wird auch der Preis sinken, den es kostet, diese neuen Ziele zu verfolgen. Sobald nämlich die materiellen Wachstumskräfte bei hohem Wohlstandsniveau erlahmen, wird sich auch das Wachstum der Volkswirtschaft auf einer niedrigeren Rate normalisieren, also sinken. Dies wird die Rendite von „normalen" Investitionen nach unten ziehen. Und dadurch werden Investitionen in den Umwelt- und Klimaschutz attraktiver, auch wenn sie selbst eine relativ niedrige Rendite aufweisen.

Tatsächlich hat eine solche Entwicklung große Ähnlichkeit mit der Angleichung der Fertilität zwischen Industrie- und Entwicklungsländern, die sich – selbst für Fachleute unerwartet – in den letzten Dekaden vollzogen hat. Damit kommt, wie wir in Abschnitt 2.1 gesehen haben, die Bevölkerungsexplosion Mitte des 21. Jahrhunderts zu einem Ende. Und genauso ist es wahrscheinlich, dass recht radikale Maßnahmen des globalen Klimaschutzes weltweit immer konsensfähiger werden, je stärker sich die Wohlstandslücke zwischen Industrie- und Entwicklungsländern schließt. In diesem Sinne ist der Übergang von der „Kleinen Welt" in die „Große Welt" der Industrialisierung nicht nur mit einer Zunahme des Ausstoßes an Treibhausgasen verbunden, sondern auch mit einer Zunahme der Bereitschaft, etwas dagegen zu tun. Wachstum ist in diesem Sinne nicht nur das Problem, sondern auch der Schlüssel zu dessen Lösung.

Damit stellt sich die Frage: Wie lange wird es dauern, bis ein Konsens in die Nähe des Möglichen rückt? Die Antwort muss natürlich spekulativ ausfallen, weil sie letztlich eine Prognose über die Geschwindigkeit des Wertewandels zum Inhalt hat, und die ist äußerst schwierig. Allerdings spricht das enorm schnelle „Wachstum im Zeitraffer" von Ländern wie China und Indien für eine relativ kurze Wartefrist. Erinnern wir uns der EIA-Prognosen, nach denen China nach 2030 den Lebensstandard von Deutschland Mitte der 1970er-Jahre erreicht, Indien den von Deutschland Ende der 1950er-Jahre. Das wäre zumindest schon für China der Zeitpunkt, zu dem sich im damaligen Deutschland das Umweltbewusstsein radikal veränderte. Es könnte sogar im heutigen China noch schneller gehen, da die Diskussion über Klimaschutz und Ökologie via Internet längst weltweit stattfindet und deshalb sehr viel stärker auch in die Entwicklungs- und Schwellenländer hinüberschwappt, als dies noch vor einer Generation der Fall gewesen wäre. Für Indien könnte es ein bis zwei Jahrzehnte länger dauern, weil das Land ein erheblich niedrigeres Pro-Kopf-Einkommen als China aufweist und den Rückstand wohl kaum im schnellen Wettrennen der beiden Länder verkleinern wird. Allerdings hat das Land mit seiner inzwischen über 60-jährigen demokratischen Tradition eine überaus starke Kultur der öffentlichen Diskussion und Meinungsbildung, was den Prozess der „Ökologisierung" nachdrücklich beschleunigen könnte.

Kurzum: Es geht bei dem Wertewandel wahrscheinlich um nicht mehr als vielleicht 30 Jahre, also die Zeitspanne einer Generation, die man Geduld haben muss, bis sich das ökologische Bewusstsein in den großen schnell wachsenden Entwicklungsländern dem Niveau der westlichen Industrieländer deutlich annähert. Das heißt natürlich nicht, dass bis dahin die Politik komplett stillhalten muss. Durchaus denkbar wären erste Schritte hin zu einer globalen Steuer auf Treibhausgase oder eine Maximalbegrenzung der Emissionen. Allerdings würden dies wahrscheinlich zunächst relativ bescheidene Schritte bleiben, die noch nicht zu einer drastischen Verringerung der Emissionen führen könnten. Wirklich ambitionierte Vereinbarungen wären kaum konsensfähig. Allerdings könnten bescheidene, aber immerhin schon globale Regelungen den Rahmen für spätere Verschärfungen bilden. Denn eine einmal errichtete globale Administration und Infrastruktur zur Kontrolle der Emissionen ließe sich dann ohne große Friktionen für weitergehende Maßnahmen ausbauen.[95]

Die Grundfrage bleibt: Kann die Menschheit überhaupt so lange warten? Sind nicht die Risiken zu groß? Hier gehen die Meinungen der Experten weit auseinander. Manche plädieren mit allem Nachdruck für überaus schnelles Handeln in großem Stil, weil sonst Katastrophen drohen und die globale Erwärmung massiv, gefährlich und irreversibel wird. Formuliert wurde diese Linie am prominentesten von der Seite der Klimaforschung im vierten Bericht des IPCC aus dem Jahr 2007, von ökonomischer Seite ein Jahr zuvor in der sogenannten Stern-Review für die britische Regierung.[96] Die Modellrechnungen, die diesen Aussagen zugrunde liegen, weisen darauf hin, dass es vor allem ärmere Länder in tropischen und subtropischen Zonen der Erde sind, die den Großteil an Schäden hinzunehmen haben, und zwar aus einer Kombination aus klimatischen Extremen (massive Regenfälle oder extreme Trockenheit) sowie in niedrigen Lagen dem Anstieg des Meeresspiegels (zum Beispiel in Bangladesch und Indonesien). Zeitlich treffen die Schäden dabei vor allem ab der zweiten Hälfte des 21. Jahrhunderts ein und setzen sich dann in der ferneren Zukunft fort.

Andere, darunter prominente Umweltökonomen, sind erheblich zurückhaltender.[97] Die meisten von ihnen plädieren für einen sogenannten Rampenansatz.[98] Gemeint ist damit eine Klimapolitik, die zunächst nur relativ geringe Senkungen von Emissionen vorsieht, aber zu einem späteren Zeitpunkt gegebenenfalls auch massiv verschärft werden kann. Ihre Sichtweise stützt sich auf mehrere Argumente, die alle dafür sprechen, Zeit zu gewinnen. So halten sie die derzeitigen Kenntnisse des Klimawandels für noch nicht hinreichend gesichert, um sehr weitreichende Eingriffe zu rechtfertigen. Insbesondere bezweifeln sie die Validität der ökonomischen Schadensberechnungen der Stern-Review, die nach einhelliger Meinung auf Annahmen beruhen, die praktisch alle Ergebnisse in Richtung des klimatischen „Worst-Case-Szenarios" verzerren.[99]

Daneben bemängeln sie, dass die Vorstellung von Katastrophen als Folge des Klimawandels noch viel zu vage ausfällt, um wirklich wissenschaftlich damit umgehen zu können. Eigentlich wissen wir nur: Es geht dabei um extrem hohe Schäden, die mit sehr geringer Wahrscheinlichkeit eintreten und regional begrenzt sind, zumeist auf arme tropische und subtropische Gebiete der Welt. Gerade um diesen konkreter zu begegnen, braucht es Zeit, und zwar für die Entwicklung der Wissenschaft, der Wirtschaft und der Technologie. So hat die Wissenschaft in den nächsten Jahrzehnten die dringliche Aufgabe, die Extremereignisse zu erforschen, was bisher praktisch noch nicht geschehen ist. Daneben hilft gerade den besonders gefährdeten Regionen nichts so sehr wie ein starkes Wirtschaftswachstum mit einem kräftigen Sprung des technologischen Wissens. So gelten zum Beispiel Bangladesch und die Niederlande wegen ihrer geografischen Lage als besonders überflutungsgefährdet für den Fall eines Anstiegs des Meeresspiegels. Stets wird aber zu Recht angenommen, dass die Niederlande wegen ihrer hervorragenden Technik im Umgang mit Wasser und Meer ökonomisch weit geringere Schäden hinzunehmen hätten als Bangladesch. Die naheliegende Konsequenz lautet: Bangladesch sollte alles daransetzen, sich so schnell wie möglich den holländischen Verhältnissen anzunähern, und dies geht nur durch rasches Wachstum der Wirtschaft und des technischen Wissens.

Kurzum: Die Mehrzahl der Umweltökonomen verlangt eine umfassende Kosten-Nutzen-Analyse, die auch die Vorteile des Wachstums auf der technologischen Seite stärker in Rechnung stellt. Tatsächlich kommen die meisten Modellberechnungen – anders als die Stern-Review – zur Schlussfolgerung, dass eine zeitlich gestreckte Vorgehensweise ökonomisch (und letztlich auch ökologisch) am vernünftigsten ist. Dies liegt auch intuitiv nahe, geht es doch bei der Stabilisierung des Niveaus von Treibhausgasen nicht um eine Ja/Nein-Entscheidung, sondern um eine komplexe Optimierung in der Zeit: Da jeder zusätzliche Ausstoß an Kohlendioxid in der Erdatmosphäre eine sehr lan-

Zins mit Zauberkraft.

Lord Stern und der Klimawandel.

Eigentlich nichts Besonderes: Am 30. Oktober 2006 wurde in London eine ökonomische Studie zum Klimawandel veröffentlicht. Sie war im Auftrag der britischen Regierung erstellt worden. Ihr federführender Autor: Lord Stern of Brentford, mit bürgerlichem Namen Nicholas Stern, Professor für Volkswirtschaftslehre an der London School of Economics und einige Jahre lang auch Chefökonom der Weltbank. Die Studie erhielt deshalb schnell einen Kurznamen: Stern-Review.

Die Stern-Review war eine Sensation. Erstmals plädierte ein namhafter Ökonom auf der Grundlage einer umfassenden Studie für radikale und schnellstmögliche Maßnahmen zum Klimaschutz. Es war eine ganz andere Botschaft als das, was von Volkswirten sonst immer kam: nichts langweilig Abwägendes, sondern endlich mal eine klare Aussage. Die Vermählung von Ökologie und Ökonomie schien bevorzustehen.

Es kam anders. Die Stern-Review löste eine intensive, fruchtbare Debatte aus, und zwar vor allem über die Annahmen der verwendeten Modelle. Schnell waren die zahlreichen Kritiker sich einig, dass Lord Stern fast bei jeder Annahme seiner Modelle zur pessimistischen Seite tendierte, soweit es um die Schäden des Klimawandels ging, und zur optimistischen Seite, soweit es die Kosten der Senkung von Treibhausgasen betraf. Konkret rechnete er aus, dass Kosten in Höhe von einem Prozent des globalen Bruttoinlandsprodukts ausreichen würden, um den Ausstoß an Treibhausgasen im Jahr 2050 um etwa 25 Prozent unter das derzeitige Niveau zu drücken – und damit mehr als 60 Prozent unter das Niveau, das ohne Eingriffe zu erwarten wäre. Diese gigantische Einsparung zu moderaten Kosten kam vor allem deshalb zustande, weil Lord Stern im Modell massive Fortschritte an allen Fronten der Energietechnik erlaubte, aber praktisch keinen Fortschritt in der Technologie der Anpassung an den Klimawandel.

Also: rundum extreme Annahmen. Aber selbst diese hätten nicht genügt, ein so eindeutiges Ergebnis mit so eindeutiger politischer Schlussfolgerung zu produzieren. Dafür brauchte es noch etwas Besonderes: einen extrem niedrigen Zinssatz.

Worum ging es? Wer in der Wirtschaftswissenschaft Kosten und Nutzen in der Gegenwart und in der Zukunft vergleicht, der muss sich entscheiden, wie er das „Heute" und das „Morgen" gewichtet. Das übliche Verfahren von Investitionsrechnungen ist es, einen Marktzinssatz zu verwenden, der angibt, was mit dem investierten Geld alternativ hätte erwirtschaftet werden können. Denn dies ist ein Maß für den künftigen Ertrag, der dem Investor durch die Bindung seiner Mittel entgeht. Übliche Größenordnungen der verwendeten Zinssätze liegen für Industrieländer bei vier Prozent, für Entwicklungsländer deutlich darüber, da dort auch die Wachstumsraten und damit die realen Renditen auf Investitionen höher sind. Hätte Stern Zinssätze in dieser Größenordnung verwendet, so hätte sich jede Investition in Klimaschutz mit jeder anderen Investition „auf Augenhöhe" messen müssen. Dazu zählen, wohlgemerkt, Investitionen aller Art – von kommerziellen Zwecken bis zur staatlichen Finanzierung von Straßen und Brücken, Wasserleitungen und Wohnungsbau, Kommunikationsnetzen und Krankenhäusern, Schulen und Universitäten.

Lord Stern ging einen anderen Weg. Er wählte einen Zinssatz von 1,4 Prozent pro Jahr. Dieser lieferte den Schlüssel zum eindeutigen Ergebnis: Die hoch angesetzten Schäden in der fernen Zukunft nach 2100 und 2200 schlugen – nur ganz schwach diskontiert – im „Heute" sehr hart und schwer zu Buche. Und die ohnehin moderat angesetzten zeitnahen Kosten des Klimaschutzes fielen auch im Zeitvergleich gar nicht so hoch aus. Und schon war das Ergebnis fertig. Es ist ein wunderschönes Rechenbeispiel für die Zauberkraft des Zinses. Mehr allerdings nicht. Oder sollte wirklich auf Grundlage der Stern-Review die Regierung eines Entwicklungslandes in globalen Klimaschutz investieren statt in lokale Schulen?

ge Verweildauer hat, ist es tatsächlich für die langfristige Wirkung nur von begrenzter Bedeutung, ob die Verringerung des Ausstoßes „heute" oder „morgen" (sagen wir, in 30 Jahren) erfolgt. Es besteht zum Beispiel grundsätzlich die Alternative, „heute" und „morgen" gleich viel zu emittieren oder „heute" mehr und „morgen" weniger, aber dann bei viel größerem Wohlstand, besserer Technologie und präziseren wissenschaftlichen Kenntnissen des Klimawandels. Für die ökonomischen Kosten, die eine Gesellschaft zu tragen hat, ist aber die Verschiebung zwischen „heute" und „morgen" von größter Bedeutung, gerade auch in armen Entwicklungsländern. Dies gilt jedenfalls innerhalb der Zeithorizonte, die überhaupt für Klimaschutzmaßnahmen in Rede stehen. Es geht dabei nicht um eine Verschiebung auf den Sankt-Nimmerleins-Tag, sondern um die Wahl des bestmöglichen Zeitpunkts innerhalb der kommenden Jahrzehnte.

Tatsächlich sind wir hier an einer Stelle, an der sich die Wege eines pragmatischen und eines dogmatischen Umgangs mit dem Klimawandel trennen. Die pragmatische Position erlaubt ausdrücklich eine Optimierung über die Zeit. Für sie stellt sich die Frage, ob es wirklich vernünftig ist, die gesamte Last der Anpassung auf die Gegenwart und die unmittelbar bevorstehende Zukunft zu legen, wo sich doch gerade durch das enorm schnelle Wachstum in Entwicklungsländern deren Situation in den kommenden Jahren grundsätzlich ändern wird. Die dogmatische Auffassung neigt dazu, jeden Kompromiss zwischen heute und morgen abzulehnen, in gewisser Weise ohne Rücksicht auf die Kosten. Für sie ist allein schon die extreme Persistenz des Gehalts an Treibhausgasen in der Atmosphäre ein schlagendes Argument dafür, so früh wie physisch möglich mit der Senkung des Ausstoßes zu beginnen.[100] Für sie ist der sofortige Start des massiven Kampfs gegen den Klimawandel fast ein kategorischer Imperativ globaler Ethik.[101]

Es ist überaus schwierig, zwischen diesen Positionen gedanklich zu vermitteln. Denn es geht um eine ganz große Frage der Menschheit: Wie gehen wir alle gemeinsam mit Chancen und Risiken der Zukunft um, und zwar solchen, die wir alle nicht überschauen können? Diese Diskussion muss gesellschaftlich offen geführt werden. Allerdings sollten beide Seiten darauf verzichten, für sich in Anspruch zu nehmen, eine „ethisch saubere“ Lösung entdeckt zu haben und die Gegenposition als „ethisch verwerflich“ zu brandmarken. Denn schon einfaches Nachdenken zeigt, dass sowohl späteres als auch früheres Handeln die Gesellschaft teuer zu stehen kommen kann. Beispiele aus anderen, harmloseren Lebensbereichen machen dies ganz offensichtlich: So sind viele wertvolle Kunst- und Kulturgüter in der Menschheitsgeschichte verfallen und verschwunden, weil die jeweilige Generation eine Restaurierung aus Kostengründen verschob; umgekehrt sind aber auch viele Kunst- und Kulturgüter dadurch zerstört worden, dass in Eile und Hast restauriert wurde – mit der groben Technik des jeweiligen Wissens und dem fragwürdigen Geschmack des jeweiligen Zeitgeistes.

Also: Ein aufmerksames Warten, Beobachten und Forschen kann durchaus mit einer Ethik der gesellschaftlichen Verantwortung vereinbar sein. Dies gilt vor allem dann, wenn große Unsicherheiten über die technischen Möglichkeiten der Zukunft bestehen. Es ist deshalb bei Fragen des Klimawandels nicht überzeugend, allein auf der Grundlage eines allgemeinen Vorsichtsprinzips sofortige, massive Senkung von Treibhausgasemissionen auf Kosten des Wirtschaftswachstums zu fordern. Denn „Vorsicht“ ist hier ein überaus zweischneidiger Begriff: Ist es wirklich „vorsichtig“, auf der Grundlage des heutigen Wissens in großem Stil massiv in Technologien der Vermeidung von Treibhausgasen zu investieren, ohne Rücksicht auf neue Möglichkeiten, die sich innerhalb der nächsten Generation entwickeln könnten? Ist es nicht gerade eine angemessen vorsichtige Strategie, in einer solchen Situation vor allem die Forschung zu intensivieren, statt bereits mit großem Mitteleinsatz bei gegebener Technologie irreversible Fakten zu schaffen und damit vielleicht sogar auf neues Wissen zu verzichten?[102] Zumindest sind dies absolut legitime Erwägungen über das Wesen der „Vorsicht“, die nicht einfach als unmoralisch oder unverantwortlich gebrandmarkt werden sollten.

Das abstrakte Leitbild der „Vorsicht“ hat also in der Klimapolitik recht enge Grenzen. Ohne eine Auseinandersetzung mit

Nachhaltigkeit.

Neue Fragen zu einem alten Konzept.

Sylvicultura Oeconomica, oder haußwirthliche Nachricht und Naturmäßige Anweisung zur wilden Baum-Zucht. So der Titel eines forstwirtschaftlichen Werkes aus der Feder von Hans Carl von Carlowitz, sächsischer Kameralist und Oberberghauptmann. Das Buch erschien 1713. Der Autor hätte sich bestimmt nicht träumen lassen, dass ein Konzept aus seinem Werk fast drei Jahrhunderte später wieder in aller Munde sein würde: das Prinzip der Nachhaltigkeit.

Forstwirtschaftlich hat die Nachhaltigkeit eine klare, plausible Bedeutung: Wer einen Wald auf Dauer erfolgreich bewirtschaften will, der muss langfristig denken und handeln. Er darf keinen Raubbau betreiben. Er muss dafür sorgen, dass die Substanz erhalten bleibt – für die künftigen Generationen, denn auch die wollen aus dem Wald als Kapitalstock einen Ertrag erwirtschaften. Und sie wollen vielleicht auch, so mögen wir heute hinzufügen, den Wald weiterhin als Stück Natur erleben und genießen. Was für die Forstwirtschaft gilt, wurde spätestens 1987 mit dem sogenannten Brundtland-Bericht der Weltkommission für Umwelt und Entwicklung auf die Weltwirtschaft übertragen. Auch dort ging es um vernünftiges, langfristig orientiertes Verhalten: kein Raubbau, sondern Substanzpflege in einem umfassenden Sinn. Und so wird der Begriff bis heute interpretiert.

Allerdings: Die wachsende Weltwirtschaft ist doch etwas komplexer als die Reproduktion eines Waldes. Vor allem: In der Weltwirtschaft wächst ein Kapitalbestand, der vom Menschen geschaffen wird. Auch mit ihm darf kein Raubbau betrieben werden. Auch dort – und nicht nur in der Natur – geht es darum, die Substanz zu erhalten. Damit ist zwangsläufig ein Zielkonflikt vorprogrammiert. Spätestens seit Beginn der Industrialisierung im 19. Jahrhundert ist er virulent. Lange Zeit gab es dabei eine klare Priorität, und die hieß: Auf- und Ausbau des Kapitalstocks, und zwar selbst dann, wenn die Natur darunter leidet.

Im Nachhinein sind wir Spätgeborenen geneigt, über dieses Vorgehen früherer Generationen den Kopf zu schütteln. War das nicht rücksichtsloser Raubbau? Es fällt uns schwer, von Nachhaltigkeit zu reden, wenn wir an die Ausbeutung der Kohlereserven, die rauchenden Schlote der Eisen- und Stahlindustrie oder die Massenmotorisierung und den Autobahnbau denken. Aber vielleicht fehlt uns da doch ein wenig die Fantasie. Denn wäre die Entwicklung wirklich „nachhaltiger" verlaufen, hätten die Menschen auf die Förderung der Kohle oder den Bau von Autobahnen verzichtet?

Immerhin könnten frühere Generationen zu ihrer Verteidigung darauf verweisen, dass sie doch für ihre Nachfahren einen beeindruckenden Kapitalstock und ein großes technisches Wissen hinterlassen haben. Können wir ihnen wirklich vorwerfen, dass irgendwann nach ihnen eine Generation folgt, die viel wohlhabender ist, als sie selbst es je waren, und die weit weniger Verständnis hat für die Verbrennung von Kohle in Kraftwerken und Benzin in Kraftfahrzeugen? Vielleicht hätte diese spätere Generation diese Vorlieben nie entwickelt, wäre ihr nicht ein so großzügiger Kapitalstock hinterlassen worden. Ist es nicht gerade ein Beweis für die Nachhaltigkeit des Wirtschaftens der früheren Generationen, dass es irgendwann eine spätere Generation gibt, die wegen ihres Wohlstands eine Chance hat, die Dinge ganz anders zu sehen und andere Prioritäten zu setzen? Ist nicht die Ökologie – historisch betrachtet – ein Kind der Ökonomie?

Zugegeben, das sind ketzerische Fragen, aber sie sind wichtig, gerade auch mit Blick auf die Zielkonflikte der heutigen Welt. Denn für Chinesen und Inder sind heute die Fragen die gleichen wie für frühere Generationen von Deutschen und Europäern. Was heißt „Nachhaltigkeit" für diese Länder? Heißt es nicht auch, zunächst die Prioritäten so zu setzen, dass eine künftige Generation sie dann anders setzen kann? Müssen nicht zunächst einmal Verkehrsnetze, Schulen und Universitäten gebaut werden, bevor die Prioritäten massiv in Richtung Ökologie verschoben werden? Fragen über Fragen, aber keine Antworten. Zumindest keine einfachen.

Stand und Entwicklung der Technologie lässt sich kaum weiterkommen. Entscheidend ist dabei für den Klimaschutz vor allem die Zukunft der Energieversorgung und der damit verbundenen Chancen und Risiken. Nun wissen wir nach den Erfahrungen der letzten Jahrzehnte, dass alle bisher entwickelten Energiequellen eigene, wenn auch ganz unterschiedliche Risiken mit sich bringen: Fossile Brennstoffe befeuern den anthropogen bedingten Klimawandel; die Kernkraft hinterlässt hochtoxische nukleare Abfälle und öffnet das Tor zum Bau von Atombomben; die erneuerbaren Energien im pflanzlichen Bereich sind eine Flächenkonkurrenz für die Landwirtschaft und verteuern damit die Ernährung der Menschheit; die Solarenergie setzt weiträumige Netze des Energietransports voraus, die zu Zielen von Terrorattacken (und Ähnlichem) werden können; und die Wasserenergie lässt sich, soweit überhaupt nutzbar, nur durch den Bau riesiger Staudämme in Entwicklungsländern erschließen, zumeist mit der Folge massiver Störungen des ökologischen Gleichgewichts der jeweiligen Region. Lediglich die Risiken der Windenergie erscheinen heute als begrenzt, zumindest wenn man bereit ist, von der Veränderung der Landschaftsbilder und von Unfällen mit Vögeln durch riesige Windräder abzusehen. Allerdings ist auch ihr Potenzial – wie bei der Wasserkraft – im globalen Maßstab begrenzt, zumal sie ungeeignet ist, die sogenannte Grundlast der Energieversorgung zu tragen, weil der Wind fast nirgendwo auf der Welt immer und konstant kräftig bläst.

Bei allen Energiequellen ist mit technischen Fortschritten in der Effizienz der Nutzung zu rechnen.[103] Insofern sollte die Energieforschung eine höchste Priorität haben, will man einen Dauerkonflikt zwischen Wachstum und Klimawandel vermeiden. Tatsächlich gibt es hier gute Gründe, die staatliche Forschung voranzutreiben, aber auch die privatwirtschaftliche Forschung zu unterstützen. Wie das geschehen kann und sollte, ist im Einzelnen strittig, weil es wiederum unterschiedliche Meinungen und Lobbyinteressen gibt, und zwar sowohl bei der Abschätzung des weiteren Fortschritts als auch bei der Bewertung der langfristigen Risiken. Naheliegend wäre es, tatsächlich allen Bereichen eine Chance zu geben, einfach weil nicht vorauszusehen ist, wo genau Durchbrüche zu erzielen sind.

Denn eines ist klar: Bei keiner Energiequelle ist der Fortschritt garantiert, wie die Vergangenheit gezeigt hat. So wurde zum Beispiel in der euphorischen Frühphase der Nukleartechnik die Kernfusion als realistische langfristige Option angesehen. Die weiteren Forschungen zeigten allerdings, dass sie prohibitive Anforderungen an die Materialbeschaffenheit der Kraftwerksanlagen stellt, die selbst bei raschem Fortschritt in der Materialforschung nicht annähernd zu erfüllen waren. Das Ergebnis: Die Kernfusion spielt heute kaum noch eine Rolle in der langfristigen Planung der globalen Energieversorgung.

Es bleiben also Unsicherheiten. Allerdings spricht gerade das schnelle wirtschaftliche Wachstum in den großen Entwicklungsländern dafür, dass sich auch dort das Tempo des technischen Fortschritts beschleunigt. Denn bei schnellem Wachstum kann die Energieversorgung ein wichtiger Engpass werden. Es besteht deshalb für Länder wie China und Indien, aber auch Brasilien, Indonesien und Russland ein hoher Anreiz, immer mehr Kapazität der Forschung für Fragen der Energie und damit indirekt des Klimas bereitzustellen. Allein schon wegen der Größe der Länder schlummert hier ein ungeheures Potenzial für Innovationen und intelligente Adaptionen. Die „Kleine Welt" der Industrialisierung umfasste rund eine Milliarde Menschen; die „Große Welt" wird mindestens aus vier Milliarden Menschen bestehen. Tatsächlich geht es auch hier wieder um das Entstehen einer neuen Qualität von globaler Arbeitsteilung – diesmal zwischen den Köpfen, die sich überall auf der Welt über die Zukunft der Energieversorgung, den Klimawandel und andere Risiken Gedanken machen.[104] Es ist damit zu rechnen, dass dadurch ein ganz neues Niveau des Wissens erreicht werden kann.

Zugegeben, dies ist wieder ein Verweis auf die Zukunft. Und Befürworter eines sehr schnellen, massiven Handelns zur Bekämpfung des Klimawandels mögen ihn als eine Art blauäugiges Vertrösten ansehen. Sie sollten allerdings bedenken, dass wir wohl wirklich vor etwas stehen, was es historisch noch nie gegeben hat, nämlich einen gigantischen Sprung in der weltweiten

Beteiligung an der Forschung. Dies gilt nicht nur für das Ausmaß, sondern auch für die Ausrichtung des innovativen Suchens. Auf dem Weg zum Wohlstand wird es in Entwicklungs- und Schwellenländern eine Fülle von Möglichkeiten geben, durch (oft kleine) technische Verbesserungen Energie und Ressourcen zu sparen. Und diese Chancen können oft erst entdeckt, erkundet und erforscht werden, wenn sie sich ganz konkret vor Ort als dringende Herausforderung zeigen, und zwar im Zuge des zunehmenden Wohlstands. Es gibt herausragende Beispiele dafür in der Vergangenheit, so etwa das Land Israel, das sich über Jahrzehnte in der Technik umweltschonender Bewässerung („drip irrigation") einen großen Vorsprung im Umgang mit ariden Klimabedingungen erarbeitete. Erreichen erst einmal die großen Entwicklungsländer ein ähnliches Niveau des Wissens in der Technik der Verarbeitung von Wasser (oder anderer Ressourcen), so kann es zu einer breiten Welle von Investitionen kommen, die den Grad der Effizienz des Energieeinsatzes weltweit deutlich verbessert.

Natürlich sind solche Szenarien heute noch Spekulation. Aber sie haben einen rationalen Kern, denn sie beruhen auf Erfahrungen von Ländern (wie eben Israel), die bereits in der Vergangenheit mit ähnlichen Herausforderungen umgingen und im Zuge ihres wirtschaftlichen Wachstums das nötige lokale Wissen entwickelten. Warum sollten wir annehmen, dass Fachleute der technischen Hochschulen in den großen Aufholländern der Welt nicht in der Lage sein werden, einen wichtigen Beitrag zum Wachstum des Wissens zu leisten? Warum sollten die bevölkerungsreichsten Länder an etwas scheitern, das dem kleinen Israel gelang? Jedenfalls gibt es in dieser Hinsicht doch einige gute Argumente für einen gewissen technologischen Optimismus. Mit Blauäugigkeit hat dies nichts zu tun.

3 Risiken der Finanzmärkte

3.1 Was ist normal?

Am 20. Februar 2004 hielt ein Gouverneur des amerikanischen Zentralbankrats, Ben Bernanke, eine Rede vor der Eastern Economic Association in der Hauptstadt Washington D. C. Der Titel: „The Great Moderation", in hölzerner deutscher Übersetzung: „Die große Mäßigung".[105] In dieser Rede erklärte Bernanke, warum seit Mitte der 1980er-Jahre stabile Preise, niedrige Zinsen und kräftiges wirtschaftliches Wachstum in den Vereinigten Staaten und anderswo zusammenkamen. Er fand gute Gründe dafür, unter anderem in einer klugen Geldpolitik. Und er zeigte sich zuversichtlich, dass es so weitergehen würde wie bisher.

Es kam ganz anders. Gerade mal drei Jahre später stürzte die Welt in eine Finanzkrise, wie es sie seit einem Dreivierteljahrhundert nicht gegeben hatte. Ben Bernanke hat sie nicht im Geringsten vorausgesehen. Und Bernanke ist nicht irgendwer, sondern ein namhafter amerikanischer Volkswirt, der sich in seiner glanzvollen akademischen Laufbahn intensiv mit der Großen Depression 1930 bis 1932 beschäftigt hatte. Im Jahr 2006 wurde er Präsident des Federal Reserve System. Also: ein hervorragender Kenner der Geld- und Kapitalmärkte, der dann ab 2007 selbst mit der globalen Krise direkt konfrontiert wurde – als amtierender Zentralbankchef.

Die Ahnungslosigkeit von Ben Bernanke liefert keinerlei Anlass zu Spott, zumal er damit überhaupt nicht allein stand in seiner Zunft. Es ist nicht leicht, einen Volkswirt oder auch Finanzmarktpraktiker zu finden, der damals das Kommende in seiner Dramatik und Größenordnung voraussah. Anschließend meldeten sich viele zu Wort und geißelten die üblen Sitten eines Kasinokapitalismus, wie in Deutschland der Titel eines Buches lautete, das 2009 erschien.[106] Vorhersagen heißt aber: keine Erklärung danach liefern, sondern eine gut begründete Prognose davor, und da herrschte Stille. Offenbar ist es in der Sache extrem schwierig zu erkennen, ob und wann sich dramatische Veränderungen in Kapitalmärkten abspielen. Ökonomen sprechen dann gerne von „Strukturbrüchen“: Alles, was es vorher an Konstanten und Trends gab oder zu geben schien, verändert sich, und zwar drastisch. Die Wirtschaftswissenschaftler stehen dann vor einem Scherbenhaufen ihrer Modelle, ähnlich den Meteorologen, die am Abend für den kommenden Tag fortgesetzten Sonnenschein vorhersagen und sich ziemlich blamieren, wenn am nächsten Morgen die Nation im schlimmsten Unwetter aufwacht.

Die Fragen sind also zunächst: Was genau macht Vorhersagen so schwierig? Wo genau liegen die Risiken, erkennbar und versteckt, mit denen in Kapitalmärkten umgegangen wird? Warum kommt es zu größeren Schwankungen von Vermögenswerten? Und warum können diese auch schon in normalen Zeiten beachtliche Ausmaße annehmen? Um das Ungewöhnliche einer großen Krise zu begreifen, müssen wir zunächst das Normale in den Blick nehmen, den Alltag der Finanzmärkte in einer wachsenden Wirtschaft.

Die volkswirtschaftliche Aufgabe der Finanzmärkte liegt auf der Hand: Sie sorgen dafür, dass die Umwandlung von privaten Ersparnissen in Investitionen funktioniert – über Bankkonten oder Wertpapiere, die über Zinsen oder Dividenden eine Rendite erzielen. Schon hier gibt es ein erstes Risiko: Niemand kann genau wissen, ob eine Investition den erwarteten Ertrag erwirtschaftet. Dies gilt umso mehr, je innovativer und revolutionärer das neue Wissen ist, das in den Produktionsprozess eingeführt oder erst gesucht wird. Denn wer kann schon vorhersagen, ob eine innovative Investition schließlich auch erfolgreich sein wird? Tatsächlich ist gerade die „schöpferische Zerstörung“, also der Strukturwandel im Wachstum, zwingend mit Risiken verbunden. Es ist dabei gleichgültig, ob er direkt über Kapitalmärkte oder indirekt über Banken finanziert wird. Man könnte sagen: Es geht um ein „Grundrisiko des Kapitalismus“. Seine Höhe bestimmt sich nach der Bonität des Schuldners und der Qualität des Projekts. Es kann verteilt, aber nicht beseitigt werden.

Banken können noch einen Schritt weiter gehen. Sie können kurzfristige Einlagen in längerfristige Darlehen umwandeln. Dies ist ihr eigentliches Kerngeschäft, die „Fristentransformation". Dabei können sie auch ihre Bilanz verlängern, indem sie Geld- und Kreditschöpfung betreiben, also mehr ausleihen, als sie tatsächlich an Einlagen haben. Dies geschieht, indem sie selbst Kredite aufnehmen, sei es bei der Zentralbank gegen Verpfändung eigener Aktiva oder bei anderen Banken („Interbankenmarkt"). Die Geld- und Kreditschöpfung kann dabei so weit gehen, wie es die von der Zentralbank gesetzten Bedingungen am Geldmarkt erlauben. Wichtige Instrumente sind dabei traditionell der Mindestreservesatz, also der Anteil der Einlagen, der bei der Zentralbank hinterlegt werden muss und nicht für Kredite zur Verfügung steht, und ein Basiszinssatz (früher in Deutschland: der Diskontsatz), zu dem die Zentralbank bereit ist, Wechsel oder andere kurzfristige Papiere von den Geschäftsbanken anzukaufen.

Die Geld- und Kreditschöpfung im Bankensystem ist ein überaus wichtiges Instrument der flexiblen Anpassung des Finanzierungsvolumens an den Kreditbedarf einer wachsenden Wirtschaft. Sie führt aber ein ganz wesentliches zweites Element des Risikos ein, das – für sich genommen – nichts zu tun hat mit der Bonität des Schuldners und der Qualität des Projekts. Denn seine Einschätzung beruht im Wesentlichen auf Vertrauen in die Liquidität der Banken. Geht dieses Vertrauen plötzlich bei den Einlegern verloren, kann es zu einem „bank run" kommen: Jeder will sein Geld abziehen; die Banken stoßen an die Grenzen der Möglichkeiten der Refinanzierung, können nicht auszahlen und stürzen in eine Liquiditäts- und Überschuldungskrise bis hin zur Insolvenz. Diese Horrorvision gehört nicht zum Alltag, aber sie muss stets als letzte Möglichkeit in Betracht gezogen werden, ein immerwährendes Restrisiko. Um es in Grenzen zu halten, haben fast alle Länder der Welt zwei Arten von Vorkehrungen getroffen. Zum einen unterliegt die Bankenbranche – weit mehr als andere Wirtschaftszweige – einer umfassenden Aufsicht und tief gehenden Regulierungen, in Deutschland durch das Kreditwirtschaftsgesetz. Zum anderen versuchen die

Zentralbanken, durch Einsatz ihrer Refinanzierungsinstrumente die Geld- und Kreditschöpfung der Geschäftsbanken in einer vertretbaren Bandbreite zu stabilisieren.

So weit die beiden zentralen Risiken des Finanzkapitalismus. Sie sind seit der Industrialisierung und der Gründung von Zentralbanken im 19. Jahrhundert im Wesentlichen unverändert geblieben.[107] War dieser Finanzkapitalismus bisher eine gute Hilfe für das Wirtschaftswachstum? Die Antwort lautet eindeutig: Ja. Es kann kein Zweifel bestehen, dass professionell funktionierende Kapitalmärkte über Generationen hinweg das Wirtschaftswachstum kräftig beförderten. Und dort, wo sie nicht vorhanden sind beziehungsweise nicht gut funktionieren, werden Wachstumspotenziale nicht genutzt. Dies gilt zum Beispiel für sehr arme Entwicklungsländer, wo Investitionen in der Landwirtschaft dadurch blockiert werden, dass es keinen ausreichenden Markt für Kleinstkredite gibt, oft wegen fehlender Sicherheiten auf der Seite der kleinbäuerlichen Investoren. Umgekehrt lässt sich für eine Wirtschaft wie die deutsche feststellen, dass alle großen langfristigen Schübe der Entwicklung auch begleitet waren von einer kräftigen Ausweitung des Kredit- und Finanzwesens. Wir können fast so weit gehen zu sagen: Der Prozess des realen Wirtschaftswachstums ist überhaupt nicht zu trennen von der gleichzeitigen Expansion der Finanzierungsmöglichkeiten.

So eindrucksvoll die langfristige Bilanz, so zwiespältig erscheint dagegen die kurzfristige. Denn Finanzmärkte unterliegen beträchtlichen Schwankungen, und auch diese gehören zum normalen Erscheinungsbild des Kapitalismus: Renditen von Schuldverschreibungen verändern sich, Immobilienwerte ebenso, und Aktienkurse schwanken, und zwar durchaus dramatisch. Tatsächlich gehören die Schwankungen zum Kern der Funktionsweise einer Marktwirtschaft. Sie sind nicht wegzudenken. Ein kleiner Ausflug in die volkswirtschaftliche Theorie genügt, um zu erkennen, weshalb dies so ist.

In einem freien Kapitalmarkt werden Vermögen permanent neu bewertet. Es gibt täglich neue Informationen, die den Marktwert beeinflussen. Nehmen wir zum Beispiel eine Aktie. Ihr Wert ist die Summe aller künftigen (Netto-)Erträge, die der Markt mit dem betreffenden Kapital zu erwirtschaften erwartet, und zwar abgezinst (diskontiert) auf den Zeitpunkt der Bewertung. Die Folge: Jede neue Information, die auch nur kleine Änderungen der Erwartungen über die künftige Geschäftsentwicklung bewirkt, kann den Aktienkurs drastisch verändern, einfach weil – über die Zeit kumuliert – der diskontierte Gesamteffekt sehr stark ausfällt. Analoges gilt für die Wirkung von Veränderungen des Zinsniveaus auf den Aktienkurs: Steigt der Zins, nimmt vor allem der Wert jener Erträge ab, die in der ferneren Zukunft zu erwarten sind. Die mögliche Folge: ein starker Kursverfall. Damit ist klar: Dem Kurs – oder allgemeiner: dem Markt- oder Verkehrswert eines Vermögensobjekts – kommt für die Funktionsweise einer Marktwirtschaft eine zentrale Rolle zu. Denn er liefert die Ergebnisse der Verarbeitung von Informationen durch den Markt; und er wird dadurch zu jedem Zeitpunkt selbst zu einer ganz wesentlichen Informationsquelle darüber, wie der Markt die Ertragsaussichten bewertet.[108]

Wertpapierkäufe und -verkäufe sind also fast immer mit Elementen der Spekulation verbunden, denn sie haben regelmäßig Prognosen zum Inhalt.[109] Allerdings gibt es Wertpapiere, die so geschaffen sind, dass sie besonders starken Kursrisiken unterliegen. So haben sich im Zuge der Deregulierung der Finanzmärkte seit den 1980er-Jahren viele neue Vertragsformen herausgebildet, die aus traditionellen Wertpapieren wie Aktien und Anleihen abgeleitet sind: die sogenannten Derivate. Sie sind im Regelfall so konstruiert, dass ihr Kurswert unter sonst gleichen Bedingungen stärker schwankt als der Kurswert des Wertpapiers, von dem sie abgeleitet wurden. Sie sind in diesem Sinn besonders „spekulativ“. Sie können gerade dadurch eine spezifische Nachfrage am Kapitalmarkt befriedigen, die auf Absicherung von Geschäften abzielt. So dient etwa der Handel mit Optionen an den Terminbörsen dazu, es möglich zu machen, jederzeit am Markt das Recht zu kaufen/verkaufen, zu einem bestimmten Zeitpunkt oder in einem bestimmten Zeitraum eine bestimmte Menge eines Gutes oder Wertpapiers zu einem vorab bestimmten Preis zu kaufen/verkaufen. Der Handel mit der Option liefert die

Markteinschätzung dessen, was dieses Recht wert ist. Ohne den Markt wäre diese Absicherung nicht möglich.

Alle Informationen am Markt beruhen auf dem begrenzten Kenntnisstand, der den Marktteilnehmern zum jeweiligen Zeitpunkt zur Verfügung steht. Dieser kann sich im Nachhinein als unvollständig, irreführend oder falsch erweisen. Dies kann natürlich zu Fehlbewertungen führen. Moderne Kapitalmärkte sind dadurch gekennzeichnet, dass eine große Branche hoch spezialisierter Analysten permanent nichts anderes tut, als in den Fundamentaldaten und in der historischen Kursentwicklung Informationen zu identifizieren, die der Markt noch nicht erkannt hat. Die Analysten bedienen sich dabei einer Vielzahl von Quellen: von statistischen Modellen über die systematische Bilanzuntersuchung bis zum intuitiven Rückgriff auf die eigenen langjährigen Erfahrungen. Finden sie unausgenutzte Informationen, so handeln sie am Markt danach beziehungsweise geben entsprechende Empfehlungen. Gerade dadurch wird die noch nicht beachtete Information schließlich doch genutzt.[110] Dabei ist es in Kapitalmärkten auch überhaupt nicht ungewöhnlich, dass die Entscheidungen der Marktteilnehmer voneinander abhängen. Es kommt dann allerdings zu miteinander korrelierten Marktreaktionen, die sich im Ergebnis selbst verstärken. Ein solches Verhalten ist immer dann für den Einzelnen vernünftig, wenn die Entscheidungen anderer Marktteilnehmer einen positiven Informationsgehalt haben. Eben dies dürfte fast immer der Fall sein, soweit es sich um Marktteilnehmer handelt, deren Analysten einen guten Ruf genießen. Das populäre Abqualifizieren derartiger Verhaltensmuster als „Herdentrieb“ verkennt eben diesen durchaus rationalen Kern. Allerdings ist nicht auszuschließen, dass in Zeiten hektischer Umsätze und starker Kursausschläge am Kapitalmarkt allein schon wegen des Umfangs der Neuigkeiten eine Situation entsteht, in der die Sorgfalt in der Informationsprüfung nachlässt – mit der Folge, dass überstürzte Reaktionen einsetzen. Diese können sich positiv in „Kurseuphorie“ und negativ in „Ausstiegspanik“ äußern.

So weit unser Ausflug in die Wirtschaftstheorie. Wie sieht nun der Alltag der Kapitalmärkte aus? Die Antwort lautet: eigentlich genau so, wie es die Theorie beschreibt. Überall an den Börsen der Welt findet eine praktisch permanente Suche nach dem wahren Kapitalwert statt. Ständig werden von Einzelnen Gewinne oder Verluste gemacht, weil sie in ihren Erwartungen richtig- oder falschlagen. Ständig gibt es Kursausschläge nach oben und unten. Ständig verschwinden an den Finanzmärkten Unternehmen und es kommen neue hinzu. Dabei überlagern sich einzel- und gesamtwirtschaftliche Einflüsse in einem Dickicht von Informationen, und ein wachsender Wirtschaftszweig von hoch spezialisierten Dienstleistungsunternehmen ist mit nichts anderem beschäftigt, als dieses Dickicht zu durchdringen: Finanzberater, Ratingagenturen und viele andere verdienen ihr Geld damit, dass sie Informationen sammeln, ordnen, bewerten und kommunizieren. Es ist wie ein permanentes Rauschen der Informationssuche, das die „schöpferische Zerstörung" des Strukturwandels begleitet.

An diesem Alltag der Finanzmärkte hat sich in den letzten Dekaden im Grundsatz wenig verändert. Allerdings hat die Revolution in der Informationstechnik die Übermittlung von Daten massiv erleichtert und deren Kosten gesenkt. Die Folge ist ein immer dichterer Fluss von Informationen über immer weitere Strecken, und damit natürlich auch die weltweite Integration der Finanzmärkte. Anleger können ihr Geld in weit entfernten Regionen anlegen, über die sie heute so viel erfahren wie früher nur innerhalb des eigenen Landes. Mit professionellem Vermögensmanagement ist es von daher möglich, stärker als früher zu diversifizieren. Dies erlaubt es, nach üblichen versicherungstechnischen Kriterien bei gleichem Gesamtrisiko mehr Projekte mit hoher Rendite und hohem Risiko zu realisieren. Global bedeutet dies eine verbesserte Finanzierung des weltweiten Strukturwandels. Es ist sehr wahrscheinlich, dass die Globalisierung der Kapitalmärkte in diesem Sinne das Wachstum der Weltwirtschaft in den letzten Jahrzehnten verstärkt hat.[111]

Der Alltag der Kapitalmärkte hat auch eine weniger freundliche Seite. Denn das Wachstum und der Strukturwandel sind keine endlose Folge von kleinen Schritten der Innovation und Anpassung, die sich zu einem Bild der friktionslosen Harmonie zusammensetzen. Ganz im Gegenteil, eine Wirtschaft wächst in Schüben – mit Spurts und Stockungen, mit Auf- und Abschwung, mit Boom und Crash. Dies hat eine Fülle von Gründen. Der vielleicht wichtigste liegt in der Natur von Investitionen: Ein Unternehmer bestellt nur dann eine Maschine als Ergänzung des betrieblichen Anlagevermögens, wenn er erwartet, sie auslasten zu können, und erweist sich diese Erwartung als falsch, wird er daraus Konsequenzen ziehen für künftige Erweiterungen der Kapazität. Jede Investition ist ja nichts anderes als eine ruckartige Anpassung des Kapitalbestands an eine erwartete Güternachfrage. Es bleibt für ihn stets ein Risiko, zu viel (oder auch zu wenig) Kapazität geschaffen zu haben. Und da dies allen so geht, kommt es zu zyklischen Schwankungen der gesamtwirtschaftlichen Tätigkeit, genannt: Konjunktur.

Wie kann nun ein normaler Konjunkturzyklus zu Boom und Crash in den Finanzmärkten führen? Die Antwort liegt auf der Hand: Es geht um typische Wirkungen der Rückkoppelung, und zwar positiver und negativer Art.[112] Nehmen wir an, am Anfang steht ein technischer Fortschritt, der die Gewinnerwartungen verbessert. Die Folge: Investitionen werden profitabel und deshalb über Bankkredite oder direkt am Kapitalmarkt finanziert. Dies führt überall zu einer neuen Einschätzung der wirtschaftlichen Lage mit verbesserten Aussichten auf Erträge und Kapazitätsauslastung. Es kommt deshalb an anderen Stellen der Wirtschaft zu Investitionen, wieder mit positiver Rückkoppelung auf weitere Investoren. Es steigen die Vermögenswerte, vor allem von Aktien und Immobilien. In der Breite der Wirtschaft kommt es zu weiter steigenden Gewinnerwartungen und noch größerer Bereitschaft, sich zu verschulden. Und so geht es weiter, wobei sich die Ursachen der zyklischen Expansion stetig vom ursprünglichen technischen Fortschritt entfernen. Immer mehr neigen dann die Investoren dazu, sich an der guten gesamtwirtschaftlichen Lage zu orientieren und die beobachteten Entwicklungen einfach in die Zukunft fortzuschreiben. Kurzum: Der Prozess gewinnt spekulative Charakterzüge, er steigert sich in einen Boom.

Natürlich kommt irgendwann der Boom zum Ende. Dies

geschieht genau dann, wenn eine hinreichend große Zahl von Marktteilnehmern beginnt, Gewinne zu realisieren. Dadurch werden die spekulativen Expansionserwartungen gebrochen. Der Prozess nimmt dann in umgekehrte Richtung Fahrt auf: Vermögenswerte sinken, Gewinnerwartungen werden enttäuscht, Investitionspläne zurückgestellt und die jetzt pessimistische Spekulation treibt die Finanzmärkte zu einer Korrektur nach unten, im Extremfall in einen Crash. Eine Erholung setzt erst dann ein, wenn die Marktteilnehmer bei dem drastisch korrigierten Kursniveau wieder hinreichende Gewinnerwartungen haben, vielleicht wieder wegen eines technischen Fortschritts oder aus welchen Gründen auch immer. Das Spiel beginnt dann von vorne.

Zwischen Boom und Crash – die Wirtschaftsgeschichte ist voll von Zyklen dieser Art. Spätestens seit der Industrialisierung, die den Anlageinvestitionen einen ganz neuen gesamtwirtschaftlichen Stellenwert gab, beobachten wir kräftige Schwankungen der Konjunktur und der Finanzmärkte, die diesem simplen Muster folgen. Allerdings: mit verschiedenen Längen und Amplituden, mit einer Vielzahl von Anlässen und Ursachen, mit einer breiten Palette von Reaktionen der Politik von Notenbanken und Staaten. Genau diese Unterschiedlichkeit macht es so schwierig, jenseits des simplen zyklischen Musters weitere Gesetzmäßigkeiten festzustellen. Dies gilt schon für den Historiker, der im Nachhinein den Zyklus untersucht, aber es gilt natürlich in noch viel stärkerem Maße für den Beobachter, der mitten im Zyklus steckt und zu beurteilen hat, ob es in der nahen Zukunft noch weiter rauf oder runter geht. Selbst ein Ben Bernanke stand deshalb 2004 recht hilflos vor der Zukunft. Selbst er war nicht in der Lage, klüger zu sein als der Finanzmarkt. Und dies lag damals, wie stets, an der komplexen Natur der Sache.

Tatsächlich zeigt sich hier wahrscheinlich ein unverrückbarer Wesenszug des marktwirtschaftlichen Kapitalismus. Denn Wachstumspfad und Konjunkturzyklus sind zwar im Nachhinein statistisch erkennbar, aber niemand weiß im Vorhinein, welchen Weg sie nehmen. Dies gilt umso mehr, je kürzer der Zeitraum für die Prognose ist: Über Jahrzehnte gleichen sich

Der Nachlass der geplatzten Blase.

Was bleibt, ist nützlich.

Es ist fast schon ein Ritual: Kaum platzt eine Blase am Finanzmarkt, klagt die Öffentlichkeit über eine riesige Kapitalverschwendung. Das liegt ja auch nahe: Geld ist in Investitionen geflossen, und diese sind dann tatsächlich weit weniger rentabel als ursprünglich angenommen. Es wird Verlust gemacht, die Bücher füllen sich mit Abschreibungen, es gibt reihenweise Konkurse und Liquidationen. Ein gigantischer Aderlass für die Volkswirtschaft. Alles weg. Unwiederbringlich.

So die verbreitete Meinung. Sie stimmt aber nicht. Denn der Konkurs sorgt ja nicht für eine physische Zerstörung des entstandenen Kapitals. Er ist ja keine Brandkatastrophe und kein Bombardement. Der Konkurs sorgt allein für eine Abwertung des Kapitalbestands und im Regelfall für einen Wechsel des Eigentümers. Danach wird mit dem gleichen Kapitalstock weitergearbeitet. Dies ist ja die Kernidee eines geordneten Konkursverfahrens: Es soll ja gerade nicht zu einer langwierigen Stockung der Produktion kommen, sondern der Kapitalstock soll weiterhin im Einsatz bleiben oder schnellstmöglich wieder zum Einsatz kommen. Nur dann, wenn er absolut nichts an wirtschaftlichem Ertrag bringt, bleibt allein die Verschrottung. Aber das ist die Ausnahme.

Im kapitalistischen Normalfall bleibt ein positiver Wert. Und dies oft umso mehr, je dicker die Blase vorher war – in der Zeit der euphorischen Hochstimmung. Was nämlich der überzogene Investitionsboom hinterlässt, das ist zumeist hochmodern. Es wurde ja gerade erst unter Einsatz neuester Technik aufgebaut. Manchmal ist es sogar überhaupt noch nicht fertiggestellt, kann aber mit relativ wenig Geld zum Abschluss gebracht werden. Die ewige Investitionsruine ist eher selten. Ein neuer Eigentümer – mit gesünderer Bilanzstruktur als der Vorgänger – kann weiterproduzieren. Es hängt dann von der längerfristigen Entwicklung des Marktes ab, ob sich dies wirtschaftlich lohnt. Das kann man aber erst viel später wissen, manchmal Jahrzehnte später.

Die Wirtschaftsgeschichte ist voll von übersteigerten Boomphasen und anschließenden Krächen, die auf lange Sicht sehr Nützliches und Nachhaltiges hinterließen. Dies gilt vor allem dann, wenn der Boom sich auf große innovative Durchbrüche in sogenannten Schlüsseltechnologien stützt, die schließlich auf breiter Front genutzt werden. Klassisches historisches Beispiel ist der Eisenbahnbau ab Mitte des 19. Jahrhunderts. Bis 1873 wälzte sich eine gigantische Welle der Investitionen in Schienennetze und rollendes Material über den europäischen Kontinent, allen voran in deutschen Landen. Die Welle wurde weitgehend privat finanziert. Lokomotiven- und Eisenbahnbarone wie Borsig und Strousberg verdienten Vermögen, manchmal mit windigen Geschäfts- und Finanzierungsmodellen. Nach der Reichsgründung kam es dann nach einer letzten völlig überhitzten Euphorie zum Gründerkrach – mit einer drastischen Abwertung des gesamten Kapitalbestands. Die Folge war allerdings keineswegs eine lange Depression, wenngleich viele Menschen das damals so empfanden. Es kam nach einem scharfen Einbruch nämlich die Rückkehr zum Wachstum, zunächst in moderater und später in kräftigerer Form. Jedenfalls überlebten die Eisenbahnnetze. Und auf lange Sicht taten sie einen hervorragenden Dienst, um einen weiträumigen Spielraum für die Industrialisierung und den damit verbundenen Transportbedarf zu schaffen. Kurzum: Sie waren – gesellschaftlich gesehen – alles andere als eine Fehlinvestition. Im Gegenteil, sie wurden langfristig sehr wertvoll.

Ähnliches werden Wirtschaftshistoriker vielleicht irgendwann für die Dotcom-Krise an der Wende des 20. zum 21. Jahrhundert feststellen: wieder eine neue Technologie mit riesigem Potenzial, wieder eine maßlose Übersteigerung privater Investitionen, wieder anschließend massenhaft Konkurse und Liquidationen, wieder eine Generation von gescheiterten Unternehmerexistenzen. Aber vielleicht gerade dadurch auch ein Schub in der Infrastruktur der Kommunikation, in der Anwendung moderner Hard- und Software und nicht zuletzt in Forschung und Entwicklung. Von allem werden spätere Generationen profitieren. Auch die Gier kann Nachhaltiges schaffen. So ironisch ist der Kapitalismus.

die Zyklen aus und es bleibt ein gesamtwirtschaftlicher Trend, der sich an ganz langfristigen Veränderungen wie der Demografie und der Wirkung des technischen Fortschritts auf die Produktivität orientiert. Aber was hilft das schon für die allermeisten Investitionsentscheidungen, die sich auf nur eine Branche beziehen und auf Zeiträume von maximal eineinhalb Jahrzehnten? Noch viel schwieriger sieht es am aktuellen Rand der Gegenwart aus: Selbst wenn ein Boom schon fortgeschritten ist, kommt er bald zum Ende oder geht er doch noch ein, zwei oder drei Jahre weiter?

Es scheint im Nachhinein recht einfach zu sein festzustellen, dass ein Boom irgendwann zum Ende kommen musste. Dies gilt vor allem dann, wenn er – historisch klar sichtbar – die Folge eines technischen Durchbruchs war, der sich dann in seiner Wirkung sukzessive über eine Volkswirtschaft ausbreitete und eine Art Euphorie erzeugte, die zu Übertreibungen führte. Berühmte Beispiele der Wirtschaftsgeschichte sind der Eisenbahnboom in Deutschland in den 1860er- und frühen 1870er-Jahren, der in den Tränen des sogenannten Gründerkrachs endete; der Automobilboom der 1920er-Jahre mit der ersten Motorisierungswelle in den Vereinigten Staaten, dem 1929 der Börsenkrach an der New Yorker Wall Street und 1930 bis 1932 die Große Depression folgten; oder auch der Boom der modernen Informationstechnologie im Amerika der 1990er-Jahre, der in die Dotcom-Krise mündete. Allerdings gibt es auch viele historische Beispiele, bei denen nach Boomphasen die dramatische Kurskorrektur ausblieb – eine erste Warnung gegenüber einer allzu großen prognostischen Selbstüberschätzung. Die zweite Warnung liefert der aktuelle Test an uns selbst zum jeweiligen Zeitpunkt: Wo genau stehen wir heute, an welchem Punkt des Zyklus? Spiegeln die Kapitalwerte schon die Chancen und Risiken der Ertragsentwicklung wider oder nicht? Sollen wir kaufen, verkaufen oder halten?

Aus alledem ergibt sich eine ernüchternde Schlussfolgerung: Der Alltag an den Finanzmärkten ist zwingend mit Schwankungen bis hin zu Boom und Crash verbunden. Darin spiegelt sich ganz natürlich die permanente Suche nach jener Marktinformation, die nötig ist, um Wachstum und Strukturwandel zu bewältigen. Es wäre unklug zu versuchen, diesen Prozess massiv zu behindern, nur um die zyklischen Ausschläge loszuwerden; denn diese sind nötig, um sich im permanenten „trial and error" des Marktes den wahren Werten zu nähern, ohne dass man diese jemals genau kennt.

Allerdings bleiben wichtige Fragen: Sind nicht zumindest die ganz schweren Ausschläge mit ihren hohen volkswirtschaftlichen Kosten zu verhindern? Hat sich der weltweite Kapitalmarkt nicht schon so weit entwickelt, dass spekulationsbedingte Ausschläge überhaupt nicht mehr beherrschbar sind? Müssen sie nicht gerade deswegen im Vorhinein verhindert werden – durch Verschärfen der Marktregulierung oder durch eine besonders vorsichtige Steuerung der Geld- und Kreditpolitik der Zentralbanken? Genau diese Fragen werden uns für den Rest dieses Kapitels beschäftigen. Es sind Fragen nach den Grenzen des Wachstums. Dabei liefert die jüngste globale Finanzkrise eine völlig neue Dimension an aktuellem Anschauungsmaterial, um Gefahren zu identifizieren und die Möglichkeiten und Grenzen der Politik zu erkennen. Wir erzählen deshalb zunächst die spannende Geschichte dieser Krise. Und daraus ziehen wir dann unsere Schlussfolgerungen.

3.2 Die globale Krise

Wie kam es zur jüngsten globalen Finanzkrise, der schlimmsten seit der Großen Depression 1930 bis 1932? Zur Erklärung müssen wir ein Stück zurückblicken, und zwar mindestens bis zum letzten konjunkturellen Einbruch, der sogenannten Dotcom-Krise im Jahr 2000 und danach.[113] Damals ging jener lange und kraftvolle Boom zu Ende, der vom Durchbruch der modernen Informationstechnologie getrieben war. Vor allem in den Vereinigten Staaten durchlief eine hochmoderne Branche ein tiefes Tal der Tränen: Viele junge Firmen scheiterten, und auch jene, die überlebten, mussten an den Börsen kräftige Korrekturen ihrer Kapitalwerte hinnehmen. Also: eine typische Anpassungskrise, durchaus schwer, aber keineswegs außerhalb der normalen Dimensionen, die es in der Geschichte immer wieder gibt. Ungewöhnlich daran war nur, dass während der Krise ein überaus dramatisches Einzelereignis stattfand: der symbolträchtige Terrorangriff am 11. September 2001 auf die Vereinigten Staaten mit der Zerstörung des World Trade Center in Manhattan, einem Symbol des Finanzkapitalismus. Viele Beobachter fürchteten damals, dass dies eine zusätzliche massive Belastung für die Börsen auslösen könnte.

Jedenfalls griff die amerikanische Zentralbank zu Gegenmaßnahmen. Es begann eine Zeit des billigen Geldes. So erreichten von 2002 bis 2004 die Zinssätze an den Märkten für kurzfristige Kredite langjährige Tiefstände, im Jahresdurchschnitt bei 1,67 Prozent (2002), 1,13 Prozent (2003) und 1,35 Prozent (2004). Dies geschah nach einer langen Phase recht stabiler Preise: Seit Mitte der 1980er-Jahre war selbst in Boomphasen die Inflation moderat geblieben, nachdem zuvor eine überaus kompromisslose Geldpolitik unter dem damaligen Präsidenten der amerikanischen Zentralbank Paul Volcker mit sehr hohen Zinsen die inflationären Erwartungen der Märkte gebrochen hatte. Gerade deswegen schien die expansive Politik, die zu Beginn der neuen Dekade einsetzte, keineswegs besonders riskant zu sein. Dies galt umso mehr, als der Präsident des Federal Reserve System Alan Greenspan einen untadeligen Ruf als langjähriger und erfahrener Zentralbankchef genoss.

Etwa zur gleichen Zeit startete die amerikanische Regierung eine gezielte Politik der Förderung des Hauseigentums. Gemessen an internationalen Standards war zwar der Anteil der Haushalte, der über Wohneigentum verfügte, mit etwa 65 Prozent bereits ungewöhnlich hoch. Gleichwohl wurde das politische Ziel ausgegeben, den Anteil längerfristig auf 70 Prozent zu steigern. Tatsächlich hat die Wohnungsbaupolitik in den Vereinigten Staaten eine lange Tradition als eine Art amerikanische Variante der Sozialpolitik: Während in Europa der Wohlfahrtsstaat das wichtigste Instrument des sozialen Ausgleichs darstellt, ist es in den Vereinigten Staaten die breite (und recht preiswerte) Verfügbarkeit von Häusern in privater Hand. Der herkömmliche

Weg führte dabei über die staatlich unterstützten Förderbanken Freddie Mac and Fannie Mae, die gewisse Standards der Hypothekenkredite durch eine vergleichsweise konservative Geschäftspolitik aufrechterhielten. Dies begann sich nun zu ändern: Gezielter politischer Druck und neue Geschäftsmodelle sorgten dafür, dass die großen Investmentbanken sich verstärkt im Hypothekengeschäft engagierten. Gerade wegen der außerordentlich niedrigen kurzfristigen Zinsen konnten sie dies zu sehr aggressiven Bedingungen tun.

Die neue Politik wirkte: Die Hypothekenzinsen folgten den kurzfristigen Kapitalmarktzinsen nach unten, und der Immobilienmarkt erlebte in der Folgezeit einen Boom, wie es ihn seit Jahrzehnten nicht gegeben hatte. Zwischen 2000 und 2003 stieg der amerikanische Immobilienpreisindex jährlich um acht bis zehn Prozent, 2004 um fast 13,9 Prozent, 2005 sogar um 15,6 Prozent und 2006 um 7,5 Prozent. Innerhalb von nur sechs Jahren ergab dies fast eine Verdoppelung des Index. Dies bedeutete eine enorme Zunahme des gesamtwirtschaftlichen Buchwertes des Vermögens in den Vereinigten Staaten, denn etwa zwei von drei amerikanischen Privathaushalten verfügten über Wohneigentum. Der Wohlstand – zumindest der „gefühlte" – nahm also deutlich zu; und damit auch die Neigung, auf der Grundlage dieser Vermögenswerte als Sicherheit sich weiter zu verschulden und den privaten Verbrauch zu steigern. Zur gleichen Zeit verschlechterte sich die Qualität der Hypothekarkredite deutlich, Schritt für Schritt. Der Anteil von Darlehen an Schuldner mit minderer Bonität (die sogenannten Subprime-Kredite) nahm drastisch zu, von unter zehn Prozent zu Beginn des Jahrzehnts bis auf 40 Prozent im Jahr 2006; und der Anteil von Kreditbetrugsfällen stieg von 1996 bis 2005 um den Faktor 20. Zyniker erfanden für die Kredite den Namen NINJA („No Income, No Job, No Assets").

International wurde die amerikanische Expansion flankiert durch ein Überangebot an Ersparnissen, das auf den Weltmärkten bei niedrigen Zinsen nach Möglichkeiten der Anlage suchte. Diese „Schwemme" der Liquidität kam vor allem aus jenen Ländern, die sehr hohe Überschüsse in ihren Leistungsbilanzen auf-

Spielwiesen des Finanzkapitals:

Wer schnell wächst, muss sich hüten.

„Contagion“ – zu Deutsch: Ansteckung. Der Begriff stammt aus der Medizin. Aber er machte 1997 in den internationalen Kapitalmärkten die Runde. Was war passiert?

Am 2. Juli 1997 musste Thailand seine Währung, den Baht, drastisch abwerten. Der Grund: Seit Monaten gab es Anzeichen, dass sich ein überhitzter Boom dem Ende näherte: Immobilienpreise und Börsenkurse brachen ein, und es kam zu spekulativen Wellen der Kapitalflucht. Die Währungsreserven schmolzen dahin. Die Welle der Spekulation zwang schließlich die Regierung, die Bindung an den US-Dollar aufzugeben. Die Folge war ein Flächenbrand – eben die Ansteckung. Plötzlich kam es überall in Südostasien zur Kapitalflucht: In kürzester Zeit standen die Nachbarn Malaysia, Indonesien und Südkorea vor den gleichen Problemen. Überall schwindende Währungsreserven, Zwang zur Abwertung und Anstieg der Zinssätze, um der Kapitalflucht Herr zu werden, zum Teil mit Unterstützung durch konditionierte Kredite vom Internationalen Währungsfonds.

Wie war das möglich? Gerade die Nationen Südostasiens schienen lange Jahre die wirtschaftlichen Musterknaben der Welt zu sein. Ihr Ruf war weit besser als der Lateinamerikas. Sie hatten nicht über Jahre mit hohen Staatsdefiziten, hoher Inflation und endemischer Auslandsverschuldung zu kämpfen. Von Argentinien, Brasilien und Mexiko war man nichts anderes gewöhnt: In den 1970er-Jahren nahmen sie bei westlichen Banken riesige Auslandskredite auf, die einige Jahre später nach einer drastischen Aufwertung des US-Dollars in die Überschuldung und Zahlungsunfähigkeit führten. Nach Umschuldung und vorübergehender Stabilisierung gab es in den 1990er-Jahren die nächste Krisenwelle, und auch sie endete in einem erneuten Versuch der Stabilisierung, der zumindest in Argentinien spektakulär scheiterte. Inzwischen hat sich die Lage beruhigt und das Wachstum beschleunigt, aber bis heute werden in Lateinamerika weit höhere Zinsen gezahlt als anderswo. Das Misstrauen bleibt.

Ganz anders die Wirtschaftsgeschichte der meisten Länder Südostasiens. Über Jahrzehnte gab es dort ein kräftiges Wirtschaftswachstum, eine rasche Integration in die Weltwirtschaft mit steigenden Exporten, eine niedrige Inflation, stabile Währungen und solide Staatsfinanzen. Aber gerade die gute Bilanz machte die Region für spekulatives Auslandskapital überaus attraktiv: In der ersten Hälfte der 1990er-Jahre strömte kurzfristiges Geld in Immobilien und Wertpapiere der Region – in der Erwartung hoher Renditen bei steigenden Vermögenswerten und festem Kurs der Währungen. Die Folge: Ein überhitzter Boom, und zwar nicht hausgemacht, sondern vor allem durch Auslandskapital, das die Zinsen drückt und bei festem Wechselkurs die Geldmenge aufbläht.

Und dann der Wendepunkt. In Thailand platzt die Blase zuerst. Sofort orientieren sich die Finanzinvestoren neu: wenn Thailand, dann sicherlich auch die anderen Länder, denn es gibt viele strukturelle Ähnlichkeiten. Der Krach steckt an, die Märkte vermuten überall die Überhitzung – selbst ohne sorgfältige Prüfung der nationalen Konstellationen. Die Ratingagenturen stufen zurück. Und plötzlich berichtet die Weltpresse über strukturelle Schwächen, die vorher durch den Boom verdeckt waren. So stellt sich zum Beispiel heraus, dass die Länder über keine geordneten Konkursverfahren verfügen, die ein Durchschlagen der Finanzkrisen auf die wirtschaftliche Aktivität abfedern könnten. Es kommt deshalb zu scharfen Einbrüchen der Produktion. Ein Grund mehr zur Kapitalflucht.

Südostasien hat aus der Erfahrung gelernt. Reformen wurden angepackt, die Staatsfinanzen dem schmerzlichen Einbruch der Steuereinnahmen angepasst. Seit Ende der Krise 1998 haben die Länder durchweg hohe Überschüsse in ihren Leistungsbilanzen aufgebaut. Liquidität und Solvenz sind längst wiederhergestellt. Allerdings hat dieser Weg seine problematische Kehrseite: Südostasien ist eine jener Regionen der Welt, die es in den Jahren vor der globalen Finanzkrise den Vereinigten Staaten sehr leicht machte, ihren Boom des Konsums bei niedrigen Zinsen auszuleben. Die lange trügerische Ruhe der „Great Moderation", das war auch die Folge der Lehren, die Südostasien aus der Krise zog.

wiesen, allen voran China und einige südostasiatische Nationen sowie Deutschland. Die Überschüsse lieferten das Gegenstück zum anschwellenden Defizit in der amerikanischen Leistungsbilanz, das durch ein hohes Defizit im Staatshaushalt, aber vor allem auch durch die hohe Verschuldung der privaten Haushalte zustande kam. Insbesondere China trug zur Finanzierung der amerikanischen Defizite bei – durch seinen riesigen Exportüberschuss und die sehr hohe Sparbereitschaft der Bevölkerung.

All dies erlaubte jene Konstellation, die den Namen „Great Moderation" erhielt: Es gab zwar große gesamtwirtschaftliche Ungleichgewichte in der Weltwirtschaft, aber die schienen überaus leicht und friktionslos zu bewältigen. Eine Art Paradies der Globalisierung mit boomartiger Expansion, aber ohne Engpässe bei der Finanzierung. Nicht nur die Vereinigten Staaten profitierten davon. Auch in einer Reihe von anderen Industrieländern kam es zu kräftigen Aufwertungen der Vermögensbestände. Im Nordwesten Europas waren es Island, Irland und Großbritannien, im Süden Spanien, Portugal und Griechenland, im Osten Estland, Lettland, Ungarn und die Ukraine, die alle einen Immobilienboom erlebten, teils verbunden mit einer starken Zunahme des privaten Verbrauchs, teils mit hohen Staatsdefiziten. In einigen Ländern Mittel- und Osteuropas wie Ungarn und der Ukraine begannen private Haushalte, ihre Ausgaben über Auslandsbanken verstärkt mit Krediten zu niedrigen Zinsen in ausländischer Währung zu finanzieren, von US-Dollars über Euros bis hin zu Schweizer Franken. Sie vertrauten damit auf die fortgesetzte Stabilität ihrer eigenen Währung.

Kurzum: eine scheinbar heile Finanzwelt, die vor Liquidität überquoll. Der paradiesische Zustand erwies sich als unhaltbar. Die Ursache lag, wie schon beim Boom, im amerikanischen Hypothekenmarkt. Insbesondere die Verbriefung von Forderungen erwies sich als Ausgangspunkt der Krise. Dabei ist die Verbriefung selbst ein übliches und wirtschaftlich sinnvolles Verfahren, um Kreditrisiken in eine Form umzuwandeln, die sich in Finanzmärkten handeln lässt. Seit der Liberalisierung der Finanzmärkte in den 1980er-Jahren war sie zu einem gängigen Instrument geworden. Sie funktioniert im Grundsatz sehr einfach: Darlehen werden gebündelt („strukturiert"), sodass sie als neue Produkte mit spezifischen, wohldefinierten Risiken am Markt angeboten werden können. Es entstehen dann sogenannte „Mortgage-Backed Securities" (im Folgenden kurz: MBS) und durch weitere Schritte der Risikobündelung noch weitere komplexe Finanzprodukte, allen voran die sogenannten „Collateralized Debt Obligations" (CDO).[114] In Finanzmärkten, die gut funktionieren, ist zu erwarten, dass diese Produkte, soweit sie mit hohen Risiken behaftet sind, schließlich von Käufern erworben werden, die einen besonderen Vorteil im Umgang mit diesen Risiken aufweisen. Ideale Kandidaten dafür sind zum Beispiel Lebensversicherungen: Sie verfügen über sehr langfristig gebundene Einlagen, und sie können deshalb auch Phasen der Abwertung ihrer Aktiva am Markt ohne größere Probleme durchstehen. Genau dies ist der gesamtwirtschaftliche Sinn der Verbriefung: Das Risiko landet dort, wo es am wenigsten Unheil anrichtet.

So zumindest beschrieb es die Theorie. Leider sah die Praxis ganz anders aus. Die MBS landeten unter anderem bei amerikanischen Investmentbanken, die diese am Kapitalmarkt mit kurzfristigen Papieren refinanzierten. Sie verlängerten ihre Bilanzen durch das, was im Finanzmarktjargon als „leveraging" bezeichnet wird. Dies war wirtschaftlich lange Zeit leicht möglich, gerade weil die Zinsen an den Geldmärkten so niedrig lagen und mit weiter steigenden Immobilienpreisen gerechnet wurde; und es war in den Vereinigten Staaten auch politisch erwünscht, weil es erlaubte, den wohnungspolitischen Zielen der Regierung näher zu kommen. Zumindest im Nachhinein erscheint es allerdings ziemlich offensichtlich, wo die Risiken lagen: Sobald die kurzfristige Refinanzierung schwieriger würde – zum Beispiel durch einen Anstieg der Zinsen, einen Stopp des Preisanstiegs der Immobilien oder eine Rückstufung der Schuldnerbonitäten –, drohte eine Bilanzverkürzung, also ein „de-leveraging"; und damit auch ein Zurückfahren der Kredite auf breiter Front.

Dieses Geschäftsmodell wandten nicht nur amerikanische Investmentbanken an, sondern auch ausländische Kreditinstitute, so unter anderem deutsche Landesbanken. In einer Phase der niedrigen Zinsen versprachen andere Geschäftsfelder nur relativ niedrige Renditen, sodass der Kauf von MBS hoch attraktiv erschien. Dafür wurden eigene Gesellschaften gegründet, sogenannte „special investment vehicles", die außerhalb der normalen (und strikten) Bankregulierung in den Finanzmärkten relativ frei operieren konnten. Für diese übernahm dann die Muttergesellschaft die Liquiditätsgarantie. Die damit verbundenen Risiken wurden nicht in der Bankbilanz abgebildet – eine geradezu groteske Lücke im Kreditwirtschaftsgesetz. Sie führte im Fall der sächsischen Landesbank zu einer unerwartet dramatischen Situation, als auf dem Höhepunkt der Krise die Garantie für deren irische Tochtergesellschaft fällig wurde und die Schließung der Bank durch die Aufsichtsbehörde drohte.

Im Nachhinein ist klar: Die Wende am amerikanischen Immobilienmarkt begann 2006, als die Preise stagnierten. Im Jahr 2007 fielen sie dann scharf. Zu diesem Zeitpunkt wurde deutlich, dass wohl doch eine Blase dabei war, zu platzen. Bemerkenswert ist allerdings, dass selbst fachkompetente Beobachter die wahren Ausmaße der Risiken immer noch nicht annähernd erkannten. So veröffentlichte der Internationale Währungsfonds (IWF) noch im ersten Halbjahr 2007 sogenannte Stresstests. Deren Ergebnis lautete: Selbst unter relativ pessimistischen Annahmen über die Entwicklung am US-Immobilienmarkt sind die Gefahren für die Weltwirtschaft begrenzt. Auch die Risikomodelle der Banken zeigten keine schwerwiegenden Gefahren an. Und die Ratingagenturen vergaben weiterhin beruhigend gute Bewertungen für MBS.

Erst im August 2007 änderte sich dies radikal. Eine Welle von Fällen der Zahlungsunfähigkeit veranlasste die Ratingagenturen dazu, die MBS auf breiter Front deutlich herabzustufen. Die fatale Folge: ein fast komplettes Austrocknen des Marktes zur Refinanzierung der Geschäfte. Vor allem brach der Interbankenmarkt für kurzfristiges Geld zusammen. Praktisch alle Banken begannen zu unterstellen, dass der Grund für den Finanzierungsbedarf anderer Banken vor allem mit den Risiken zu tun hatte, die sich im Immobiliengeschäft auftaten. Viele schlossen dabei von den eigenen Problemen auf die Probleme anderer, sodass selbst zu sehr hohen kurzfristigen Zinsen kaum noch Geld im Markt verfügbar war. Also: eine totale Stockung des Kreditkreislaufs durch gegenseitiges Misstrauen, ein Kleben an Liquidität innerhalb des Bankensystems, das im Ergebnis Ähnlichkeit hat mit der Panik eines „bank run". Denn jeder will Geld halten, keiner dagegen Forderungen aufbauen, und seien sie auch noch so kurzfristig und hoch verzinst.

Damit drohte eine Finanzkrise mit unabsehbaren Konsequenzen für die reale Wirtschaft. Denn es stand zu erwarten, dass die Stockung im Geldfluss sich rasant auf die Finanzierung der normalen Geschäfte in allen anderen Gewerben auswirken würde, und zwar weltweit, wie zuletzt in der Großen Depression 1930 bis 1932. Anders als damals reagierten die Zentralbanken überaus schnell, massiv und konsequent. Das Federal Reserve System, die Europäische Zentralbank und andere Notenbanken sicherten dem Markt eine praktisch unbegrenzte Refinanzierung zu, um die Panik einzudämmen. Die Bank of England begegnete dem Ansturm auf die Northern Rock Bank mit einer umfassenden Rettungsaktion – ein historischer Vorgang, denn es handelte sich um den ersten „bank run" in Großbritannien seit 1866. Um die Öffentlichkeit zu beruhigen, sprachen die britische, die deutsche und andere Regierungen unbegrenzte Garantien für Bankeinlagen aus. Tatsächlich gelang es mit diesen Maßnahmen, eine Implosion des Kreditsystems zu verhindern. Ein hohes Misstrauen blieb aber in den darauffolgenden Monaten an den Märkten bestehen.

Einen neuen Höhepunkt erreichte die Krise dann im September 2008 mit der Insolvenz der traditionsreichen amerikanischen Investmentbank Lehman Brothers. Die US-Regierung verzichtete auf eine Rettungsaktion; und sie tat es offenbar, um den Märkten deutlich zu machen, dass der Staat doch nicht bereitstand, die selbst verschuldeten Schieflagen von Investmentbanken infolge massiver Geschäfte mit MBS durch Eingriffe zulasten des Steuerzahlers zu korrigieren. Die Insolvenz hatte Folgen: Sofort schossen die Zinssätze im kurzfristigen Interbankengeschäft wieder in die Höhe, und plötzlich war die American International Group (AIG) bedroht – und damit der weltweit größte Anbieter von sogenannten „Credit Default Swaps" (CDS), einer überaus weitverbreiteten Form der Kreditabsicherung bei Verlusten auf CDO. Eine Insolvenz von AIG wurde weithin als drohender Super-GAU angesehen, denn sie hätte bedeutet, dass auf die Finanzwelt ein ungeheurer Abschreibungsbedarf zugekommen wäre. Es kam deshalb vielleicht zu der spektakulärsten Rettungsaktion der bisherigen Wirtschaftsgeschichte: AIG erhielt von der amerikanischen Zentralbank einen Kredit von 85 Milliarden US-Dollar und der Staat übernahm fast 80 Prozent der Anteile des Unternehmens. Dies lief praktisch auf eine Verstaatlichung hinaus. Zwei Monate später stellte die amerikanische Regierung dem Unternehmen weitere 150 Milliarden US-Dollar zur Verfügung; weitere Kredite folgten. Der Verlust von AIG betrug im letzten Quartal 2008 unfassbare 61,7 Milliarden US-Dollar, der höchste je gemeldete Quartalsverlust der Wirtschaftsgeschichte.

Tatsächlich bedeutete die AIG-Rettungsaktion eine Art Höhe- und Wendepunkt in der Finanzkrise. Allein schon wegen ihres gigantischen Ausmaßes lieferte sie ein glaubwürdiges Signal, dass Regierung und Zentralbank in den Vereinigten Staaten (und wohl auch anderswo) bereitstanden, die Märkte massiv zu stützen, und zwar mit allen nur erdenklichen Notmaßnahmen: von extrem niedrigen Zinssätzen über praktisch endlose Bereitschaft zur Refinanzierung bis hin zur Verlustübernahme und Verstaatlichung von Finanzinstituten, deren Bedeutung für die weltweite Stabilität des Finanzsystems als hoch veranschlagt wurde. Der Kontrast zur Großen Depression hätte nicht größer ausfallen können: Damals, 1930/32, eine Implosion des Finanzsystems und unkoordinierte restriktive Maßnahmen der Regierungen und Notenbanken; heute, 2007/08 eine beispiellose Großaktion der liquiditätspolitischen Feuerwehr.

Zweifellos wirkten die Maßnahmen. Es kam zwar gleichwohl zu einem Einbruch an den Börsen und einer weltweiten Rezession mit überaus scharfen Abnahmen von Industrieproduktion und internationalem Handel. Aber es sieht bis heute so aus, als würden – was Länge und Tiefe der Rezession betrifft – die Dimensionen der Weltwirtschaftskrise nicht annähernd erreicht. Eine „Große Depression" wie in den 1930er-Jahren konnte also vermieden werden. Dazu trugen nicht nur die Rettungsaktionen in den Finanzmärkten selbst bei, sondern auch die daran anschließenden konjunkturellen Stabilisierungsprogramme praktisch aller Industrienationen und auch einiger Entwicklungs- und Schwellenländer.

Besonders dramatische Zuspitzungen gab es allerdings in einigen kleineren Nationen Europas. Es sind dies vor allem jene Länder, die im vorausgegangenen Boom einen Bankensektor aufbauten, der in Relation zur Wirtschaft des Landes eine Übergröße entwickelte, so in Island, Irland, Estland und Lettland. Und daneben sind es Länder wie Griechenland, Ungarn und die Ukraine, die stark im Ausland verschuldet sind. Jedenfalls entwickelte sich im Laufe des Jahres 2008 eine zunehmende Differenzierung der Kapitalmarktzinsen in der Eurozone, und zwar zwischen dem traditionell stabilitätsorientierten Zentrum und der Peripherie. In Ländern wie Ungarn und der Ukraine kam es zu einer massiven Überschuldung von Verbrauchern, da aufgrund der Abwertung der nationalen Währungen die Schuldenlast der Hypothekarkredite in Euro und Dollar drastisch zunahm.

In Griechenland kam es schließlich zu einer Überschuldungskrise des Staates, die im Frühjahr 2010 eskalierte. Innerhalb weniger Wochen schnellte die Rendite griechischer Schuldverschreibungen auf ein zweistelliges Niveau und signalisierte die Zahlungsunfähigkeit des Landes. Darüber hinaus stieg die Gefahr der Ansteckung anderer Länder der Eurozone, allen voran von Portugal und Spanien, die gleichfalls einen hohen Stand der Auslandsverschuldung aufweisen, wenn auch nicht ganz auf griechischem Niveau. Damit drohte im schlimmsten Fall ein drastischer Wertverfall des Euro. Es kam deshalb nach wochenlangem Zögern zu einer spektakulären Rettungsaktion, die vom Ausmaß her nur mit dem zu vergleichen ist, was nach dem Zusammenbruch von Lehman Brothers im Herbst 2008 geschah.

Die Aktion lässt sich gedanklich in zwei Teile zerlegen, einen „griechischen" und einen „europäischen". Im „griechischen" Teil

Weltwirtschaftskrise 1930 bis 1932:

Der Super-GAU der Politik.

Am Donnerstag, dem 24. Oktober 1929, kommt es an der New Yorker Wall Street zu einem dramatischen Sturz der Börsenkurse. Dabei bleibt es nicht: In rascher Folge gibt es weitere Kurseinbrüche. Mitte November erreicht der Dow-Jones-Index ein erstes Tief, fast 50 Prozent unter dem Jahreshöchststand vom September. Vorausgegangen war ein Boom an den Immobilien- und Aktienmärkten, zuletzt begleitet von einer zunehmend restriktiven Geldpolitik der amerikanischen Notenbank mit sehr hohen kurzfristigen Zinssätzen, um der Spekulation entgegenzuwirken. Ergebnis: Die Blase platzt. Und im Laufe der nächsten drei Jahre sinken die Kurse bis auf ein Siebtel des Gipfels von 1929.

Der Börsenkrach ist Vorbote der Weltwirtschaftskrise. Er ist nicht deren Ursache. Es folgt ihm nämlich in den Vereinigten Staaten zunächst nicht mehr als ein normaler, wenn auch kräftiger Abschwung der Konjunktur. Dann allerdings kommt es zu einer dramatischen Zuspitzung: eine Welle von Bankzusammenbrüchen, die im Herbst 1930 einen ersten Höhepunkt erreicht. Zunächst trifft sie wegen der sinkenden Agrarpreise und der Überschuldung von Farmern vor allem die Banken im Weizen- und Maisgürtel Amerikas. Alsbald greift sie aber auf das gesamte Bankensystem über.

Wie reagiert die Politik? Die Antwort lautet: völlig passiv, wie gelähmt. Die amerikanische Zentralbank senkt zwar schon gleich nach dem Börsenkrach die Leitzinsen deutlich, aber die drastische Schrumpfung von Geldmenge und Kreditvolumen infolge der Bankenkrise lässt sie geschehen. Und die amerikanische Regierung unter Präsident Herbert Hoover verzichtet auf jede Form der expansiven Fiskalpolitik. Im Gegenteil, oberstes Ziel ist der krampfhafte Versuch, den Haushalt durch weitere Kürzungen auszugleichen, trotz Einbruch der Steuereinnahmen. Ergebnis: Die Arbeitslosigkeit schnellt nach oben, das Preisniveau sackt nach unten. Die Deflation breitet sich aus. Trotz niedriger Zinsen kommen deshalb die privaten Investitionen praktisch zum Stillstand. Ein Desaster.

Entstanden ist die Große Depression in den Vereinigten Staaten. Zur Weltwirtschaftskrise wird sie erst über die Kanäle der internationalen Kapital- und Gütermärkte. Insbesondere Deutschland ist massiv betroffen, da es in den späten 1920er-Jahren stark von den Zuflüssen amerikanischen Kapitals profitiert. Die Hochzinspolitik und dann der New Yorker Börsenkrach beenden die Goldenen Jahre der Weimarer Republik, und zwar abrupt. Das Finanzkapital fließt ab, und Deutschland reagiert nach schweren Bankenkrisen mit Kapitalverkehrskontrollen sowie einer rigiden Sparpolitik unter der Regierung Brüning (dem „Hungerkanzler“). Die Folgen sind katastrophal: 1932 ist fast jeder Dritte arbeitslos, und 1933 kommt Adolf Hitler an die Macht.

Die Weltwirtschaftskrise zerstört auch die alte liberale Wirtschaftsordnung: Der Goldstandard der Vorkriegszeit – in den 1920er-Jahren mit Mühe wieder eingerichtet – zerfällt spätestens mit dem Ausscheiden Großbritanniens im September 1931. Es kommt zu einem Abwertungswettlauf, der wenigstens einigen Ländern den Weg in die wirtschaftliche Erholung ebnet. Für eine koordinierte Aufwertung der Goldreserven und Expansion der Geldmengen fehlt die politische Kraft, vor allem aber der nötige Geist der konstruktiven Zusammenarbeit. Noch schlimmer ist die Lage in der Handelspolitik: Mit dem Smoot-Hawley-Gesetz von 1930 errichten die Vereinigten Staaten hohe Zollmauern für Agrar- und Industrieprodukte. Es folgen viele andere Länder mit Vergeltungszöllen. Das Volumen des Welthandels beträgt Ende 1932 noch ein Drittel des Niveaus von 1929 – als Folge der Depression, aber auch des um sich greifenden Protektionismus. Die Weltwirtschaft zerfällt. Wenige Jahre später herrscht Krieg.

Kurzum: ein Horrorszenario. Es hatte nur ein Gutes: Die Menschheit hat daraus gelernt. Die Wirtschaftsordnung nach dem Kriegsende 1945 setzte auf Wachstum in einer offenen Weltwirtschaft. Und als es 2007/08 tatsächlich zur schwersten Finanzkrise seit 1931 kam, da folgten jene koordinierten Notmaßnahmen, die damals so bitter nötig gewesen wären. Die zweite Weltwirtschaftskrise fand nicht statt.

stellten die Regierungen der Eurozone – zusammen mit dem Internationalen Währungsfonds – für Griechenland Garantien in Höhe von etwa 140 Milliarden Euro in Aussicht, im Gegenzug zu einem überaus harten Sparprogramm der griechischen Regierung. Im „europäischen“ Teil erklärte sich die Europäische Zentralbank grundsätzlich bereit, auch durch Kauf (drastisch entwerteter) Staatsanleihen die Märkte zu stabilisieren. Genau dies geschah auch sofort auf dem Höhepunkt der Krise Anfang Mai 2010 mit griechischen Anleihen. Parallel dazu erklärten die Regierungen der Eurozone, dass sie notfalls Garantien in der Größenordnung von 720 Milliarden Euro aussprechen würden, um einen „Schutzschirm“ über den von Spekulationen bedrohten Euro aufzuspannen. Die Ankündigung wirkte: Ähnlich wie nach dem Zusammenbruch von Lehman Brothers 2008 sorgte der massive politische Eingriff für eine Beruhigung der Märkte.

Offen sind die langfristigen Folgen der Rettungsaktionen für Zentralbanken und Staat. Bei den Zentralbanken hat die Krise überdeutlich gemacht, dass im Notfall die politische Unabhängigkeit nicht wirklich besteht. Dies gilt nicht nur (und nicht überraschend) für das amerikanische Federal Reserve System, sondern spätestens nach der Griechenland-Krise auch für die Europäische Zentralbank. Was die öffentliche Verschuldung betrifft, ist gleichfalls eine neue Dimension erreicht worden. Zum Teil wird diese sich von selbst zurückbilden, wenn es zu einer dauerhaften Stabilisierung der Märkte kommt, da sich dann die finanzpolitische Vorsorge für Großrisiken erübrigt. Zum Teil wird dies allerdings auch nicht geschehen, soweit Programme und Ausgaben über die einmalige Zahlung oder Garantie hinausgehen. Mit Blick auf den deutschen Fall werden uns diese Fragen im vierten Kapitel beschäftigen.

3.3 Was ist zu tun?

Eine erfolgreiche Feuerwehr, das waren Zentralbanken und Regierungen in der globalen Finanzkrise. Es gelang ihnen, einen verheerenden Flächenbrand unter Kontrolle zu bringen. Eine Leistung, die allerdings ganz zentrale Fragen offenlässt: Wie kann ein solcher Flächenbrand in der Zukunft von vornherein vermieden werden? Welche Maßnahmen der Prävention sind dazu geeignet? Und vor allem: Ist dies möglich, ohne das Wirtschaftswachstum massiv zu dämpfen? Stoßen wir hier nicht an weitere harte Grenzen des Wachstums?

Die Geschichte der Krise 2007/08 gibt selbst den wichtigsten Hinweis, wo der erste Ansatzpunkt für eine präventive Stabilisierung liegen könnte: in der Geldpolitik der Zentralbanken. Es besteht kaum Zweifel, dass der US-Immobilienboom niemals in einer riesigen Blase geendet wäre, wenn nicht die amerikanische Zentralbank in den frühen Jahren der Dekade eine gezielte Politik der niedrigen Zinsen und des billigen Geldes betrieben hätte. Dies war eine bewusste Weichenstellung einer formal unabhängigen Institution in Richtung Expansion; und sie ergänzte in auffallender Weise die Politik der amerikanischen Regierung, die – gezielt und aggressiv – auf günstige Marktbedingungen für Wohneigentum setzte. Frühzeitig höhere Refinanzierungssätze und höhere Mindestreserven hätten den US-Immobilienboom in den Jahren 2001 bis 2005 gebremst. Und sie hätten anderen Ländern erlaubt, ebenfalls einen restriktiveren Kurs zu fahren, ohne eine übermäßige Aufwertung ihrer Währungen hinnehmen zu müssen, mit dämpfenden (und unpopulären) Wirkungen auf die Exportindustrien. Dies gilt insbesondere für die Europäische Zentralbank. Wahrscheinlich wäre dann der Weltwirtschaft die anschließende dramatische Finanzkrise erspart geblieben.

Die Schlussfolgerung ist naheliegend: Wer große Finanzkrisen vermeiden will, muss dem übermäßigen Boom der Vermögenswerte entgegentreten – durch Einschränkung der Refinanzierungsmöglichkeiten für spekulative Engagements. Dazu sind die klassischen Instrumente der geldpolitischen Steuerung geeignet, auch in Zeiten der Globalisierung. Es ist eine politische Frage, ob und wann man sie nutzen will. Sie ist vor allem dann nicht leicht zu beantworten, wenn der Boom sich ausschließlich in den Preisen der Vermögenswerte und nicht (oder noch nicht) in den laufenden Preisen der Güterproduktion niederschlägt. Genau dies war die Konstellation auf dem Weg zur globalen Finanzkrise. Es geht also um eine Politik des „leaning against the wind", die nicht nur auf die Preisinflation schaut, sondern ein breiteres Spektrum von Indikatoren als Orientierungsgrößen für die Geldpolitik in den Blick nimmt.

Eine solche Politik ist schwierig und wird es immer bleiben. Der Grund ist einfach und fundamental. Es geht darum, dass die Zentralbank den beobachtbaren Boom gedanklich zerlegt in einen „normalen" und einen „übersteigerten" Teil. Dies ist im Nachhinein natürlich viel einfacher als im Vorhinein, zumal dann, wenn sich noch keine starke Preisinflation zeigt. Hinzu kommt der immer präsente politische Druck: Fast alle Akteure in einer Wirtschaft leben gut im Boom und haben ein Interesse daran, dass er weitergeht. Frühzeitig mit restriktiven Maßnahmen einzuschreiten, ist deshalb immer höchst unpopulär, zumindest kurzfristig. Dies gilt umso mehr, als verhinderte Übersteigerungen niemals in ihren fatalen Wirkungen sichtbar werden: Der Boom wird gedämpft, und der große Krach bleibt aus – und damit die böse Erfahrung schwerer Verluste.

Allerdings: Die globale Finanzkrise 2007/08 hat tatsächlich stattgefunden. Insofern gibt es zumindest für die nähere Zukunft allen Grund für die Öffentlichkeit, sich ihrer verheerenden Wirkungen zu entsinnen. Der erste große Test wird bald bevorstehen, nämlich dann, wenn es gilt, die in das System injizierte Liquidität wieder abzuschöpfen, um bei einer konjunkturellen Erholung nicht gleich wieder in einer Blase zu landen. Dies wird nicht einfach sein. Denn wenn nach der Krise erstmalig ein kräftigerer Aufschwung in Sicht kommen wird, dann werden gerade in den Vereinigten Staaten alle politischen Kräfte wieder darauf drängen, den Aufschwung nicht gleich abzuwürgen – genau so wie nach dem Jahr 2000 im Gefolge der Dotcom-Krise. Auch

Alan Greenspans damalige Politik war seinerzeit alles andere als unpopulär.

Tatsächlich lässt sich in den Vereinigten Staaten eigentlich schon seit Jahrzehnten eine konstante politische Neigung beobachten, im Zweifelsfalle die expansivere Variante der Geldpolitik zu wählen. Episoden wie die überaus harte und konsequente Bekämpfung der Inflation durch die amerikanische Zentralbank unter Paul Volcker in den frühen 1980er-Jahren sind eindeutig die Ausnahme und nicht die Regel. Darin mag sich noch immer eine Art kollektives Gedächtnis widerspiegeln, das die Weltwirtschaftskrise 1930/32 – im Amerikanischen „The Great Depression" genannt – als die nationale Katastrophe schlechthin bewahrt. Damals rutschte eine gesunde, moderne, hochproduktive Wirtschaft in drei Jahren in den Ruin. Eine ganze Generation von Menschen wurde als Unternehmer in die Pleite oder als Arbeitnehmer in die Arbeitslosigkeit geschickt; Staat und Zentralbank schauten tatenlos zu, wie die Wirtschaft in der Krise versackte. Eine traumatische Erinnerung in einem sonst so erfolgreichen Land. Ganz anders das kollektive Gedächtnis in Deutschland, das noch immer von der Hyperinflation 1922/23 und der damit verbundenen Vernichtung von Geldvermögen sowie den Härten der Währungsreformen 1923 und 1948 (plus innerdeutsche Währungsunion 1990!) geprägt ist. Bis heute kommt deshalb der Stabilität des Geldes hierzulande ein so überragender Stellenwert zu. Die Geldpolitik der Bundesbank war deshalb über Jahrzehnte im Zweifelsfalle restriktiv, und damit letztlich sogar populär.

Kurzum: Es bleiben große politische Risiken, und es ist kein einfacher Weg erkennbar, wie diese Risiken zu vermeiden wären. Jedenfalls bestätigt die Erfahrung der jüngsten Krise, dass ein Abweichen von der Philosophie einer konsequenten Stabilitätspolitik schwere Auswüchse in den Kapitalmärkten begünstigt. Es ist deshalb merkwürdig, wenn im Nachgang zur globalen Finanzkrise der Chefökonom des Internationalen Währungsfonds dafür plädiert, sogar das mittelfristige Ziel der Preisstabilität aufzuweichen, um im Krisenfall für eine Politik der niedrigen Zinsen mehr Spiel nach unten zu haben.[115] Bisher galt ja eine Inflationsrate von zwei Prozent pro Jahr als Zielgröße, und selbst diese wurde in der kritischen Phase der amerikanischen Geldpolitik zwischen 2001 und 2005 nicht nachhaltig überschritten. Ein Plädoyer für eine höhere Zielgröße (sagen wir, vier Prozent) hätte seinerzeit eine noch viel aggressivere Politik gerechtfertigt. Dies ist mit Blick auf die unerfreuliche Realität – überhitzter Boom gefolgt von globaler Finanzkrise – nicht nachzuvollziehen.

Geldpolitische Lehren liefert die globale Finanzkrise nicht nur für die Vereinigten Staaten, sondern auch für kleinere Länder, die dabei sind, wirtschaftlich aufzuholen. Sie stehen nämlich in der Gefahr, in Boomphasen zum Gegenstand massiver Kapitalimporte zu werden – mit der Folge einer binnenwirtschaftlichen Überhitzung, die dann im Krisenfall sehr leicht durch Kapitalflucht zu einem überaus schmerzhaften Krach führen kann. Diese Erfahrung machten in der letzten Dekade die baltischen Länder, in den 1990er-Jahren aber eine ganze Reihe von Ländern in Lateinamerika und später Südostasien. Fast allen großen Finanzkrisen kleiner Länder gingen dabei hohe Leistungsbilanzdefizite voraus, die durch Kapitalimporte finanziert wurden. Eine konsequente Stabilitätspolitik ist deshalb eine notwendige Bedingung für erfolgreiche Krisenprävention. Es gilt auch hier, einen Boom der Vermögenswerte, der durch Kapitalimporte geschürt wird, möglichst frühzeitig monetär abzubremsen, um Überhitzungen und die damit verbundenen Risiken zu vermeiden.

Grundsätzlich bedarf die binnenwirtschaftliche Stabilitätspolitik bei starken Kapitalzuflüssen der währungspolitischen Flankierung durch eine Währungsaufwertung. Dies kann am besten geschehen, wenn die Währung des Landes am Devisenmarkt frei floatet, sodass die Kapitalzuflüsse eine Währungsaufwertung zur Folge haben, die frühzeitig zu einer Abkühlung der Konjunktur beiträgt. Viele kleine Länder entscheiden sich allerdings für einen „peg“, also die Bindung ihrer Währung an eine Leitwährung, sei es der Euro oder der Dollar. Dies ist auch nachvollziehbar: Zum einen erreichen sie dadurch in der Wirtschaftsregion, mit der sie im Außenhandel besonders verflochten sind, eine bessere unternehmerische Planbarkeit; zum anderen kann es gelingen, ein Stück weit den Ruf der Stabilität zu „importieren“ und dadurch in den Finanzmärkten Vertrauen zum geldpolitischen Kurs des Landes und damit zu seiner Währung zu gewinnen.

Die globale Finanzkrise hat allerdings einmal mehr gezeigt, wie hoch die Risiken solcher Währungsbindungen sind. Der Grund: Jeder Aufwertungsdruck durch Kapitalzufluss übersetzt sich in eine Geldmengenerhöhung, da die Zentralbank zugunsten der Leitwährung am Devisenmarkt intervenieren muss und dadurch die umlaufende Geldmenge der Inlandswährung erhöht. Eben dies schürt den inländischen Boom weiter. Der „peg“, der eingeführt wird, um Vertrauen in die Stabilität zu gewinnen, hat dann geradezu perverse Folgen. Tatsächlich liegt hier ein Dilemma: Sobald die Glaubwürdigkeit der Geldpolitik hergestellt ist und das Land realwirtschaftlich rasch wächst, gibt es Bedarf an einer realen Aufwertung gegenüber dem Rest der Welt. Eben dies kann nur geschehen über eine Aufwertung der Währung bei stabilen Preisen oder über eine Erhöhung des Preisniveaus bei stabilem (nominalem) Wechselkurs. Ersteres dämpft den Boom, Letzteres schürt ihn und bereitet den Boden für das Risiko von großen Finanzkrisen.[116]

Es kann in dieser Lage durchaus sinnvoll sein, aus Gründen der Stabilität kurzfristige Kapitalimporte („hot money“) zu beschränken. Dies ist in der Vergangenheit gelegentlich geschehen. Das prominenteste Beispiel ist Chile, wo bereits in den frühen 1990er-Jahren eine sogenannte Bardepotpflicht für Kapitalimporte eingeführt wurde: Wer außerhalb Chiles eine Schuldverschreibung mit kurzer Laufzeit platziert, muss bei der chilenischen Zentralbank für ein Jahr eine unverzinsliche Reserve deponieren, deren Höhe je nach Marktlage variabel ist, ähnlich dem üblichen Mindestreservesatz zur Steuerung der inländischen Geldmenge. Die implizite Besteuerung des Kapitalverkehrs ergibt sich aus dem Zinsverlust durch die unverzinsliche Reservehaltung. Als Anteil des gesamten Zinsertrags fällt er umso höher aus, je kurzfristiger die Anlage ist, da die Dauer der Mindestreservepflicht nicht von der Laufzeit der Anlage abhängt.

Die Erfahrungen Chiles sind wissenschaftlich kontrovers.[117] Fest steht, dass die Bardepotpflicht für eine erwünschte Strukturveränderung der Kapitalzuströme sorgte: weg von kurzfristiger hin zu längerfristiger Auslandsverschuldung. Ob dies allerdings der Grund ist, warum Chile von den Turbulenzen der anderen südamerikanischen Kapitalmärkte in den 1990er-Jahren verschont blieb, ist strittig.[118] Unklar ist auch, wie hoch der Preis war, den die chilenische Wirtschaft in Form entgangener Investitionen für die zinsbedingten Kreditrestriktionen zahlen musste. In jedem Fall zeigt das Modell Chiles, dass es für einzelne Länder pragmatische Möglichkeiten gibt, sich gegenüber den Zu- und Abflüssen von „hot money" im internationalen Kapitalmarkt ein Stück weit abzukoppeln – und dies ohne die grundsätzliche Offenheit des Landes infrage zu stellen. Genau deshalb hat es über die Jahre verstärkte Kritik an der dogmatischen Haltung des IWF gegeben, der die Beschränkung von kurzfristigen Kapitalbewegungen als Teil von Programmen der Stabilisierung ablehnte. Diese Kritik am sogenannten „Washington Consensus" ist sicherlich berechtigt.[119] Anscheinend ist der IWF in jüngster Zeit dabei, seine starre Haltung in dieser Hinsicht zu überdenken.[120]

Innerhalb der Europäischen Union entfällt jede Möglichkeit, kurzfristige Kapitalbewegungen zu beschränken. Denn die Bedingungen des Gemeinsamen Marktes schließen dies aus. Hat also ein Land den Euro eingeführt oder seine Währung fest an den Euro gebunden, gibt es grundsätzlich keine Möglichkeit mehr, einen Kapitalzufluss in seiner überhitzenden Wirkung abzufangen. Genau dies erklärt, warum einige EU-Länder (zum Beispiel die baltischen) im Zuge des Booms kräftige Wachstumsraten erzielten und anschließend besonders hart durch die Finanzkrise getroffen wurden. Dies ist tatsächlich der Preis, den die Mitgliedschaft in der Europäischen Union beziehungsweise im Währungsraum „Euroland" verlangt. Er macht es noch dringlicher, einer übermäßigen Aufblähung der inländischen Nachfrage frühzeitig und nachhaltig entgegenzuwirken. Dies gilt insbesondere für die öffentlichen Haushalte und den privaten Konsum. Die schwere Anpassungskrise, in die einige kleinere

EU-Länder nach 2007 gerieten, ist letztlich Ergebnis der früheren Überhitzung. Dies gilt für die baltischen Länder und Ungarn genauso wie für Irland, Spanien und Griechenland.

Mit der Finanzkrise wurden auch wieder ältere Forderungen laut, den Kapitalverkehr generell zu besteuern, sei es mit Blick auf alle grenzüberschreitenden Finanztransaktionen („Tobin-Steuer“[121]) oder auf alle Kapitalbewegungen („Börsenumsatzsteuer“ oder neuerdings „Finanztransaktionssteuer“). Ziel ist es dabei, die Spekulation einzudämmen – und damit mehr Stabilität der Märkte zu erreichen. Die Forderung beruht auf der Vorstellung, dass tatsächlich ein Weniger an Umsatz zu einem Mehr an Stabilität der Finanzmärkte beiträgt. Empirische Untersuchungen belegen jedoch das genaue Gegenteil: Erhöhte Transaktionskosten verstärken die Volatilität der Märkte.[122] Bei näherer Überlegung ist dieses Ergebnis sehr plausibel: Bei Umsätzen an Kapitalmärkten treffen unterschiedliche Markterwartungen aufeinander und schlagen sich in einer Kurskorrektur nieder; werden viele kleine Korrekturen wegen der hohen Kosten des Handels unterbunden, kommt es nur beim Überschreiten von höheren Schwellenwerten zum Handel, der dann aber zu stärkeren Ausschlägen führt. Kurzum: Die kontinuierliche Verarbeitung der Information im Markt wird erschwert, und gerade dies ist nicht wünschenswert.[123]

Hinter den Forderungen nach Finanzmarktsteuern steht ein grundsätzlicher Denkfehler: Nicht der Handel mit Vermögenswerten an sich ist „böse“, sondern nur die Folgen extremer Wertschwankungen auf die gesamtwirtschaftliche Tätigkeit. Um diese zu vermeiden, muss die Wirtschaft stabilitätsorientiert gesteuert werden; und im Falle eines kleinen, schnell wachsenden Landes mag es sinnvoll sein, die Wirtschaft auch gezielt gegenüber dem Zustrom kurzfristigen Kapitals ein Stück weit abzuschirmen. Eine generelle Verteuerung der Börsentätigkeit oder des internationalen Kapitalverkehrs hilft dagegen nicht weiter. Es ist, als ob ein Polizist Sand ins Getriebe eines Autos schüttet, damit es nicht zu schnell fährt. Stattdessen sollte er sich Gedanken machen, wie die Verkehrsregeln zu gestalten sind, um schwere Unfälle zu vermeiden.

Wie steht es nun mit diesen Verkehrsregeln? Es gibt hier tatsächlich eine Fülle von Fragen der Regulierung der Finanzmärkte, die eine Vielzahl von Gremien zu behandeln hat. Drei große Bereiche stechen dabei hervor: die Finanzmarktaufsicht, die Bilanzierungsregeln und die Risikobewertung.[124] Alle drei Bereiche werden derzeit intensiv diskutiert, mit offenem Ausgang.

Was die Finanzmarktaufsicht betrifft, hat es in der Finanzkrise offensichtlich Schwächen gegeben: Praktisch keine nationale Aufsichtsbehörde hat die Gefährlichkeit der Situation frühzeitig erkannt; und das Gleiche gilt für die supranationalen Organisationen wie den IWF, der – wir erinnern uns – noch kurz vor dem ersten schweren Einbruch 2007 eine relativ beruhigende Analyse der Risiken in Form von „Stresstests" vorlegte. Die Frage ist allerdings, wie eine Verbesserung erreicht werden kann. In Deutschland etwa sind die Befugnisse der zuständigen BaFin (Bundesanstalt für Finanzdienstleistungsaufsicht) bereits heute aufgrund des Kreditwirtschaftsgesetzes sehr weitreichend. Dies gilt sowohl für das Recht auf Information durch die Banken, also die „Transparenz", als auch für Möglichkeiten des Eingriffs – bis hin zur kurzfristigen Schließung von Banken. Hier mag es im Einzelnen, kaum aber im Grundsätzlichen einen Handlungsbedarf geben. Dies gilt nicht nur für Deutschland, sondern auch für andere Industrienationen.

Die weltweite Diskussion zur Finanzaufsicht geht deshalb auch in eine andere Richtung. Gefordert wird eine weltweite Aufsicht, die nationale Grenzen hinter sich lässt.[125] Dies liegt gedanklich nahe, geht es doch darum, zunehmend globalisierten Finanzströmen dann auch eine globalisierte Überwachung entgegenzusetzen. Politisch ist die Forderung allerdings völlig unrealistisch. Es gibt nämlich, was die nationale Ausgestaltung der Aufsicht betrifft, zwischen den Ländern sehr unterschiedliche Vorstellungen. Diese beruhen auf langen, wohlbegründeten Traditionen; und sie haben sich gerade im Zuge der Globalisierung sehr unterschiedlich weiterentwickelt. So sehen etwa Großbritannien und die Vereinigten Staaten mit den weltweiten Finanzmetropolen London und New York ihre

Interessen weit stärker in einer relativ liberalen Regulierung gewahrt als etwa Frankreich und Deutschland mit den vergleichsweise zweitrangigen Finanzzentren Paris und Frankfurt am Main.

Noch wichtiger ist eine oft übersehene Tatsache: Soll eine Finanzaufsicht wirksam sein, so muss sie sehr weitreichende Kompetenzen haben. Dazu zählt im alltäglichen Normalfall die Einschränkung oder gar das Verbot von bestimmten Finanzinstrumenten. Dazu zählt im Extremfall aber auch die Befugnis zur Schließung von Banken und Finanzinstitutionen, wenn diese in eine Schieflage kommen. Es überschreitet jede politische Fantasie, sich vorzustellen, dass auch nur eine der führenden Industrienationen einem supranationalen Gremium diese Befugnis zubilligen würde. Dem steht die enorme volkswirtschaftliche und politische Bedeutung entgegen, die der Banken- und Finanzsektor für jedes einzelne Land hat. Allein schon deshalb ist es sinnvoll, die supranationale Aufsicht zu beschränken auf eine gegenseitige Information, Beratung und Koordinierung der nationalen Aufsichten in einem ständigen Gremium. Sie sollte dabei den nationalen Rahmen der Regulierung ergänzen. Sie kann ihn aber nicht ersetzen.[126]

Was die Regeln der Bilanzierung betrifft, hat die jüngste Finanzkrise schwerwiegende Schwächen aufgedeckt. In Deutschland zeigte sich unter anderem, dass Liquiditätsgarantien gegenüber Tochtergesellschaften, die sich im Subprime-Geschäft engagierten, nicht angemessen als Risiko in der Bilanz auftauchten und sich damit dem kritischen Blick der privatwirtschaftlichen Aufsichtsräte und der Finanzaufsicht entzogen. Deswegen wird zu Recht gefordert, jedwede Möglichkeit der „off-balance"-Aktivität durch Banken und Finanzinstitutionen zu unterbinden. Ebenso erwiesen sich die modernen Bilanzierungsregeln zu laufenden Marktpreisen („fair value accounting") als überaus problematisch, da die Märkte extremen Schwankungen unterlagen und zum Teil völlig zusammenbrachen. Vermutet wird, dass in der Krise kurzfristige Wertkorrekturen die Bilanzen verschlechterten und dadurch weitere „Zwangsverkäufe" nötig machten. Das Ergebnis: eine Tendenz zur Verstärkung der zyklischen Schwankungen. Auch hier besteht Reformbedarf: Gebraucht wird ein vernünftiger Mittelweg zwischen marktnaher (und damit im Normalfall realistischer) Bewertung und Stabilität im Krisenfall.

Es bleibt schließlich die Bewertung der Risiken selbst, vielleicht der Kernbereich der Finanzmärkte überhaupt. Gerade dort hat die globale Finanzkrise enorme Schwächen aufgedeckt. Diese betreffen zunächst die Ratingagenturen, also jene hoch spezialisierten Unternehmen, die eigentlich für nichts anderes da sind, als Risiken professionell abzuschätzen und entsprechende Bewertungen der Bonität abzugeben. Die drei Großen der Branche – Standard & Poor's, Moody's und Fitch – versagten in der Krise auf geradezu spektakuläre Weise. Bis Mitte des Jahres 2007 signalisierten sie in der Bewertung der MBS, dass die Welt unverändert in Ordnung sei. Im August 2007 stuften sie die MBS drastisch herunter, und zwar praktisch zur selben Zeit wie in einem Kartell der Bewertungen. Damit trugen sie wesentlich zur Destabilisierung des Marktes bei, denn ihre Einstufungen hatten fundamentale Bedeutung für eine lange Kette weiterer Bewertungen in den Märkten. Den Ratingagenturen wurde danach zu Recht vorgeworfen, dass sie selbst als Berater massiv am Design der Finanzprodukte mitgearbeitet (und mitverdient) hatten – ein offensichtlicher (und inakzeptabler) Interessenkonflikt, der grundlegende Fragen der Marktordnung aufwirft. Hier besteht Reformbedarf, und zwar in Richtung auf eine strikte Trennung von Beratung und Bewertung. Auch über die Frage, wie mehr Wettbewerb im Markt der Ratings zu erreichen sein könnte, wird zu Recht intensiv diskutiert.

Allerdings bleibt festzuhalten: Die Schwächen der Ratingagenturen – ihr kartellartiger Gleichlauf der Einstufungen sowie die Interessenkonflikte – waren auch vor der Finanzkrise schon längst bekannt. Hinreichend vorsichtige Marktteilnehmer hätten darauf gefasst sein müssen. Niemand wurde gezwungen, die Urteile der Agenturen als wahrheitsnahe Weisheiten zu akzeptieren. Tatsächlich hatten die Banken – und allemal die großen – jederzeit die Möglichkeit, mit ihren eigenen Modellen der Risikoprognose zu anderen, vorsichtigeren Ergebnissen zu kommen. Genau dies geschah aber nicht. Jedenfalls waren Fehleinschätzungen an der Tagesordnung, und dies selbst – und vor allem – bei überaus professionellen, erfahrenen und bestens ausgestatteten Bankinstituten wie zum Beispiel der amerikanischen Citigroup oder der Union Bank of Switzerland (UBS)[127], die beide besonders dramatische Verluste machten.

Die simple Tatsache aber ist, dass auch die Risikomodelle der Banken völlig versagten. Wieso kam es dazu? Immerhin wurden doch modernste ökonometrische Methoden verwendet, um die einzelwirtschaftlichen Risiken für die Banken zu kalkulieren. Der Grund für das Versagen ist einfach, aber fundamental: Die Modelle blendeten das aus, was inzwischen den Namen „systemisches Risiko" erhalten hat. Gemeint ist damit jener Teil der Abwertung von Aktiva, der dadurch zustande kam, dass panikartige Wellen der gleichgerichteten Reaktion durch die Märkte schwappten. Diese führten dazu, dass Märkte praktisch austrockneten und die Bewertungen – soweit es überhaupt noch welche gab – auf breiter Front zusammenbrachen. Es war der altbekannte „Strukturbruch", der jedem Modell Schwierigkeiten bereitet, das sich notgedrungen auf die Daten eines stabilen Stützbereiches der Vergangenheit als Grundlage für Prognosen verlassen muss.

Die globale Finanzkrise hat also eine banale, aber fundamentale Erkenntnis bekräftigt: Selbst das beste Modell kann uns nicht die Wahrheit sagen. Es kann nur eine Art „Szenario" liefern unter spezifischen Wetterbedingungen. Dabei können wir ein paar Varianten zulassen, aber man kann nicht die ganze Spannbreite der denkbaren Wetterbedingungen abdecken. Es bedarf deshalb jenseits aller Quantifizierung einer weiteren Bewertung der Risiken, und dies kann man nicht dem Computer überlassen. Und übrigens auch nicht den Ratingagenturen. Denn auch die geben nur eine Meinung ab über die Qualität des jeweiligen Produktes. Und sie gründen diese Meinung auf Informationen aus der Vergangenheit, die sie mit ihrem Wissen auswerten. Und wenn sich diese Informationen radikal ändern, dann kommt es zu radikalen Umstufungen – so geschehen im August 2007.

Wohlgemerkt: Es geht hier um eine fundamentale Schranke der Erkenntnis. Sie wird niemals beseitigt werden können. Anders formuliert: Der Engpass in der Finanzkrise lag nicht in der Qualität des Personals, das die Rechnungen durchführte. Im Gegenteil, es besteht nicht der geringste Zweifel, dass die amerikanische Bank Citigroup oder die Schweizer UBS sehr gute Spezialisten einstellten: Hohe Gehälter und gute Karriereperspektiven lockten jahrelang die Besten der wirtschaftswissenschaftlichen Fakultäten in die Risikorechenabteilungen der Banken. Dazu gab es auch einen enormen wirtschaftlichen Anreiz: Mit den Baseler Eigenkapitalvorschriften konnten die Banken mit ihren eigenen Risikoberechnungen Einfluss nehmen auf die Eigenkapitalunterlegung, und dafür brauchte man natürlich hochprofessionelle Modellbauer. Tatsächlich gelang es Unternehmen wie der UBS, ihre profitable Bilanzverlängerung weiter zu forcieren und die Eigenkapitalquote zu senken.

Allerdings fragt man sich: Wie kann die altbekannte Möglichkeit des Strukturbruchs übersehen worden sein? Alle erfahrenen Ökonometriker warnen davor, und sicherlich auch jene, die in den Rechenabteilungen der Banken tätig sind. Warum wurden etwaige Warnungen missachtet? Die Antwort liegt vermutlich in der Rolle begründet, die Modelle in den Gremien der Banken und anderer Finanzinstitute haben. Sie dienen natürlich vordergründig der Information. Ihr wichtiger zusätzlicher Zweck ist aber fast immer, den verantwortlich Handelnden einen Teil ihrer Verantwortung abzunehmen. Diese können sich zumindest ein Stück weit hinter den Ergebnissen von Modellrechnungen verstecken, genau so wie hinter den Urteilen von Ratingagenturen. Denn jeder in den Gremien weiß, dass er letztlich nicht alles genau verstehen kann, was sich an Komplexität in den Finanzmärkten darbietet. Und jeder sucht deshalb eine Möglichkeit, einen Teil der Verantwortung wegzuschieben – zu den sogenannten Spezialisten. Das Risiko wird quantifiziert und objektiviert, nach bestem Modellwissen. Was kann man an Sorgfalt eigentlich mehr erwarten?

Verantwortung ein Stück weit wegschieben – das ist absolut menschlich und natürlich. Man wird dies nie ganz vermeiden können. Allerdings sollte man sich im Klaren sein, was das bedeutet: Es führt ein Stück weit zurück zu einer (ungewollten) Herrschaft der Spezialisten, die letztlich mit ihren Modellen irgendetwas fortschreiben – einen Trend oder die Veränderung eines Trends oder die Veränderung der Veränderung eines Trends oder was auch immer. Wohlgemerkt: Es ist eine Herrschaft der Spezialisten, die diese vielleicht gar nicht wollen, die aber im Zuge der Modellverwendung in den verantwortlichen Gremien zustande kommt.

So weit die schwierige Problemlage. Wie lässt sich nun in der Zukunft der Umgang mit dem Risiko verbessern? Wie erreichen wir verantwortungsvollere Entscheidungen? Zunächst dürfte klar sein: Jede Verbesserung der Risikomodelle der Banken ist willkommen. Und wenn es den Spezialisten gelingt, in ihren Modellen doch gewisse systemische Risiken abzubilden, so sollte dies natürlich geschehen. Vor allem könnte es zu einer besonders wichtigen Aufgabe supranationaler Organisationen wie dem Internationalen Währungsfonds und der Bank für Internationalen Zahlungsausgleich werden, solche Risiken zu quantifizieren. Gleichwohl ist grundsätzliche Skepsis angebracht: Eine zentrale Lehre der Finanzkrise ist nun mal, dass gerade die Modelle zur Abbildung der Krisenrealität nicht taugten.

Wie sieht es mit den Möglichkeiten aus, die Vorstände und Aufsichtsgremien von Banken stärker in die Verantwortung zu zwingen? Auch hier gibt es enge Grenzen. So geht es bei Banken regelmäßig um Risiken, deren Dimension jedes noch so gut verdienende Vorstands- oder Aufsichtsratsmitglied ruinieren kann. Die populäre Forderung nach „voller Haftung“ für Fehlentscheidungen ist verständlich, geht aber ins Leere, weil letztlich eine Versicherung gegen derartige Risiken unumgänglich sein wird. Und die Höhe ihrer Prämien wird sich natürlich dann auch wieder in der Struktur der Gehälter wiederfinden. Auch von einer generellen Reform der Entlohnungsprinzipien bei Banken und Finanzinstitutionen darf man keine Wunder erwarten. Derzeit ist ein Abrücken vom massiven Gebrauch von Bonuszahlungen im Gespräch, die sich typischerweise am kurzfristigen Geschäftserfolg orientieren. Dies mag sinnvoll sein,

Frühwarnung.

Soll es wieder der Computer richten?

Ein globales Frühwarnsystem einrichten – das war eine der ersten politischen Forderungen, die nach der Finanzkrise auf dem Tisch lagen. Wir brauchen endlich eine weltweit sicht- und hörbare Alarmanlage, die uns rechtzeitig anzeigt, wenn die Finanzmärkte in eine fundamentale Schieflage zu geraten drohen. So wie Seismografen bei Erdbeben, aber natürlich mit erheblich längerer Vorlaufzeit.

Es ist eine gut gemeinte Forderung. Aber sie kommt doch, nach allem, was passierte, ein wenig überraschend. Denn wirklich niemand hat vor und während der Finanzkrise derart jämmerlich versagt wie der vereinte prognostische Verstand aller Computer und aller Experten dieser Welt. Rekapitulieren wir: Die Risikomodelle der Banken, die Stresstests des IWF, die Ratingagenturen, alle versagten. Auch die Konjunkturforschung versagte: Die Experten sahen den dramatischen Einbruch der Nachfrage im letzten Quartal 2008 und im ersten Quartal 2009 nicht im Geringsten voraus. So prognostizierte der deutsche Sachverständigenrat noch Anfang November 2008, also wenige Wochen nach dem Lehman-Desaster, für die kommenden Monate eine Stagnation beziehungsweise eine minimale Schrumpfung.

Eigentlich eine Erfahrung, die zu Einkehr, Buße und Demut einlädt. Bevor wir nach neuen Systemen der Frühwarnung rufen, sollten wir unser altes Denken überprüfen. Was werden wir da feststellen? Die Antwort liegt auf der Hand: Wir glauben viel zu sehr an alles, was uns der Computer an Ergebnissen liefert. Wir haben völlig vergessen, dass die Simulationen, Prognosen und Kalibrierungen, die unsere Hochleistungsrechner ausspucken, stets auf Modellen und Annahmen beruhen, und die können falsch sein. Die Finanzkrise hat dies eindrucksvoll gezeigt.

Wohlgemerkt: Daran sind am wenigsten die Modelle selbst schuld. Und auch nicht die Fachleute, die sie bedienen. Und auch nicht – für sich genommen – die Komplexität der verwendeten Software, die allerdings kaum noch ein normaler Mensch verstehen kann. Schuld sind die verantwortlichen Entscheidungsträger, die sich auf Modellaussagen verlassen; und die Gesellschaft als Ganzes, die von einer regelrechten Gier nach quantifizierbaren Aussagen getrieben wird. Es ist ja auch eine wunderbare Welt der Scheinobjektivität: Alles ist berechnet, bewiesen, beglaubigt von der Wissenschaft oder von fachkundigen Experten. Was kann da schon schieflaufen?

Tatsächlich nimmt die Modellgläubigkeit in vielen Bereichen unseres Lebens geradezu groteske Ausmaße an. Die Finanz- und Wirtschaftswelt ist da keine Besonderheit. Die medizinische Wissenschaft informiert uns darüber, um wie viele Jahre unsere Lebenserwartung sinkt, wenn wir rauchen oder uns auf andere Art an unserem Körper versündigen. Die Klimaforschung erklärt uns, um wie viel Grad die Temperatur und um wie viel Zentimeter der Meeresspiegel im Jahr 2100 gestiegen sein wird, wenn der Ausstoß an Kohlendioxid wie bisher zunimmt. Und die Biologen prognostizieren, wie viel Prozent aller Tierarten aussterben werden, wenn es zu einem vom Menschen verursachten Klimawandel kommt. Alles natürlich, wie fast immer in der Wissenschaft, mit dem warnenden Hinweis, dass es sich nur um Simulationen, Prognosen, Kalibrierungen oder was auch immer handelt. Dahinter verbirgt sich allerdings der gar nicht so bescheidene Anspruch, mit den Modellrechnungen im Wesentlichen – wenn auch nicht im Detail – die Realität abzubilden. Der warnende Hinweis ist eigentlich nur die Signatur der Seriosität, die den Grad der Glaubwürdigkeit eher erhöht als senkt.

Und genau so wird dann auch alles in der Öffentlichkeit aufgenommen und diskutiert. Mit den Modellergebnissen sind Fakten gesetzt und Pflöcke eingerammt. Die Beweislast dreht sich: Nicht mehr der Gläubige muss sich rechtfertigen, sondern der Zweifler. Nicht mehr die These muss sich an den Fakten messen, sondern neue Fakten werden unter Annahme der These geschaffen. Genau so entstehen dann Meinungsblasen wie in den Finanzmärkten. Und genau so können die dann platzen. Und zwar ohne Frühwarnung.

um Exzesse der aufgepeitschten Spekulationswut zu vermeiden. Zweifel sind allerdings angebracht, ob sich damit die Risikobewertung von Banken grundlegend und nachhaltig verändert. Dies gilt nicht zuletzt deshalb, weil die Empfänger der Boni typischerweise aus dem mittleren Management und nicht aus dem Vorstand kommen. Für die strategische Orientierung der Banken sind sie ohnehin nicht verantwortlich.

Aus alledem wird klar: Die Möglichkeiten, falsche Einschätzungen von Risiken in der Zukunft zu vermeiden, sind überaus begrenzt. Dies liegt in der Natur der Sache: Systemische Risiken sind eben systemisch (und nicht individuell), und sie würden sich letztlich nur vernünftig abschätzen lassen, wenn das System selbst im Vorhinein mit allen Interdependenzen bekannt wäre. Gerade dies ist aber in einem globalisierten Finanzmarkt nicht der Fall, und es war auch zu früheren Zeiten nie der Fall, als der Grad der globalen Integration der Finanzmärkte noch erheblich niedriger lag.[128] Man kann deshalb nur versuchen, dafür zu sorgen, dass Banken und andere Finanzinstitutionen über eine hinreichend große Eigenkapitaldecke verfügen, um im Falle von Krisen möglichst sicher dazustehen.

Gerade in dieser Hinsicht bedarf es einer Umkehr von Entwicklungen, die in der Zeit der „Great Moderation" – bewusst und gewollt – angelegt wurden. So haben die (neuen) Basel-II-Regeln zur Eigenkapitalunterlegung von Krediten die Risikoeinschätzung gerade nicht auf ein unbekanntes, aber jedenfalls potenziell großes systemisches Risiko abgestellt. Im Gegenteil, es galt als Fortschritt, das geforderte Eigenkapital abhängig zu machen von dem geschätzten Risiko des Aktivgeschäfts, und dieses Risiko wurde dann mithilfe der Modelle geschätzt, die in den Banken zur Anwendung kamen. Es gelang dadurch den Banken selbst, ihre Eigenkapitalquote zu senken, und zwar praktisch ohne Berücksichtigung eines systemischen Risikos, denn dies war in den Modellen nicht abgebildet. Gerade dies war unter den traditionellen Regeln („Basel I") nicht möglich: Sie schrieben eine starre Unterlegung von acht Prozent vor. Dies war zwar krude, da es in der Tat mögliche Variationen des individuellen Risikos nicht berücksichtigte; aber die Unterlegung war wenigstens „robust“, denn sie ließ sich nicht durch eigene Kalkulationen der Banken nach unten drücken.[129]

In dieser Hinsicht hat die globale Finanzkrise vielleicht eine entscheidende Wende gebracht: Sie hat den Blick maßgeblich geschärft für die ungeheure Bedeutung des systemischen Risikos. Sie liefert insofern die Chance, ein Prinzip der kaufmännischen Vorsicht wieder einzuführen. Dies wird möglicherweise auf Kosten einer detaillierten Optimierung des Bankgeschäfts geschehen, die in normalen Zeiten nur möglich ist, wenn flexiblere – und nicht robuste – Regeln Anwendung finden. Aber die Krise hat eben gezeigt, dass die wirtschaftlichen Kosten im Fall einer unwahrscheinlichen, aber katastrophalen Wendung in den Finanzmärkten derart hoch sein können, dass sich größere Vorsicht insgesamt lohnt.[130]

Für diesen Weg spricht eine weitere Überlegung. Es geht dabei um den sogenannten „moral hazard“, also die Rückwirkungen der massiven Rettungsaktionen im Zuge der globalen Finanzkrise auf die Risikobereitschaft praktisch aller Akteure an den Märkten. Tatsächlich lässt sich das Verhalten von Zentralbanken und Regierungen in der Krise als ein klares Signal interpretieren, dass sie bereitstehen, die Bevölkerung in der Breite vor den Rückwirkungen einer Krise so gut es geht zu schützen. Eindeutiges Indiz dafür sind die Garantien für Giro- und Spareinlagen, die in praktisch unbegrenzter Höhe von einer Reihe von Regierungen ausgesprochen wurden. Dies geschah, um kurzfristig einen „bank run“ zu verhindern, was ja auch gelang. Es kann aber auch interpretiert werden als eine generelle Bereitschaft, im Notfall eine umfassende staatliche Versicherung zu bieten. Dies hat weitreichende Konsequenzen: Sparer müssen nicht mehr um ihre Anlagen bangen und brauchen deshalb auch bei der Wahl ihrer Bank nicht sonderlich aufmerksam auf Risiken zu schauen; die Banken selbst haben praktisch staatsgarantierte Einlagen und können deshalb höhere Risiken eingehen; und alle Geschäftspartner von Banken und Sparern nehmen die Staatsgarantie zur Kenntnis und richten ihr wirtschaftliches Verhalten daraufhin aus. Das Ergebnis: Die gesamte Wirtschaft bewegt sich ein Stück weiter „ins Risiko“, und zwar durch jede

Wohlhabend, aber bankrott:

Island.

Die Vereinten Nationen veröffentlichen jährlich den „Human Development Index". Dabei werden die Länder der Welt nach verschiedenen Kriterien bewertet und in eine Rangliste eingeordnet. Es war Island, das im Jahr 2008 auf Platz eins der Liste stand. Kein Wunder: das dritthöchste Pro-Kopf-Einkommen, eine beeindruckend hohe Lebenserwartung der Menschen, eine hervorragende medizinische Versorgung, ein bestens funktionierender Sozialstaat, gesunde Staatsfinanzen, eine höchst produktive Industrie, niedrige Arbeitslosigkeit und hohe Zuwanderung. Kurzum: ein Musterland.

Bis zum letzten Quartal 2008. Dann brach das Unglück herein: Island wurde zu einem der ersten Opfer der weltweiten Finanzkrise. Der Grund ist einfach. Drei große Banken des Landes hatten sich massiv an den globalen Finanzmärkten engagiert. Ihre Bilanzsumme übertraf das jährliche Bruttoinlandsprodukt des Landes um das Zehnfache. Denn bei aller beeindruckenden Wirtschaftskraft pro Kopf darf man eines nicht vergessen: Island ist klein. Es hat 317.000 Einwohner, etwa so viel wie die Stadt Bonn. Dies störte die Banken offenbar nicht: Sie blähten die Passivseite ihrer Bilanz auf, indem sie neben den (begrenzten) Ersparnissen der Inländer zunehmend im Ausland auf die Suche nach Einlagen gingen, vor allem in Großbritannien, den Niederlanden und in Skandinavien. Die Werbung war höchst erfolgreich. Professionelle Auftritte im Internet und gute Zinsen lockten die Kunden an. Und was an Einlagen hineinströmte, das floss auf der Aktivseite der Bilanz in spekulative Anlagen mit hohen Renditen und Risiken.

Dies ging lange gut. Bis zur globalen Finanzkrise. Es folgte ein gewaltiger Abschreibungsbedarf. Nach rein marktwirtschaftlichen Gesichtspunkten hätte es wegen massiver Überschuldung zu Konkursen kommen müssen. Und in jeder anderen Branche wäre dies vielleicht auch geschehen. Nicht aber bei Islands drei Großbanken, denn ein Konkurs hätte die Bilanzen der Banken bereinigt, damit einen Großteil der

Ersparnisse der Isländer vernichtet und zu einem drastischen Verfall der Landeswährung geführt. Was folgte, waren Notmaßnahmen der Politik: Beistandskredite des Internationalen Währungsfonds und skandinavischer Länder; faktische Verstaatlichung der Banken; umfassende Garantien für Einlagen der Inländer; weitere Verhandlungen mit dem IWF über Kredite im Gesamtvolumen von fast fünf Milliarden Euro, einem Viertel (!) des isländischen Bruttoinlandsprodukts; eine Volksentscheidung über die Begleichung von Schulden gegenüber britischen und holländischen Anlegern – mit klar negativem Ausgang; nochmals Verhandlungen mit dem IWF und so weiter, und so weiter.

Der Fall Island liefert ein Paradebeispiel für die völlige Blindheit aller Beteiligten gegenüber einfachen wirtschaftlichen Realitäten und Risiken. Die drei Banken setzten die Einlagen ihrer Kunden großen Gefahren aus. Die wiederum konnten vielleicht die Einzelheiten nicht kennen. Aber zumindest die Isländer unter ihnen hätten schon mal beim Blick in den Wirtschaftsteil ihrer Zeitung feststellen können, wie groß das Rad war, das ihre Bank mit ihrem Geld in ausländischer Währung drehte – im Vergleich zur Größe des Landes. Aber das interessierte sie nicht sonderlich.

Wie sich dann zeigte: zu Recht. Denn der isländische Staat war schnell zur Stelle und garantierte die Ersparnisse. Nur Ausländer mussten um ihr Geld bangen, aber die erhielten den nötigen Anlegerschutz von ihren eigenen Regierungen, obwohl die meisten sich wohl kaum im Vorhinein bemüht hatten, seriöse Informationen über jene isländischen Banken zu erhalten, die aggressiv im Internet warben. So wurde im Nachhinein eigentlich niemand für seine Blauäugigkeit als Sparer bestraft.

Bleibt die Frage: Wie sollen Sparer jemals ein Bewusstsein für das Risiko entwickeln, wenn sie sich fast sicher sein können, dass der Risikofall tatsächlich nie eintritt? Sie wissen ja genau: Wenn es hart wird, ist der politische Druck auf den Staat enorm. Der kann dann nicht einfach die Sparer im Stich lassen. Wohl aber die Steuerzahler.

Gelegenheit mehr, bei der von Staats wegen Garantien ausgesprochen werden.

Dieser Marsch ins Risiko hat mit der Finanzkrise einen weiteren Anstoß bekommen. Tatsächlich zeigen jüngste Untersuchungen der Bankensysteme der Vereinigten Staaten und Großbritanniens, dass über Jahrzehnte die Eigenkapitalquote gesunken ist.[131] Vieles spricht dafür, dass dieser Trend auch Ergebnis immer wieder formulierter Staatsgarantien ist, die es den Banken erlaubten, ihre eigene Vorsorge für Krisenzeiten zurückzufahren. „Banking on the State" – so lautet der treffende Begriff für dieses Phänomen, und es setzt langfristig ein großes Fragezeichen hinter die Vorstellung, die jüngsten Rettungsaktionen im Zuge der Finanzkrise seien ein uneingeschränkter Erfolg. Denn sie könnten sehr wohl dazu beitragen, die Weltwirtschaft weiter in eine verstärkte Risikobereitschaft zu treiben – mit dem immer präsenten Hintergedanken, dass die Kosten von Schieflagen in den Finanzmärkten schließlich doch sozialisiert werden. Zwar mag ein solcher Trend kurz- und mittelfristig kaum erkennbar sein, da die traumatischen Erfahrungen der Krise noch überwiegen und zu einer gewissen allseitigen Vorsicht in der Geschäftspolitik beitragen. Dies könnte sich aber nach einer weltwirtschaftlichen Erholung sehr schnell korrigieren – mit der Folge neuerlicher Finanzmarktblasen.

Gegen einen solchen Trend gibt es nur ein wirksames Mittel: Es müsste doch irgendwann im Zuge einer schweren Krise auf die Unterstützung durch Zentralbank und Staat verzichtet werden. Also: eine beispielhaft harte Politik, die den Anlegern und den Banken klarmacht, dass sie sich eben nicht darauf verlassen können, dass die öffentliche Hand immer bereitsteht, sie und ihre Vermögenswerte aufzufangen. Es ist schwer vorstellbar, wie dies in einer Finanzkrise größeren Ausmaßes geschehen könnte. Denn für die meisten Banken gilt derzeit das Motto „too big to fail". Nur dann, wenn die Bankensysteme zerschlagen und entflochten würden – mit vielen kleinen Banken statt wenigen großen –, gäbe es eine Chance für eine solche Politik. Die Banken würden dann in der Größenstruktur den Hedgefonds ähnlicher. Und es war in der jüngsten Krise überaus interessant zu beobachten, dass die Hedgefonds wegen ihrer soliden Eigenkapitalquoten und Geschäftspolitik in weit weniger Schwierigkeiten kamen als viele Banken; und dies war unter anderem der Tatsache geschuldet, dass sie so klein sind und deshalb kaum mit staatlicher Unterstützung im Insolvenzfall rechnen können.[132] Ob dies auch bei den Banken zu erwarten wäre, ist Spekulation. Jedenfalls würde der politische Preis einer Insolvenz geringer.

Es ist allerdings sehr unwahrscheinlich, dass es zu einer völligen Neuordnung der Banken in den Industrieländern kommt. Insofern sind entsprechende Überlegungen reine Gedankenspiele. Es bleibt deshalb bei der Feststellung, dass es gute Gründe gibt, durch nationale Regulierungen höhere Eigenkapitalquoten durchzusetzen, als dies bisher der Fall war. Zusammen mit einer wachen und eingriffsstarken nationalen Finanzaufsicht und einer vernünftigen internationalen Kooperation sollte dies helfen, die Risiken in Grenzen zu halten. Allerdings bleiben Risiken. Insofern liefert tatsächlich die Erfahrung der letzten Dekade mit Boom und Krach eine ganz wesentliche Botschaft der Grenzen des Wachstums. Auf Dauer ist es nicht möglich, mit smarten Finanzprodukten Renditen zu erzielen, die weit über dem liegen, was das reale Wachstum der Weltwirtschaft rechtfertigt. Was darüber hinausgeht, ist zusätzliches Risiko, das sich in Krisen entlädt. Und jede kleinere, natürliche Krise enthält das Risiko, eine große zu werden.

Es geht dabei allerdings nicht um absolute Grenzen des Wachstums. Eher ist es eine Durchschnittsgeschwindigkeit der Weltwirtschaft, die letztlich vorgegeben wird durch die natürliche Rentabilität der Investitionen. Entsprechend muss sich der Geld- und Kreditrahmen anpassen – ohne „Kreditklemmen“, aber auch ohne übergroße Blasen an den Finanzmärkten. Bei alledem ist auch zu bedenken, dass in der Vergangenheit keine einzige Finanzkrise auf Dauer zu einem Erlahmen der volkswirtschaftlichen Wachstumskräfte führte. Dies gilt in gewisser Weise sogar für die Weltwirtschaftskrise 1930/32. Sie hatte verheerende Folgen, wirtschaftlich und politisch. Aber sie konnte keineswegs auf lange Sicht den Trend des Wachstums nach unten ziehen. So wuchs die Weltwirtschaft ab den frühen 1950er-Jahren mit einer Geschwindigkeit, die durch die vorangegangene Krise möglicherweise sogar erhöht wurde, weil ein krisenbedingter Investitionsstau die Anwendung neuen Wissens und neuer Technik vorübergehend verhindert hatte. Für die von der Krise betroffene Generation ist dies natürlich überhaupt kein Trost, denn ihr wirtschaftlicher Verlust und ihr menschliches Leid sind Realität, was auch immer in den Dekaden danach passiert. Gleichwohl zeigt die historische Erfahrung eben doch, dass die Weltwirtschaft selbst nach schweren Krisen irgendwann zu einem Wachstumspfad zurückfindet, und zwar ohne „Blasen" und „Klemmen" in den Kredit- und Kapitalmärkten.

So war es jedenfalls bisher, und so sieht es auch nach der jüngsten weltweiten Finanzkrise aus. Genau diese Erkenntnis setzt ein Fragezeichen hinter jene grundsätzliche Kritik an der kapitalistischen Marktwirtschaft, die auf deren Neigung zu übersteigenden Boom- und Krisenphasen beruht. Niemand kann wissen, ob diese Ausschläge – und zwar die kleinen, aber auch die großen – nicht doch Teil eines unvermeidlichen Lernprozesses sind. Wir können nicht ausschließen, dass die Weltwirtschaft in größeren zeitlichen Abständen sogar schwere Finanzkrisen durchlaufen muss, um im Markt das Bewusstsein für etwaige Risiken wieder zu schärfen. Ist es nicht auch eine Lebenserfahrung jedes einzelnen Menschen, dass das Lernen zumindest zum Teil pathologischen Charakter hat? Und besteht nicht sogar die Stärke der kapitalistischen Marktwirtschaft darin, auch dieses Lernen zuzulassen? Dies bleiben offene Fragen, gerade nach der ernüchternden Erfahrung der jüngsten Finanzkrise.

4 Wandel des Sozialstaates

4.1 Alter und Gesundheit

Die Bevölkerung altert. Dies ist eine der wenigen großen Entwicklungen der Gesellschaft, die sich für die kommenden Jahrzehnte bestens voraussagen lassen. Und zwar für Deutschland, Europa, ja für fast die gesamte Welt. Ausnahmen wird es wahrscheinlich nur in einigen sehr armen Entwicklungsländern geben. Die Gründe dafür liegen auf der Hand, jedenfalls die zwei wichtigsten. Zum einen steigt die Lebenserwartung der Menschen – wegen besserer medizinischer Versorgung, besserer Umweltbedingungen, zum Teil auch gesünderer Lebensführung. Zum anderen geht die Zahl der Geburten drastisch zurück – dank steigenden Wohlstands und veränderter Prioritäten von Frauen und Familien. Das Altern der Menschheit wird große Veränderungen und Herausforderungen mit sich bringen. Mit ihnen werden sich Politik, Wirtschaft und Gesellschaft in der Zukunft auseinandersetzen müssen.

Die Vorstellung des Alterns ist in unserem Bewusstsein fast durchweg negativ besetzt. Es ist deshalb zunächst wichtig, sich klarzumachen, dass die Gründe für das Altern der Menschheit im Wesentlichen überaus erfreulich sind. Was die hohe Lebenserwartung betrifft, ist dies ganz offensichtlich, denn wer möchte schon früh sterben? Es erfüllt sich damit eine Art Menschheitstraum. Dies gilt umso mehr, als außer Zweifel steht, dass die reine Verlängerung des Lebens auch mit einer deutlichen Verbesserung der Lebensqualität in den höheren Altersstufen einhergeht: Eine Frau oder ein Mann im Alter von 60 Jahren ist heute in Deutschland im Durchschnitt in einer weit besseren Verfassung – körperlich und geistig –, als dies vor 50 oder gar 100 Jahren der Fall war, von noch früheren Zeiten ganz zu schweigen. Ähnliches gilt in fast allen Regionen der Welt.

Was die geringere Zahl von Neugeborenen und Kindern betrifft, ist das Urteil differenzierter. Die positive Seite dieser Entwicklung haben wir im Zusammenhang mit den Grenzen des Wachstums in Abschnitt 2.1 erörtert: Der steigende Wohlstand selbst sorgt für den Stopp der Bevölkerungsexplosion, und dies kann gar nicht anders funktionieren als durch eine weltweit drastische Senkung der Fertilitätsraten. Das Altern der Bevölkerung ist insofern nur die Konsequenz dieser Entwicklung, also eine Art Bremsspur der Stabilisierung, die dann irgendwann zu Ende geht, sobald ein neues Gleichgewicht der Bevölkerung erreicht wird. Es bleibt dabei allerdings die Frage, wo genau sich langfristig die Fertilität am besten stabilisieren sollte, um schließlich ein dauerhaftes Schrumpfen der Bevölkerung zu verhindern. Dies ist eine Frage, die – im Weltmaßstab – bisher nur die besonders wohlhabenden Nationen betrifft, darunter natürlich auch Deutschland.

In jedem Fall sind beide Entwicklungen – Verlängerung der Lebenszeit und Senkung der Fertilitätsrate – weitgehend irreversibel. In erster Linie hat dies natürlich ethische Gründe, denn beide betreffen grundlegende persönliche Lebensentscheidungen, bei denen sich Zwangseingriffe des Staates aus Gründen der Achtung der Menschenrechte verbieten. Es ist lediglich möglich, durch familienpolitische Weichenstellungen die Kindererziehung zu erleichtern, zu verbilligen oder anders attraktiv zu machen, um dadurch eine Steigerung der Geburtenrate zu erreichen. Die Erfahrungen einiger Industrieländer – allen voran von Frankreich und Schweden – zeigen durchaus, dass solche Maßnahmen nicht erfolglos sind. Allerdings bedeutet dies nicht, dass sich diese Länder dem Trend der Alterung bis 2050 entziehen können; die Entwicklung läuft dort nur etwas langsamer ab, und der Grad der Alterung, der schließlich erreicht wird, ist moderater. Ähnlich beschränkt sind auch die Möglichkeiten, durch Zuwanderung junger Familien den Trend zu stoppen oder umzukehren. Soweit die Migration sich in politisch realistischen Größenordnungen abspielt, kann sie die Alterung ein Stück weit abfedern oder verzögern, aber nicht verhindern.

Generell gilt: Die Alterung in den Industrieländern entfaltet bis Mitte des 21. Jahrhunderts eine Dynamik, die durch keinerlei korrigierende Maßnahmen mehr rückgängig zu machen ist. Dies liegt vor allem an einer einfachen Tatsache: Die sogenannte Babyboom-Generation, die stärkste Bevölkerungskohorte überhaupt, also all jene Menschen, die zwischen 1950 und 1970 geboren sind, nähert sich dem letzten Lebensabschnitt. Da sie die Statistik eindeutig dominiert, ist erst mit einem Auslaufen der Alterung zu rechnen, wenn ein Großteil der Babyboomer aus dem Leben geschieden ist. Dies dürfte ab 2050 der Fall sein. Bis dahin steigt der Anteil der mindestens 65-Jährigen an der gesamten Bevölkerung im Durchschnitt der OECD auf fast 25 Prozent, in der Europäischen Union und in Deutschland auf fast 30 Prozent. Die Abhängigkeitsrate („dependency ratio"), definiert als Relation der mindestens 65-Jährigen und der Bevölkerung im Alter von 15 bis 64 Jahren, wird sich in der OECD auf 50 Prozent, in Deutschland sogar auf 56 Prozent erhöhen. Gegenüber dem Anfang des Jahrhunderts entspricht beides etwa einer Verdoppelung.[133]

Volkswirtschaftlich lässt sich das Problem einer alternden Bevölkerung auf zwei zentrale Punkte reduzieren: Ältere Menschen arbeiten weniger, und sie werden eher krank als Erwachsene in niedrigeren Altersstufen. Es hat sich deshalb eingebürgert, von zusätzlichen „Belastungen" der Gesellschaft durch alternde Menschen zu sprechen. Wie wir sehen werden, ist dieser Begriff in vielerlei Hinsicht ungenau und irreführend. Aber für den Einstieg in die Analyse wollen wir ihn akzeptieren. Worin genau bestehen nun die „Belastungen", um die es geht?

Zunächst natürlich: Ein höherer Anteil älterer Menschen „belastet" die Rentenversicherungssysteme. Dies gilt zumindest dann, wenn die Menschen nicht im Rahmen einer kapitalgedeckten Renten- oder Lebensversicherung in ihrer aktiven Berufsphase für das Alter vollständig vorgesorgt haben. Nur dann können sie nämlich von den Erträgen ihres Ersparten leben, also im wahren Sinne des Wortes als „Rentiers", und niemand in der Gesellschaft muss durch Verzicht auf laufendes Einkommen für sie mit aufkommen. Selbst dann gibt es allerdings eine (oft übersehene) Voraussetzung, und dies ist die Zahlungsfähigkeit

Was ist eigentlich eine Last?

Der Sozialstaat und seine Sprache.

Merkwürdig ist das schon: Ausgaben zur Vorsorge für Alter und Gesundheit bezeichnen wir als „Belastung“. Das ist kein Ehrentitel. Das Steuerrecht nennt so nur jene Kosten, denen man nicht ausweichen kann, die einen zwangsläufig treffen – unausweichlich, schicksalhaft, ohne freie Wahl. Eben als Last, und die ist das Gegenteil von Lust: Man hat sie sich nicht ausgesucht, man trägt sie nolens volens, man ächzt unter ihr. Man würde sie gerne loswerden. Und, Hand aufs Herz, ist es denn nicht genau so mit Alter und Krankheit? Wer würde nicht gerne jünger sein, und gesünder? Wer ärgert sich nicht über all die Aufwendungen, die nötig sind, um als älterer und als kranker Mensch versorgt zu sein?

Das stimmt. Aber es ist bestenfalls die halbe Wahrheit. Die andere Hälfte wird deutlich, wenn man sich die Mühe macht, über andere Ausgaben des täglichen Lebens einmal genauer nachzudenken. So kaufen wir uns warme Kleidung, weil uns bei Frost kalt wird. Eine Belastung? Wir kaufen Wasch- und Spülmaschinen, um für den täglichen Anfall von Schmutz und Unrat im Haushalt gewappnet zu sein. Eine Belastung? Wir heizen unsere Häuser, kühlen unsere Lebensmittel, betanken unsere Autos, entsorgen unseren Müll – und alles kostet Geld und dient doch nur dazu, einen unangenehmen Zustand der Welt in einen (etwas) angenehmeren zu verwandeln. Ein ewiger Kampf gegen die Unzulänglichkeiten der Realität. Nur komisch ist: Die Ausgaben für diesen Kampf, die nennen wir „Konsum“. Und je mehr wir uns davon leisten können, desto höher ist unser „Lebensstandard“.

Richtig. Und genau deshalb hat auch die Vorsorge für Alter und Gesundheit eigentlich überhaupt nichts mit einer „Last“ zu tun. Im Gegenteil, sie gehört zu unserem „Lebensstandard“. Wer die Chance hat, über 80 Jahre alt zu werden, der erkauft sich damit allerdings auch das Risiko, irgendwann gebrechlich, krank und pflegebedürftig zu werden. Es ist gewissermaßen das Koppelprodukt, das er mit dem Losglück erwirbt, im 21. Jahrhundert zu leben – und nicht ein paar

Jahrhunderte vorher mit einer Lebenserwartung von gerade mal 30 Jahren. Damals war das Leben laut Thomas Hobbes „nasty, brute and short“, heute ist es „friendly, civilized and long“, und für die Länge müssen wir eben zahlen. Genau wie der Hausbesitzer für die Heizung und der Autobesitzer für den Tankinhalt. Was würden wir sagen, wenn Haus- und Autobesitzer plötzlich vor uns stünden und lauthals über die finanzielle „Last“ klagten, das Haus heizen und das Auto betanken zu müssen? Zu Recht würden wir sagen: Hört auf zu jammern!

Warum sagen wir das Gleiche nicht zu uns selbst, wenn wir tagaus, tagein die fürchterlichen Lasten einer alternden Gesellschaft beschwören? Der Grund ist einfach: Wir zahlen Beiträge in eine Sozialversicherung, und wir zahlen Steuern an einen Sozialstaat. Beide Adressaten sind recht abstrakte Institutionen. Bei beiden ist der Weg von der Zahlung zur Leistung ungeheuer lang, verschlungen, unübersichtlich. Bei beiden fühlt sich der normale Mensch übervorteilt. Nach dem Motto: Da zahle ich nun Jahrzehnte ein, und was kommt dabei heraus? Und tatsächlich: Bei schrumpfender und alternder Bevölkerung kommt weniger dabei heraus, als man einzahlt, zumindest in unseren Systemen, die über laufende Beiträge aus dem Einkommen finanziert werden. Da erging es früheren Generationen besser. Allerdings haben die auch mehr Kinder in die Welt gesetzt.

Lässt sich eine „gefühlte Last“ in eine „gefühlte Lust“ umwandeln? Das ist nicht einfach, denn die Jugend, die Beiträge zahlt, und das Alter, das Leistungen empfängt, fallen nun mal Jahrzehnte auseinander. Gutes Zureden von klugen Köpfen hilft jedenfalls kaum, denn nach einiger Zeit hört ohnehin keiner mehr hin. Dann schon eher weitsichtige, mutige Politik. Konkret: Reformen, die dafür sorgen, dass der Zusammenhang zwischen Zahlung und Leistung deutlicher wird, und zwar für alle erkennbar. Dies spricht – ganz grundlegend – für die Finanzierung über Beiträge zu einer Versicherung (und nicht Steuern an den Staat). Und es spricht für die strikte Trennung der Versicherung gegen Risiken und der Umverteilung von Einkommen. Da geht es nicht nur um Effizienz, sondern auch um ein Stück Psychologie.

der Versicherung oder des Pensionsfonds, bei dem der Zahlungsanspruch begründet wurde. Die jüngste Finanzkrise hat deutlich gemacht, dass auch dieses gesellschaftliche Risiko nicht vernachlässigt werden kann. In den heutigen Industrieländern (und auch anderswo) ist aber ohnehin die reine Kapitaldeckung unüblich: Selbst für Länder wie die Vereinigten Staaten und Großbritannien, die einen relativ hohen Anteil der Renten über Pensionsfonds und Lebensversicherungen abwickeln, bleibt ein beträchtlicher Rest, der anderweitig zu erwirtschaften ist. In den meisten anderen Ländern wird der mit Abstand größere Teil der Renten aus laufenden Beiträgen (wie in Deutschland) oder aus Steuern (wie zum Beispiel in Dänemark) finanziert.

Das Problem wird dann offensichtlich: Eine Alterung der Gesellschaft durch höhere Lebenserwartung sorgt bei festem Eintritt ins Rentenalter für eine längere Bezugsdauer und damit für höhere Kosten, die von einer abnehmenden Zahl von Beschäftigten getragen werden müssen. Tatsächlich hat die Bezugsdauer inzwischen Größenordnungen erreicht, mit denen wohl kaum jemand bei Schaffung der Rentensysteme gerechnet hatte. So erhielten in den Jahren 2002 bis 2007 in den OECD-Ländern die Rentner ihre Bezüge bei Männern knapp unter und bei Frauen knapp über 20 Jahre lang.[134] Dabei ist bei konstantem Alter des Renteneintritts in der Zukunft noch mit einem weiteren Anstieg der Bezugsdauer zu rechnen, weil die Lebenserwartung weiter ansteigen wird, wenn auch möglicherweise mit etwas gebremstem Tempo. Die Rentenversicherungen werden also im Trend zunehmende Schwierigkeiten der Finanzierung bekommen.

Diese Probleme lassen sich nur auf zwei ganz unterschiedlichen Wegen angehen: Entweder das Verhältnis von Renten- und Beitragshöhe wird reduziert (durch Erhöhung der Beiträge, Senkung der Renten oder beides); oder das Eintrittsalter in die Rente wird erhöht, also die Lebensarbeitszeit verlängert. Die beiden Wege sind in ihrer Grundphilosophie sehr unterschiedlich: Der erste Weg verändert die Belastung bei gegebener volkswirtschaftlicher Produktionsleistung, der zweite Weg erhöht die Produktionsleistung bei gegebener Belastung. Der erste ist somit rein fiskalisch, der zweite wachstumsorientiert. Beide können natürlich kombiniert werden, aber das ändert nichts daran, dass sie sich im Grundansatz voneinander unterscheiden.

Rein rechnerisch hat der zweite Weg einen naheliegenden Vorzug. Er sorgt für eine Art „doppelte Dividende", denn derjenige, der durch den späteren Renteneintritt vom potenziellen Rentner zum Erwerbstätigen wird, mutiert dadurch vom Leistungsempfänger zum Beitragszahler. Schon eine Erhöhung des Rentenalters um fünf Jahre könnte recht deutliche stabilisierende Wirkungen haben: Die derzeitige Bezugsdauer von etwa 20 Jahren würde um etwa ein Viertel fallen, die derzeitige Erwerbstätigkeit (rund 40 Jahre) um etwa ein Achtel steigen. Ergebnis: eine Senkung der Relation von Renten und Erwerbseinkommen um ein Drittel. Auch unter Gesichtspunkten der Fairness erscheint ein solcher Schritt absolut vertretbar: Der Gesellschaftsvertrag, der den heutigen Rentensystemen implizit zugrunde liegt, stammt aus einer Zeit viel kürzerer Lebensdauer der Menschen und damit einem deutlich geringeren Erwartungswert von Rente relativ zum Erwerbseinkommen über das gesamte Leben gerechnet.

Kaum ein vernünftiger Beobachter kann all dies bestreiten. Und es gibt eigentlich auch politisch keinen Grund, warum diese Einsicht nicht mehrheitsfähig sein sollte. Lediglich wenn wir unterstellen, dass die starke künftige Rentnergeneration – die vielen Babyboomer – ihren Generationsegoismus überaus hart durchsetzen und mit ihrer politischen Macht die jüngere Generation auspressen wollen, wäre eine vernünftige Lösung undenkbar. Dafür gibt es aber nicht den geringsten demoskopischen Hinweis. Im Gegenteil, Umfragen zeigen, dass die Babyboom-Generation das Problem in seiner Tragweite erkennt und längst damit rechnet, länger erwerbstätig bleiben zu müssen als ursprünglich vielleicht geplant.[135] Dies gilt umso mehr, als sich die Generationen ja nicht kommunikationslos gegenüberstehen, sondern innerhalb jeder einzelnen Familie die Probleme der jeweils jüngeren (und auch der älteren) Generation durchaus erkennen. Tatsächlich entstammen die Vorstellungen eines überspitzt harten Verteilungskampfes der Generationen eher dem politischen Feuilleton als der Realität.

Die eigentlichen Fragen einer Verlängerung der Lebensarbeitszeit sind deshalb weniger politische als biologische, soziale und wirtschaftliche. Können wir, wie in unserem Rechenexempel geschehen, überhaupt unterstellen, dass die zur Arbeit mobilisierten Rentner die nötige Produktivität am Arbeitsplatz erreichen? Werden ältere Menschen von der Wirtschaft noch gebraucht und nachgefragt? Welcher betriebliche und soziale Wandel ist erforderlich, um sie einzugliedern? Kurzum: Was können ältere Menschen überhaupt noch leisten? Niemand kann dies im Einzelnen heute schon wissen, aber es gibt wissenschaftliche Ansatzpunkte, darüber nachzudenken.

Startpunkt ist dabei die sogenannte Altersproduktivitätskurve. Sie beschreibt den Zusammenhang zwischen dem Alter eines Beschäftigten und der Produktivität, die er (oder sie) am Arbeitsplatz erzielt. Es gibt inzwischen eine Fülle von Studien über diesen Zusammenhang, und die Ergebnisse deuten auf eine Art „Buckelform" hin: Nach dem Eintritt ins Berufsleben steigt die Produktivität zunächst mit dem Alter an, erreicht dann im Alter zwischen 30 und 50 Jahren ihren Höhepunkt und nimmt dann bis zum Beginn des Ruhestands ab. Dieses Bild ist dabei überaus robust. Es zeigt sich in einer Vielzahl von Berufen und Branchen, also nicht nur in jenen Tätigkeiten, bei denen die im Alter abnehmende physische Körperkraft eine entscheidende Rolle spielt. Allerdings erlaubt es noch keine aussagekräftige Quantifizierung der Alterswirkung. Zu unterschiedlich sind die untersuchten Industrien und Arbeitsumstände sowie die Methodiken der Analyse – von der Auskunft über die individuelle Leistungsfähigkeit von Arbeitnehmern und Arbeitgebern bis hin zum Versuch, die Arbeitsproduktivität in Firmen in Abhängigkeit von der Zusammensetzung der Belegschaft nach Alter zu schätzen.[136] Jede einzelne dieser Untersuchungen hat dabei ihre eigenen (und sehr unterschiedlichen) Grenzen und Probleme. In der Summe bleibt aber festzuhalten, dass gerade die Abnahme der Leistungsfähigkeit ab etwa dem 50. Lebensjahr als Faktum recht gut gesichert ist.

Auch über die Gründe für diesen Befund gibt es wissenschaftlich gestützte Erkenntnisse. In körperlich anstrengenden

Berufen spielt offenbar das Nachlassen der Muskel- und Körperkraft sowie der physischen Belastbarkeit eine zentrale Rolle. Allerdings verliert dies im volkswirtschaftlichen Trend an Bedeutung, weil durch technischen Fortschritt und Strukturwandel der Anteil der rein körperlichen Tätigkeiten abgenommen hat und wahrscheinlich noch weiter abnehmen wird.[137] Im breiten Spektrum der „Kopfarbeit“, die im Wirtschaftswachstum an Bedeutung gewinnt, geht es dagegen vor allem um die kognitiven Fähigkeiten. Sie sind nach aller Erkenntnis von überragender Bedeutung für die Leistungsfähigkeit am Arbeitsplatz. Dabei wird zwischen zwei Arten unterschieden, die sich mit zunehmendem Alter ganz unterschiedlich entwickeln. Sogenannte „fluide“ kognitive Fähigkeiten – schnelle Auffassungsgabe, originelle Problemlösung, lernbereite Flexibilität – nehmen mit dem Alter ab; „kristalline“ Fähigkeiten – sprachliche Gewandtheit, Blick für das Wesentliche, Breite des Wissens – nehmen zu oder bleiben zumindest konstant. Soweit nun eine Abnahme der Arbeitsproduktivität mit dem Alter festzustellen ist, lässt sie sich weitgehend auf den Rückgang der „fluiden“ Fähigkeiten zurückführen.[138]

So weit das ganz grobe Bild der Forschung. Auf den ersten Blick legt es den Schluss nahe, dass das Wachstumspotenzial einer alternden Gesellschaft pessimistisch beurteilt werden muss. Dies gilt bei steigendem Anteil Älterer für die Gesellschaft insgesamt, aber es gilt insbesondere dann, wenn zur Entlastung der Rentenkassen mehr Ältere länger im Erwerbsleben verbleiben. Der zentrale Grund ist dabei die Abnahme „fluider“ Kompetenzen, die gerade für die Innovationskraft einer Gesellschaft von entscheidender Bedeutung sind. Dies ist tatsächlich auch die derzeitig übliche Schlussfolgerung, und zwar sowohl in der breiten Öffentlichkeit als auch in weiten Bereichen der Wissenschaft.[139]

Aus einer breiteren ökonomischen Perspektive ist allerdings das Bild keineswegs so klar. Denn die historische Erfahrung lehrt, dass private Unternehmen, wenn es denn sein muss, eine beträchtliche Fähigkeit entwickeln, mit veränderten Knappheiten bestmöglich umzugehen. Den Anstoß dazu gibt die Alterung der Gesellschaft selbst. Sie sorgt dafür, dass junge Fachkräfte mit den benötigten „fluiden" kognitiven Fähigkeiten am Arbeitsmarkt sehr gesucht und teuer werden. Die Lohnstruktur wird sich deshalb verändern, und zwar zunächst eindeutig zugunsten der Jüngeren und zulasten der Älteren. Genau dies ist in Deutschland bereits für die nächsten Jahre zu erwarten, wenn es zunehmend schwieriger wird, junge Auszubildende überhaupt am Markt zu finden. Und dies setzt dann eine lange Kette von Reaktionen in Bewegung, die im Ergebnis gerade die Produktivität der Älteren – und aller zusammen – deutlich erhöht.

Der Prozess könnte dabei wie folgt aussehen. Der hohe Marktlohn junger Fachkräfte sorgt dafür, dass Unternehmen alles tun, um diese Kräfte bestens zu motivieren und einzusetzen (und nicht zu verlieren!). Eine neue Welle der Optimierung betrieblicher Strukturen wird die Folge sein. Man könnte sie als Spezialisierung hin zu den Kernkompetenzen bezeichnen, eine verstärkte Arbeitsteilung auf betrieblicher Ebene: Junge Fachkräfte werden nur mehr dort eingesetzt, wo tatsächlich ihre Fähigkeiten besonders stark zur Geltung kommen. Dies ist gerade der Bereich der „fluiden" Kompetenz: Überall dort, wo Innovationskraft, Lernfähigkeit und Flexibilität in besonders hohem Maße gefordert sind, wird die (relativ kleine) Zahl junger Menschen das Feld beherrschen. Alle anderen Aufgaben erledigen die Älteren.

Wie diese Arbeitsteilung in einer konkreten betrieblichen Organisation aussehen wird, ist heute weitgehend Spekulation. Sie kann bedeuten, dass Ältere und Jüngere durchaus eng zusammenarbeiten, aber stets in Teams, in denen die Aufgaben so verteilt sind, dass sich „fluide" und „kristalline" Fähigkeiten optimal ergänzen.[140] Vorstellbar ist aber auch, dass sich die betriebliche Organisation stärker nach Aufgabenbereichen zerlegt, in denen Jüngere und Ältere unter sich bleiben. Sie kann auch zwischen Branchen mit unterschiedlichen Techniken und Produkten oder sogar zwischen Unternehmen mit eigenen Philosophien unterschiedlich ausfallen. Jedenfalls wird das Ergebnis so sein, dass schließlich viel mehr Reserven an Produktivität mobilisiert werden, als es ohne die extreme Knappheit junger

Fachkräfte ökonomisch nötig gewesen wäre. Wie stets wird die schiere Not die Suche nach neuen Lösungen beflügeln und die betriebliche Fantasie anregen.

Eine solche neue Arbeitsteilung hat weitreichende Folgen. Sie wird zunächst bedeuten, dass für „kristalline" Aufgaben junge Fachkräfte praktisch nicht mehr zur Verfügung stehen. Die Unternehmen werden deshalb versuchen, den Übergang talentierter junger Menschen vom „fluiden" zum „kristallinen" Bereich möglichst lange hinauszuzögern – und zwar vor allem dadurch, dass neue Aufstiegsmöglichkeiten und Chancen der Weiterbildung im „fluiden" Bereich geschaffen werden. Die traditionelle Hierarchie der Seniorität – der Aufstieg vom „Fluiden" zum „Kristallinen" als Beförderung mit erweiterten Verantwortungsbereich und höherer Bezahlung – wird ins Wanken geraten. Führungsaufgaben werden völlig neu definiert und geteilt, möglicherweise im Sinne einer mehr horizontalen Organisation, in der ein begabter „Techniker" sich sehr lange dem Zugriff „kristalliner" Vorgesetzter entziehen kann.

Damit nicht genug. Sind die teuren begabten Jungen im „fluiden" Bereich gebunden, ergibt sich eine verstärkte Nachfrage nach den – relativ preiswerten – älteren Arbeitskräften. Allein die Aussicht auf eine längere Lebensarbeitszeit erhöht den Anreiz für jedes Unternehmen, in die Fähigkeiten auch der älteren Arbeitskräfte mehr zu investieren. Wird zum Beispiel das siebte Lebensjahrzehnt zum selbstverständlichen Teil der Arbeitsplanung, dann steigt die Rentabilität von Ausbildungsprogrammen im sechsten Lebensjahrzehnt massiv an, und zwar für das Unternehmen genauso wie für die Beschäftigten selbst. Damit wiederum werden sich im Ausbildungsbereich völlig neue Angebote für Ältere entwickeln: Nicht mehr der Konsum von Wissen wie beim Seniorenstudium wird im Vordergrund stehen, sondern der Erwerb von Fähigkeiten. Zu bedenken ist dabei, dass künftige Generationen von älteren Arbeitskräften sich fast nur noch aus Menschen zusammensetzen werden, die in ihrem Arbeitsleben mit der neuen Welt der Informationstechnologie vertraut geworden sind. Dies gilt selbst noch für die jüngeren Jahrgänge der Babyboom-Generation.

Arbeit oder Ehrenamt?

Am besten beides.

Eines ist unausweichlich: Wir werden länger arbeiten müssen. Das siebte Lebensjahrzehnt, es wird nicht mehr dem Ruhestand gewidmet sein. Die kommenden Generationen älterer Menschen müssen sich darauf vorbereiten. Ihr Leitbild für die Zukunft wird sich ändern: nicht mehr der rüstige Rentner, sondern der aktive Arbeitnehmer (oder Arbeitgeber).

Dies könnte Folgen haben, vor allem für das Ehrenamt. Denn rüstige Rentner sind ja heute schon aktiv, und zwar nicht nur im eigenen Garten, auf dem Golfplatz oder bei Kreuzfahrten auf den Weltmeeren. Sie leisten auch Arbeit in dem riesigen Terrain unserer Gesellschaft, das den fantasielosen Namen „Dritter Sektor" trägt. Es geht dabei um all die Vereine, Klubs, Stiftungen und Initiativen, die gemeinnützig tätig sind. Ihre Ziele und Zwecke sind breit gefächert: von der Förderung der Kunst, Kultur und Wissenschaft über die Musik- und Heimatpflege bis zu Sport und sozialen Einrichtungen. Und nicht zu vergessen in einer Demokratie: die politischen Parteien. Ohne bürgerschaftliches Engagement verkümmert eine Gesellschaft.

Die bange Frage lautet deshalb: Wird das Ehrenamt leiden, wenn es mehr ältere Arbeitnehmer mit gut gefülltem Arbeitstag und weniger rüstige Rentner mit viel freier Zeit gibt? Die Antwort lautet wie so oft: Es kommt darauf an. Denn Zeit ist nicht alles, wie empirische Untersuchungen zur Bereitschaft ehrenamtlicher Tätigkeit immer wieder bestätigen. Fest steht jedenfalls: Arbeitslose sind im Durchschnitt deutlich weniger ehrenamtlich engagiert als Vollzeit-Berufstätige. Offenbar fördert die Arbeit selbst die Fähigkeit, auch nach Feierabend aktiv tätig zu sein. Dafür gibt es eine Fülle von nachvollziehbaren Gründen: Wer arbeitet, bleibt in einem sozialen Netzwerk, pflegt Kontakte, erhält Informationen darüber, wo Bedarf besteht und wo Hilfe gebraucht wird. Wer arbeitet, bleibt in einer zeitlichen Disziplin, die es erleichtert, gelegentlich noch ein paar Stunden dranzuhängen, um eine ehrenamtliche Aufgabe in den Abendstunden zu erledigen. Wer arbeitet, der behält auch noch jene soziale Kompetenz, die im Umgang mit anderen Menschen nötig ist.

All dies spricht dafür, dass es kein striktes physisches Zeitraster gibt, dem das Ehrenamt zum Opfer fallen könnte. Es gibt wohl eher einen fließenden Übergang, in dem die menschliche Motivation die zeitlichen Engpässe noch überwiegt. Aber irgendwo ist dann doch wirklich eine Grenze erreicht. Und es wäre fahrlässig zu leugnen, dass man dieser Grenze immer näher kommt, je älter man wird. Allerdings lässt sich dies nicht mit starren Regeln im Vorhinein klären. Hier müssen Staat, Wirtschaft und Gesellschaft tatsächlich ein Stück Fantasie entwickeln, um die Arbeitsteilung zwischen beruflicher und ehrenamtlicher Tätigkeit optimal abzustecken.

Viele Modelle sind denkbar. Dies gilt vor allem dann, wenn sich bereits lange vor dem siebten Lebensjahrzehnt abzeichnet, wo genau eine Stärkung des ehrenamtlichen Engagements infrage kommt. So könnten im Rentensystem Sonderregelungen erlauben, eine besonders zeitraubende ehrenamtliche Tätigkeit zur Begründung von Anwartschaften auf die Rente zuzulassen, sagen wir, ab dem 65. Lebensjahr. Der betreffende Arbeitnehmer könnte dann in einem gleitenden Übergang von der normalen Beschäftigung in den ehrenamtlichen Bereich überwechseln. Er hätte für einige Jahre eine Art doppelte Beschäftigung: abnehmend, aber mit Verdienst in der Wirtschaft, und zunehmend, aber ehrenamtlich im Dritten Sektor. Im Rahmen seiner Verantwortung für gemeinnützige Leistungen könnte dann der Staat jene Belastung der Rentenkasse ausgleichen, die durch das Fehlen von Beiträgen infolge der ehrenamtlichen Tätigkeit entsteht.

Natürlich sind andere Modelle vorstellbar. Aber eine Gemeinsamkeit müssen sie haben: die Suche nach einer neuen Balance zwischen der Finanzierung des Sozialstaats und dem bürgerschaftlichen Engagement in einer alternden Gesellschaft.

Kurzum: Das statische Bild einer unabänderlichen Lücke der Produktivität zwischen Jung und Alt greift zu kurz. Es spricht vieles dafür, dass die Knappheit an „fluiden" Fähigkeiten einen umfassenden und tief greifenden Wandel der betrieblichen Strukturen nach sich zieht. Der Prozess könnte Ähnlichkeiten haben mit jenem Schub an vertikaler Mobilität, den die Knappheit an Arbeitskräften in den 1960er-Jahren in Deutschland (und in Westeuropa insgesamt) auslöste. Damals sorgte der demografische Wandel für eine extreme Knappheit an qualifizierten Fachkräften insgesamt. Die Folge war keineswegs eine Stagnation des Wachstums der Produktivität, sondern fast das genaue Gegenteil: Die Unternehmen in Deutschland investierten in die Qualifikation ihrer Arbeitskräfte, übertrugen ihnen größere Verantwortung und besetzten die verwaisten Stellen für einfache Arbeit mit Zuwanderern aus Südeuropa. Auch praktisch ohne aktive Arbeitsmarktpolitik des Staates kam es zu einer kraftvollen Eigendynamik der beruflichen Ausbildung, und zwar allein auf innerbetrieblicher Ebene.[141]

Wichtig ist allerdings: Der betriebliche Strukturwandel muss von den Tarifvertragsparteien zugelassen, besser noch aktiv unterstützt werden. Dies heißt vor allem: Das traditionelle Muster der Lohnstruktur muss sich wahrscheinlich stark verändern. Der Wandel hat dabei viele Dimensionen, aber die alles dominierende ist die Veränderung der relativen Preise zwischen „fluiden" und „kristallinen" Fähigkeiten. Zu vermuten ist, dass sich dies zugunsten der Jungen, der Frauen und überhaupt der intelligenten Newcomer auswirkt, und zulasten der Älteren, der Männer und der „Altsassen". Genau deren Interessen sind aber typischerweise in den mächtigen Lobbyorganisationen des Arbeitsmarkts überrepräsentiert, und zwar auf beiden Seiten, in Arbeitgeberverbänden und in Gewerkschaften.

Auch die Politik kann diesen Strukturwandel nachhaltig befördern. So sollte sie keinesfalls Regeln schaffen oder zementieren, die der flexiblen Anpassung betrieblicher Strukturen der Gehälter und der Verantwortung entgegenwirken. Dies gilt für den Arbeits- und Kündigungsschutz genauso wie für den gesetzlichen Rahmen der Tarifverträge und die betriebliche Mitbestimmung. Auch die Arbeitsmarktpolitik kann helfen: Sie sollte verstärkt versuchen, die Mobilisierung älterer Menschen zu erleichtern. Dazu gibt es eine breite Palette von Möglichkeiten – vom Unterstützen der Weiterbildung auf betrieblicher Ebene bis zu Programmen der Gesundheitsförderung.[142] Auch die Einwanderungspolitik in Deutschland (und auch anderen Industrienationen) sollte die neuen Knappheiten im Auge behalten. Das heißt konkret: Zuwanderung vor allem von Menschen, die einen wesentlichen Beitrag zum Angebot an „fluiden" kognitiven Fähigkeiten liefern, also: junge, gut ausgebildete Fachkräfte.

Aus alledem wird deutlich: Es ist gerade nicht eine Politik des Verzichts auf Wachstum, die hilft, die Herausforderungen der Alterung der Gesellschaft zu meistern. Es ist vielmehr das Gegenteil: Die Mobilisierung der kreativen und produktiven Kräfte, um das Rentensystem fair und finanzierbar zu machen. Nur insofern, wie dies nicht gelingt, bleibt für alle der Weg des Verzichts auf Wohlstand, sei es für die Jüngeren durch höhere Beiträge, sei es für die Älteren durch niedrigere Renten. Gerade der Erhalt und der Ausbau der volkswirtschaftlichen Leistungsfähigkeit – und nur er – erlaubt es, auch bei alternder Bevölkerung soziale Ziele ohne unnötigen Verzicht zu verwirklichen.

Selbst wenn dies gelingt, wird im Übrigen noch eine breite Palette an Problemen der fairen Lastenverteilung zu klären sein. So wird es zum Beispiel immer einen Bereich von Berufen geben, bei dem die physische Körperkraft und deren Verschleiß auf Dauer von großer Bedeutung sind. Dies gilt ganz offensichtlich für das Bauhandwerk. Auch dort wird es zwar einige Möglichkeiten der internen Anpassung geben – vom Außen- in den Innendienst, vom Baustellen- zum Bürojob. Aber diese sind von der Natur der Sache her begrenzt. In diesen Branchen, die allerdings tendenziell eher schrumpfen, wird es nötig sein, über irgendeine Form von Solidargemeinschaft den Rentenanspruch mitzufinanzieren. Aber genau das wird umso eher möglich sein, je mehr Mobilisierung älterer Menschen insgesamt gelingt.

So weit zur Zukunft der Altersvorsorge in einer alternden

Bevölkerung. Der zweite große Bereich des Sozialstaats, der von der Alterung massiv betroffen wird, ist das Gesundheitssystem. Ältere Menschen haben mehr und schwerwiegendere Krankheiten. Sie verursachen deshalb höhere Gesundheitskosten. So liegen zum Beispiel die Pro-Kopf-Aufwendungen für stationäre Behandlung bei den über 65-Jährigen in Deutschland etwa dreimal so hoch wie bei der Bevölkerung im Alter von 15 bis 65 Jahren; in anderen OECD-Ländern ist es ganz ähnlich.[143] Der Anstieg der Kosten mit dem Alter verläuft dabei zunächst relativ moderat und dann schließlich sehr steil. Auf die letzte Phase des Lebens entfällt dabei ein Großteil der Gesamtkosten, zumindest dann, wenn die Aufwendungen für Pflege mit eingerechnet werden.

Bereits heute ist die Finanzierung des Gesundheitswesens ein wichtiges politisches Thema in praktisch allen Industrieländern. Dies liegt vor allem an den steigenden Kosten: Von 1997 bis 2007 nahmen die Ausgaben für Gesundheit deutlich zu, und zwar inflationsbereinigt im Jahresdurchschnitt der OECD-Länder um 4,1 Prozent, bei einem Wirtschaftswachstum von 2,6 Prozent.[144] Der überproportionale Anstieg traf fast alle Länder. Dies ist bemerkenswert, denn die Systeme sind sehr unterschiedlich konstruiert. Sie reichen von rein öffentlichen Modellen wie dem „National Health Service" in Großbritannien bis zur rein privaten Versorgung, wie es sie bis zur jüngsten Reform in den Vereinigten Staaten gegeben hat. Und sie finanzieren sich ganz unterschiedlich: vorwiegend über Steuern wie in Dänemark und Schweden oder weitgehend über Beiträge wie in Deutschland. Auch was die Trägerschaft der Krankenhäuser, die Regulierung der pharmazeutischen Industrie und die sonstigen Rahmenbedingungen betrifft, stößt man auf alle nur erdenklichen Varianten und Besonderheiten.

Und trotzdem: Überall das gleiche Bild. Offenbar gibt es bereits heute einen stabilen Trend zur Erhöhung der Gesundheitskosten, noch bevor die ganz großen demografischen Veränderungen ihre Wirkung voll entfalten. Zwischen 2000 und 2007 stieg der Anteil der Gesundheitsausgaben am Bruttoinlandsprodukt in der OECD von 7,8 auf 8,9 Prozent. Dabei liegen fast alle OECD-Länder mit höherem Wohlstandsniveau in der Spannbreite von acht bis elf Prozent, mit Japan und Finnland am unteren Ende und Frankreich und der Schweiz am oberen Rand, dicht gefolgt von Deutschland (mit 10,4 Prozent). Nur ein Land fällt völlig aus dem Rahmen: die Vereinigten Staaten mit 16 Prozent, wobei sich aber auch dort der gleiche Trend abzeichnet, allerdings auf deutlich höherem Niveau. Kurzum: ein relativ einheitliches Bild, das auf grundlegende gemeinsame Bestimmungsgründe und Veränderungen hindeutet, die nur wenig zu tun haben mit nationalen Besonderheiten. Es ist nützlich, sich klarzumachen, wo genau diese Gemeinsamkeiten liegen. Denn sie liefern wichtige Anhaltspunkte dafür, wie die Zukunft beim gemeinsamen Altern aussehen könnte.

Außer Zweifel steht, dass es seit Jahrzehnten einen rasanten – und teuren – technischen Fortschritt in der Medizin gibt. Wie stark er war, lässt sich quantitativ schwer feststellen, gerade weil die Produktivität im Gesundheitswesen sehr viel schwieriger zu messen ist als in anderen Bereichen der Volkswirtschaft wie der Industrie. Alle Indizien deuten allerdings darauf hin, dass der Fortschritt weit schneller verlief als im gesamtwirtschaftlichen Durchschnitt. Es gab spektakuläre Entwicklungen im weiten Feld der Chirurgie, bedingt vor allem durch Einführung hochmoderner Computer- und Operationsmethodik; es gab gewaltige Fortschritte in der Zahntechnik und der Orthopädie, als Folge neuartiger Materialien und verbesserter Zielgenauigkeit der Eingriffe; es gab Durchbrüche bei der Medikation chronischer Krankheiten, auch als Konsequenz der roten Biotechnologie. Und es gab logistische Verbesserungen in der Notfallmedizin, die durch enorme Schnelligkeit viel mehr Leben rettet beziehungsweise für einen glimpflicheren Krankheitsverlauf sorgt, zum Beispiel bei Herzinfarkten, Schlaganfällen und Unfällen.

Wie wirkt nun der technische Fortschritt in der Medizin? Und vor allem: Warum wird er im Ergebnis so teuer? Klar ist: Er sorgt für ganz neue Behandlungsmethoden, also für echte „Innovationen“, vergleichbar einem völlig neuen Produkt, das in der Industrie auf den Markt kommt. Er erlaubt Dinge, die vorher so gar nicht möglich waren. Dass er eine bereits vorhandene Behandlungsmethode „billiger" macht, ist dagegen eher selten. Er ersetzt Schlechteres durch Besseres, und das Schlechtere verschwindet dann zumeist relativ schnell ganz aus der Praxis. Der Grund ist ein ethischer: Die Gesellschaft ist im Bereich der Medizin nicht bereit, Besseres und Schlechteres als dauerhaftes Angebot zu akzeptieren. Denn es würde ganz offen auf das hinauslaufen, was als „Zwei-Klassen-Medizin" bezeichnet wird.

Genau dies macht aber die Sache teuer, denn das Billigere verschwindet sehr schnell vom Markt. Natürlich gibt es viele verdeckte Differenzierungen des Leistungsangebots, die sich in den jeweiligen Gesundheitssystemen in ganz unterschiedlicher Form äußern, zum Beispiel in langen Wartezeiten für Operationstermine oder in einer gewissen Abstufung der angewandten Technik bei Zahnpflege und Zahnersatz. Allerdings handelt es sich dabei um kleinere Variationen im Rahmen der pragmatischen Möglichkeiten, und nicht um eine offene (und gewünschte) Abstufung der Leistung. Oder es geht um Übergangsphasen, in denen eine Neuerung erst in einigen besonders innovativen Krankenhäusern und Praxen auf ihre Tauglichkeit hin getestet wird, während der Rest der Ärzteschaft – noch – beim Bewährten bleibt. Eine langfristige Überlappung von ganz unterschiedlich leistungsfähigen Techniken gilt aber als inakzeptabel.

Der Unterschied zu anderen Märkten liegt auf der Hand: Niemand stößt sich daran, dass Kraftfahrzeuge, Computer und selbst Lebensmittel auf unterschiedlichen Qualitätsstufen nebeneinander zu unterschiedlichen Preisen angeboten werden. Genau dies erlaubt auch die längerfristige Koexistenz unterschiedlicher Techniken – und dabei auch das dauerhafte Billigangebot von Gütern und Dienstleistungen, die als „ältere" oder „einfachere" Modelle anerkannt sind. Dies sorgt in der Breite für ein enormes Einsparpotenzial bei den Verbrauchern. Denn nur eine kleine Minderheit der Bevölkerung kauft in der Regel das modernste Top-Auto oder den modernsten Top-Computer; der Rest begnügt sich mit bescheideneren Varianten, ohne sich dabei in irgendeiner Weise diskriminiert zu fühlen. Die Erneuerung der Produktpalette kann deshalb viel „preisfreundlicher" geschehen als in der Medizin: Neue Modelle durchdringen den Markt nur recht langsam, und wenn sie es schließlich geschafft haben, sind sie gar nicht mehr so neu und kommen selbst unter Preisdruck.

Klar ist also: Ein ganz wesentlicher ökonomischer Aspekt der Medizin wird durch ethische Gesichtspunkte bestimmt. Ähnlich sieht es in der Pharmazie aus. Und dort lässt sich die Wirkung des technischen Fortschritts in ganz analoger Weise beschreiben: Ein neues Medikament darf aus ethischen Gründen den wirklich Bedürftigen nicht vorenthalten werden. Genau dies schafft die bekannten Probleme in der Preisgestaltung pharmazeutischer Produkte. Im Regelfall haben innovative Medikamente eine zeitweilige Monopolstellung, sonst sind sie nicht wirklich innovativ. Mehr als in anderen Produktbereichen können nun die Pharmaunternehmen genau diese Position ein Stück weit ausnutzen, indem sie sehr hohe Preise verlangen – wohl wissend, dass die Nachfrager es sich moralisch kaum leisten können, das Medikament nicht in ihrem medizinischen Behandlungsprogramm zu berücksichtigen. Die Monopolstellung ist gewissermaßen ethisch abgesichert, und die Öffentlichkeit wird dadurch erpressbar.

Es wäre naiv zu glauben, dass diese Besonderheiten der pharmazeutischen Märkte völlig zu beseitigen sind. In den meisten Ländern gibt es Verfahren der Genehmigung, die irgendwie versuchen, den „wahren" Wert eines Medikaments gutachtlich zu erfassen. Dies läuft letztlich auf einen Versuch hinaus, einen „angemessenen" Anreiz zur Forschung für die Unternehmen zu erhalten, gleichzeitig aber eine ungebührliche Ausnutzung des temporären Monopols zu verhindern. Dies kann nie überzeugend und zweifelsfrei gelingen; und zwar am wenigsten in Ländern wie den Vereinigten Staaten, der Schweiz und Deutschland, die über eine leistungsfähige Pharmaindustrie verfügen, deren innovativer Standort zur Disposition stehen könnte. Es ist deshalb damit zu rechnen, dass die strukturellen Marktprobleme fortbestehen: Ein annähernd perfekter Wettbewerb mit vielen Produzenten, die in vielen Märkten mit vielen Innovationen auftreten und sich scharfe Konkurrenz machen, ist in dieser Branche eine Illusion.

So weit der heutige Stand der Medizin und Pharmazie. Wie wird es technologisch in den nächsten Dekaden weitergehen? Die Antwort liegt auf der Hand: Es gibt nicht den geringsten Hinweis, dass die Innovationskraft in Medizin und Pharmazie erlahmt. Im Gegenteil, es ist zu erwarten, dass es vor allem in der roten Biotechnologie und in der Anwendung im Mikrobereich der medizinischen Informationstechnik weitere kräftige Fortschritte geben wird. Der Prozess der Entdeckung, Innovation und Einführung von „teurer Technik" wird also weitergehen – und mit ihm die Zunahme der Ausgaben im Gesundheitswesen. Die Alterung der Bevölkerung wird dabei die Nutzung der neuen Techniken überaus profitabel und auch sinnvoll machen. Es wird moralisch undenkbar sein, den alternden Menschen die Anwendung der Technik vorzuenthalten. Denn bis ins hohe Alter erlaubt der Einsatz der Technik ja tatsächlich eine Verbesserung der Lebensqualität. Lediglich in ethischen Grenzbereichen wie der Lebensverlängerung „um jeden Preis" wird es pragmatische Kompromisse geben – allerdings erst nach einer schwierigen Abwägung zwischen „Lebensquantität" und „Lebensqualität". Auch diese Diskussion hat längst begonnen, und sie reicht von der Palliativmedizin bis hin zur passiven Sterbehilfe. Zu Recht geht es dabei aber um die rein ethische Frage des menschenwürdigen Lebens und Sterbens sowie der Selbstverantwortung bis zum Tod in einer Welt der Apparatemedizin.[145] Ökonomische Abwägungen sind dort unangebracht.

Zusätzlich zur Technik wird es auch einen größeren Einsatz von Pflegepersonal geben müssen. Auch in dieser Hinsicht zeigt sich bereits ein Trend nach oben. So nahm die Beschäftigung von Pflegekräften von 2000 bis 2007 in der OECD um 1,4 Prozent und in Deutschland um 0,8 Prozent pro Jahr zu – und damit weit stärker als die gesamtwirtschaftliche Beschäftigung. In der Zukunft wird dieser Trend weitergehen. Seine Wirkung auf die Gesundheitskosten wird dabei noch viel stärker ausfallen, da Pflegekräfte derzeit noch zu den Arbeitskräften mit den niedrigsten Löhnen gehören. Gerade durch den Strukturwandel und den Mangel an Arbeitskräften wird sich dies wahrscheinlich verändern. Auch in der ärztlichen Versorgung wird es Engpässe geben, vor allem im ländlichen Bereich. Auch dort werden deshalb die Gehälter und Honorare eher steigen müssen, um ein flächendeckendes Leistungsangebot abzusichern. Und dies wird zusätzlich die Kosten erhöhen.

Fazit: Die Gesundheitsausgaben werden fast zwingend einen deutlich größeren Anteil der gesamtwirtschaftlichen Nachfrage ausmachen. Die heutige Größenordnung von acht bis elf Prozent des Bruttoinlandsprodukts erscheint längerfristig völlig illusorisch. Anders als beim Rentensystem gibt es auch keinen naheliegenden Ausweg, diese „Belastung" zu senken. Denn die Gesundheit ist ein „Gut", das erworben oder gepflegt wird, und keine „Ja/Nein-Entscheidung" zwischen Arbeit und Ruhestand wie im Rentensystem. Tatsächlich ist der einzige Weg, das Anwachsen des Anteils abzufedern, ohne auf mehr Gesundheit zu verzichten, das wirtschaftliche Wachstum selbst: Je größer die Dynamik der gesamtwirtschaftlichen Leistung, umso leichter fällt es, die „Belastung" der zusätzlichen Gesundheitsausgaben zu finanzieren. Einmal mehr spricht die Herausforderung der Zukunft für – und nicht gegen – das Wirtschaftswachstum.

Eines wird dabei sehr deutlich: Wachstum hat eine ganz wesentliche soziale Komponente. Denn es erlaubt überhaupt erst, den Sozialstaat in seinen verschiedenen Dimensionen finanzierbar zu machen. Dies gilt insbesondere für das Gesundheitswesen in einer alternden Gesellschaft. Verzicht auf Wachstum, das heißt eben auch Verzicht auf Wege und Mittel, ohne eine allzu schmerzliche Einschränkung aller anderen Ausgaben die zusätzlichen Kosten eines modernen, allen zugänglichen Gesundheitssystems tragen zu können. In gewisser Weise wird das Wachstum in der Zukunft sozialpolitisch noch viel wichtiger als in der Vergangenheit, und zwar gerade wegen der steigenden Sozialkosten. Die Forderung nach Verzicht auf Wachstum mag deshalb auf den ersten Blick attraktiv erscheinen, weil sie sich gegen die Gier nach immer mehr richtet. Bei genauerem Hinsehen ist sie aber moralisch höchst fragwürdig, weil sich das „Mehr" in absehbarer Weise auf die soziale Sicherung konzentrieren wird. Gerade wer von „Belastung“ durch den Sozialstaat spricht, der muss eigentlich mit Nachdruck dafür plädieren, dass diese Belastung tragbar wird. Und dies wird sie umso mehr sein, je größer die Leistungsfähigkeit der Wirtschaft ausfällt.

Allerdings führt auch der Begriff „Belastung“ ein Stück weit in die Irre. Denn Wirtschaftswachstum ist immer auch Strukturwandel, und dieser wird getrieben vom technischen Fortschritt auf der Angebots- und von den Vorlieben und Zwängen der Menschen auf der Nachfrageseite. Dies war in der Geschichte immer so: Es entstanden mit neuesten Technologien Güter und Dienste, die eine Nachfrage befriedigten. Es begann mit der Ernährungs-, Bekleidungs- und Textilindustrie und ging über den Wohnungs- und Fahrzeugbau bis hin zur Unterhaltungselektronik und zu Urlaubsreisen in den sonnigen Süden oder in die verschneiten Berge, die von neu gebauten Skiliften erschlossen wurden. Immer trieb nicht nur das Angebot, sondern auch die Nachfrage – tatsächlich oder latent – die Richtung des Fortschritts. Dies ist ja der eigentliche Sinn der kapitalistischen Marktwirtschaft. Wenn sie einem Gesetz folgt, dann diesem.

Auch für Leistungen im Gesundheitsbereich trifft dies zu, und zwar weit über das reine Kurieren von Krankheiten hinaus. Mit Alterung und längerer Lebensarbeitszeit wird es nämlich ein viel stärkeres Bestreben der Menschen geben, ihre körperliche, geistige und seelische Verfassung möglichst stabil zu halten oder noch zu verbessern. Dies wird nur durch das gehen, was wir mit einem ökonomischen Begriff die „weitsichtige Substanzpflege“ nennen könnten: möglichst gesunde Ernährung, wohldosierte sportliche Betätigung, Nutzung der Freizeit zur Regeneration in der Natur. Der Trend wird also weggehen von der reinen Erholung im klassischen „Urlaub“. Tatsächlich beobachten wir ja schon heute in Industrienationen (und allemal in Deutschland) einen Trend zu einer aktiveren Gestaltung der Freizeit. Modische Wellen neuartiger Erholungsangebote sind die ersten Vorboten. Sie reichen von Wellness-Wochenenden im gediegenen Sporthotel über Kurse zu Naturkost, Ernährung und Wein bis zur spirituellen Einkehr im kargen Kloster. Allerdings spricht bisher wenig dafür, dass damit die typischen Krankheitsbilder unserer Wohlstandsgesellschaft wirklich seltener und weniger schwerwiegend geworden sind. Klagen über Symptome von „Stress" und neuerdings „Burn-out" nehmen noch eher zu als ab. Offenbar befinden wir uns in dieser Hinsicht noch in der Orientierungsphase, bei der sich die Nachfrager vielleicht selbst noch überhaupt nicht sicher sind, was sie eigentlich wollen und was ihnen letztlich hilft. Die Anbieter stochern deswegen ein Stück weit mit der Stange im Nebel – ein typisches Phänomen für relativ junge Dienstleistungen, die noch am Anfang eines marktwirtschaftlichen Suchprozesses stehen.

Generell gilt: Wir befinden uns erst im Frühstadium einer Übergangsperiode, was die Konsumstruktur betrifft. Wir verlassen eine Gesellschaft, die eindeutig vom Jugendkult dominiert wird und diesen noch ein gutes Stück ins mittlere Alter hineingetragen hat. Vor uns liegt eine reifere, ältere Gesellschaft, die aber keineswegs im Statisch-Greisenhaften erstarrt, sondern ihre eigene Dynamik erhalten muss und will. Es ist gut möglich, dass dieser Übergang bis Mitte des Jahrhunderts einen recht dramatischen Wandel in der Produkt- und Dienstleistungswelt schafft, und zwar durchweg in Richtung des größeren Bewusstseins für Gesundheit und deren Erhaltung. Der Anteil der Haushaltsausgaben für Gesundheit im weitesten Sinne wird dann vielleicht noch viel mehr ansteigen, als dies die Ausgaben für die Krankenversicherung tun. Am Ende steht dann eine Gesellschaft, die dem Gesundheitserhalt und der Lebensqualität auf Dauer viel mehr Bedeutung beimisst als der „Reparatur" im Krankheitsfall.

Hinzu könnte sogar eine völlig neue geistige Haltung kommen. Es ist sehr wohl denkbar, dass die künftigen älteren Generationen den Anstieg der Gesundheitsausgaben viel weniger als ein Problem ansehen, als wir dies heute im Voraus vermuten. Vielleicht werden sie auf teure Vergnügungs- und Entdeckungsreisen in ferne Länder gerne verzichten, dafür aber im Aktivurlaub ihre körperlichen und geistigen Kräfte regenerieren. Vielleicht werden sie genauso selbstverständlich von jugendlichem „Junkfood" auf gesündere Lebensmittel umsteigen. Vielleicht werden sie auch sehr gerne die jüngste Neuerung der Unterhaltungselektronik ignorieren und stattdessen ihr Hörgerät oder ihre Brille erneuern. Kurzum: Ihre Wünsche und Prioritäten werden sich verändern, genau wie dies in früheren Generationen geschehen ist. So haben im Zuge der Welle der Motorisierung bis in die 1970er-Jahre die Menschen in Deutschland das dringende Bedürfnis und den zunehmenden sozialen Druck gespürt, sich ein Kraftfahrzeug zuzulegen. Plötzlich wurden beachtliche Anteile des Einkommens allein zur Unterhaltung eines Automobils ausgegeben, und zwar um damit ein Bedürfnis nach Mobilität zu befriedigen, das es in diesem Ausmaß früher nie gegeben hatte. Warum sollte dies bei der Gesundheit so ganz anders sein?

Tatsächlich beruht unsere einseitige Vorstellung von Gesundheitsausgaben als „Belastung" allein auf einem rückwärtsgewandten Zerrbild des quantitativen (und nicht qualitativen) Wachstums. Wie so oft herrscht auch hier die Idee, Wachstum bestünde nur aus immer mehr simpel fassbaren Waren und Diensten: mehr Autos, mehr Urlaubsreisen, mehr elektronische Unterhaltungsgeräte.[146] Dies verkennt völlig den natürlichen Strukturwandel, und zwar auch der Vorlieben der Menschen. Damit allerdings machen wir es uns unnötig schwer, einigermaßen zuversichtlich in die Zukunft zu blicken. Denn wir sehen den künftigen Menschen ständig an jene Grenzen stoßen, die wir heute als frustrierend ansehen. Uns fehlt die Fantasie, uns vorzustellen, dass für eine künftige Generation mit hoher Lebenserwartung und Lebensarbeitszeit die Gesundheit von vornherein eine ganz andere Bedeutung erhält, als dies heute noch der Fall ist.

Dies gilt natürlich umso mehr, je stärker die Wirtschaftsbranchen des Gesundheitswesens selbst zum Motor des künftigen Wachstums werden, genau wie früher der Fahrzeugbau, der Tourismus oder die Mikroelektronik. Hier sind eigentlich der Fantasie nur wenig Grenzen gesetzt, gerade weil der technische Fortschritt im medizinischen und pharmazeutischen Bereich schon in der Vergangenheit so kräftig ausfiel. Tatsächlich ist die Vorstellung einer neuen technologischen Innovationswelle, die getrieben wird vom Gesundheitssektor, zwar spekulativ, aber alles andere als abwegig.[147] Insofern ist auch an dieser Stelle „Wachstumskritik" kaum angebracht. Im Gegenteil, die alternde Gesellschaft kann durchaus selbst zur Antriebskraft eines neuen technologisch getriebenen Wachstumsschubs werden.

All diese Gedankengänge haben auch politische Bedeutung. Denn sie machen eines klar: Die Politik sollte sich davor hüten, den Menschen zu suggerieren, es könnte für die Gesundheit in der Zukunft fixe Ausgabengrenzen geben, die nicht überschritten werden dürfen. Denn zum einen ist dies sachlich falsch, zum anderen kann es dann tatsächlich zu politischer Enttäuschung kommen, wenn es schließlich der Politik doch nicht gelingt, diese Grenzen einzuhalten. In dieser Hinsicht läuft die öffentliche Diskussion in Deutschland in den letzten Jahren außerordentlich unbefriedigend: Immer wieder kommen von politischer Seite irgendwelche „Grenzen der Belastbarkeit" ins Spiel, zumeist anhand selbst festgelegter Schwellenwerte eines Einkommensanteils, der angeblich nicht überschritten werden darf, wenn es um die Ausgaben für Alters- und Gesundheitsvorsorge geht. Eine solche politische Kommunikation ist bestenfalls kurzsichtig und naiv, schlimmstenfalls verantwortungslos. Der Zukunft der alternden Gesellschaft wird sie jedenfalls nicht gerecht.

4.2 Arbeit und Bildung

„Jeder, der Arbeit sucht, soll auch Arbeit finden." So oder ähnlich lautet eines der zentralen Ziele moderner Wirtschaftspolitik. Klar ist also: Eine niedrige Arbeitslosenquote hat einen überaus großen gesellschaftlichen Stellenwert. Sie kann zwar kaum auf null sinken, weil Fluktuationen und Friktionen am Arbeitsmarkt bei Stellenwechseln völlig unvermeidbar sind; und wo das natürliche Minimum der Arbeitslosigkeit liegt, das überhaupt in einer Marktwirtschaft erreichbar ist, darüber lässt sich streiten (und wird seit Langem gestritten).[148] Kaum strittig ist allerdings, dass heutzutage die Größenordnung einer „normalen" Arbeitslosenquote in Industrieländern irgendwo zwischen vier und acht Prozent liegt, mit gewissen nationalen Unterschieden, die sich aus Unterschieden in den Verfassungen, Institutionen und Statistiken des Arbeitsmarkts ergeben.

Verändert Wachstum die Arbeitslosigkeit? Die traditionelle Antwort der volkswirtschaftlichen Lehrbücher auf diese Frage ist differenziert. Sie unterscheidet zwischen der kurzen und der langen Frist. Kurzfristig – im Konjunkturaufschwung – sorgt die steigende zusätzliche Produktion für zusätzliche Beschäftigung, weil brachliegende Kapazität genutzt wird. Genau dies ist der Prozess, der die Arbeitslosenquote erst auf ihr natürliches Niveau zurückführt, wenn eine Rezession sie zuvor erhöht hat. Es ist der Weg zurück zu einem voll ausgelasteten Produktionspotenzial einer Volkswirtschaft. Längerfristig – bei vollständiger Auslastung der Kapazitäten – heißt Wachstum vor allem: Fortschritt der Arbeitsproduktivität, sei es durch Investitionen oder technischen Fortschritt oder beides. Und dieser Fortschritt schlägt sich dann in einem höheren (realen) Lohnniveau nieder. Er wird gewissermaßen „konsumiert" und nicht in noch mehr Beschäftigung (und niedrigere Arbeitslosigkeit) umgesetzt.

So weit die traditionelle Theorie. Die Realität ist ihr nicht gefolgt – jedenfalls nicht, was die Wirkung des langfristigen Wachstums betrifft. Dies gilt zumindest für die Erfahrung der Industrieländer, die wir seit Jahrzehnten recht verlässlich beobachten können. Schauen wir uns beispielhaft die Entwicklung in Westdeutschland in den letzten 60 Jahren an (**Schaubild** 7). Von 1960 bis 1973 lag die Arbeitslosenquote sehr niedrig, bei rund einem Prozent. Sie stieg dann in zwei riesigen Sätzen im Zuge der beiden Ölkrisen 1973/74 und 1980/81 und den darauffolgenden Rezessionen drastisch an, um anschließend nur wenig abzusinken. Erst in den letzten Jahren vor der Finanzkrise gab es eine deutliche Abnahme der Arbeitslosenquote, aber das niedrige Niveau der 1960er- und frühen 1970er-Jahre wurde nie wieder erreicht. Für Westdeutschland findet sich in der Geschichte noch ein bemerkenswerter Sondereffekt: die Integration von zehn Millionen Vertriebenen in den Arbeitsmarkt der 1950er-Jahre. Damals nahm die Arbeitslosenquote im Trend deutlich ab – von etwa zwölf Prozent (1950) auf ein Prozent

Schaubild 7: Arbeitslosigkeit in Deutschland 1950-2008*

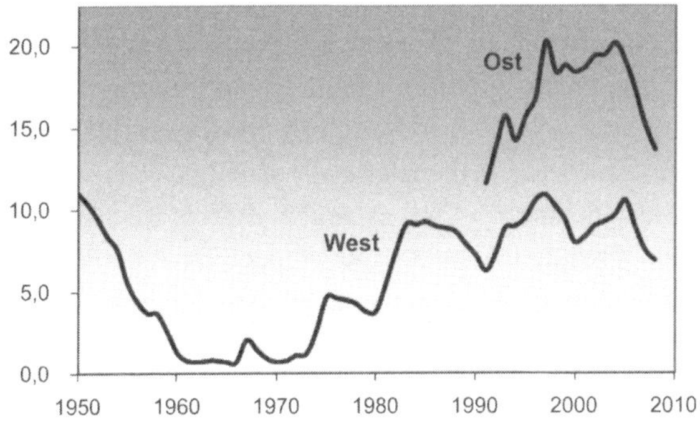

* Arbeitslose in Prozent der abhängigen Erwerbspersonen

Datenquelle: Bundesagentur für Arbeit (2010)

(ab 1960); und dies geschah im Zuge eines überaus kräftigen, historisch einmaligen Wirtschaftswachstums (dem sogenannten Wirtschaftswunder).

Vor dem Hintergrund dieser Fakten fällt es schwer zu behaupten, dass Wirtschaftswachstum längerfristig nichts zu tun hätte mit der Höhe der Arbeitslosigkeit. Denn sowohl die 1950er- und 1960er-Jahre als auch wieder die Zeit vor der Finanzkrise 2007/08, also die Phasen der Erfolge am Arbeitsmarkt, waren auch Phasen des beschleunigten Wirtschaftswachstums (**Schaubild 8**). Gehen wir noch weiter in die Geschichte zurück, bestätigt sich dieses Bild, wenn auch die Arbeitsmarktdaten für die Zeit vor 1950 notorisch unzuverlässig sind. Zweifellos war die Zwischenkriegszeit mit ihrer schwachen Wachstumsbilanz eine Phase höherer Arbeitslosigkeit, vor allem auch in Deutschland, und zwar selbst in den relativ stabilen Stresemann-Jahren der Weimarer Republik.[149] Umgekehrt waren die beiden Dekaden vor dem Ersten Weltkrieg im deutschen Kaiserreich nicht nur eine Zeit des kräftigen Wirtschaftswachstums, sondern auch der akuten Knappheit an Arbeitskräften mit massiver Zuwanderung aus den östlichen Provinzen Preußens und aus Polen in die west- und mitteldeutschen Industriezentren.[150]

Kurzum: „Beschäftigungsloses Wachstum", das ist als Vorstellung theoretisch denkbar und in der Öffentlichkeit als Schreckensbild überaus beliebt. Den historischen Tatsachen entspricht es nicht. Wirtschaftswachstum war nie „beschäftigungslos". Lange Phasen kraftvoller Wirtschaftsdynamik waren auch immer Zeiten, in denen die Arbeitslosigkeit abnahm oder auf niedrigem Niveau verharrte. Und es waren Zeiten, in denen Neuankömmlinge in den Arbeitsmarkt eingegliedert werden konnten, seien es nun geburtenstarke junge Generationen oder Zuwanderer. Umgekehrt waren Zeiten der chronischen Wachstumsschwäche eher das Gegenteil. Das Bild spricht eindeutig dafür, dass sich das Wachstum gerade nicht in Vorteilen für die bereits Beschäftigten erschöpft. Offenbar hilft es auch, zusätzliche Arbeitskräfte zu integrieren. Es hat also einen beträchtlichen sozialen Nutzen für eines der ganz großen gesellschaftlichen Ziele: einen hohen Beschäftigungsstand und eine niedrige Arbeitslosenquote.

Wie erklärt sich nun die langfristige Beschäftigungswirkung des Wachstums? Die Antwort führt wieder einmal zu der Erkenntnis zurück, dass nachhaltiges Wachstum in erster Linie Strukturwandel ist, also „schöpferische Zerstörung", und eben nicht allein quantitative Expansion. Steht ein Unternehmen aufgrund seiner Innovationskraft vor einer dauerhaften Ausweitung seiner Märkte, so wird es versuchen, durch Einstellung zusätzlicher Arbeitskräfte darauf vorbereitet zu sein. Es wird am Arbeitsmarkt gezielt nach solchen Fachkräften suchen, die diese Ausweitung der Geschäftstätigkeit bestmöglich unterstützen können. Es wird dies „von oben nach unten" tun, also die am besten Qualifizierten zuerst nachfragen; und da dies alle Unternehmen so machen, kommt es zu Knappheiten – mit der Folge, dass verstärkt auch Arbeitskräfte mit schwächerer Qualifikation nachgefragt und dann auf Betriebsebene angelernt werden. Dieser Prozess der Integration von Arbeitskräften kann bei starkem Wachstum sehr leicht über ein tradiertes langfristiges Gleichgewicht am Arbeitsmarkt hinausschießen. Dies geschieht

Schaubild 8:
Wirtschaftswachstum in Deutschland 1950-2008*

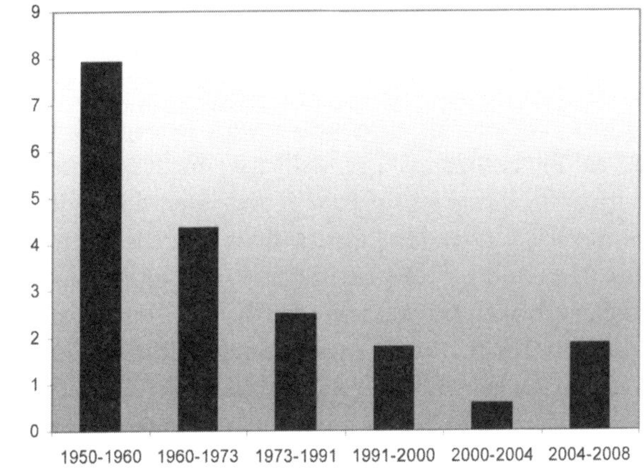

* Wachstumsrate des BIP (in %); jährlicher Durchschnitt über die Jahre 1950-1991 Westdeutschland, 1991-2008 Gesamtdeutschland

Datenquellen: Deutsche Bundesbank (1988); Statistisches Bundesamt (2008)

immer dann, wenn das Wachstum als sehr stark und nachhaltig eingeschätzt wird, etwa als Folge einer besonders kräftigen Welle von Innovationen in sogenannten Schlüsseltechnologien. Es ist dann auch wahrscheinlich, dass sich der hohe Beschäftigungsstand ein Stück weit selbst stabilisiert: Die vielen neu integrierten Beschäftigten (die „Newcomer") haben noch keine wirklich gesicherten Arbeitsplätze, und sie werden deshalb ihre neu gewonnene Mitsprache auf der Ebene des Betriebes oder der Gewerkschaft nutzen, um auf Tarifverhandlungen eher mäßigend zu wirken.

Die Kehrseite dieser Dynamik findet sich im Konjunkturabschwung und vor allem in der schweren Rezession. Dann werden die Unternehmen im Zuge der Schrumpfung ihre Produktpalette grundlegend umstrukturieren und dabei (weniger produktive) Arbeitskräfte entlassen. Diese landen in der Arbeitslosigkeit und haben es dann oft schwer, wieder in Beschäftigung zu kommen, weil sie das Stigma der Aussortierung tragen. Dies gilt besonders, wenn sie aufgrund ihrer früheren Beschäftigung sehr eng mit Produktionslinien verbunden sind, die es in der Zukunft nicht oder nur in stark veränderter Form geben wird. Ökonomen sprechen dann gerne von einem „Sperrklingen-Effekt" am Arbeitsmarkt: Wer einmal draußen ist, kommt nicht wieder rein. Und gibt es Tarifverträge, so verliert er auch seinen mäßigenden Einfluss auf die Lohnabschlüsse, weil er gar nicht mehr am Verhandlungstisch sitzt. Er wird zum Außenseiter, dessen Interessen an möglichst niedrigen Einsteigerlöhnen nicht zählen. Nur wenn es wiederum ein überaus starkes Wachstum gibt, haben auch diese Arbeitskräfte wieder eine Chance – gewissermaßen als Ersatzmannschaft hinter denjenigen, die mit den bestmöglichen Qualifikationen und ohne Stigma zur Verfügung stehen.

So weit der Gedankengang. Die Wissenschaft spricht gerne von Pfadabhängigkeit oder Hysterese am Arbeitsmarkt.[151] Ein klassisches Beispiel dafür liefert Westdeutschlands lange Wachstumsphase der Nachkriegszeit, von Anfang der 1950er-Jahre bis 1973, gefolgt von zwei schweren Rezessionen 1974/75 und 1981/83 im Nachgang zu zwei scharfen Anstiegen der Rohstoffpreise.[152] Zunächst also die kraftvolle Wachstumsdynamik: Deutschlands Re-Integration in die Weltmärkte, sein industrieller Wiederaufstieg, gestützt auf Millionen von gut qualifizierten und mobilen Vertriebenen, die zwischen 1950 und 1960 erfolgreich integriert wurden und in den Gewerkschaften mäßigend wirkten; und danach bei Vollbeschäftigung und vielen offenen Stellen das weitere Wachstum mit starker Zuwanderung aus Südeuropa und der Türkei; ab 1974 – und wieder ab 1981 – das Wegbrechen der Industrieproduktion, und zwar jener, die mit einem besonders hohen Energieverbrauch arbeitete. Die Wirkung war von Dauer: Die „zugehörigen" industriellen Arbeitsplätze – fast 1,5 Millionen – fielen für immer dem Strukturwandel zum Opfer.[153] Das Ergebnis war eine deutlich erhöhte Arbeitslosigkeit. Vor allem entstand ein völlig neues Phänomen: ein harter Kern von Langzeitarbeitslosen, die größte Schwierigkeiten hatten, in Beschäftigung zurückzufinden – und dies neben einem fast normal funktionierenden Arbeitsmarkt, in dem geburtenstarke Babyboom-Jahrgänge recht problemlos integriert wurden. Ähnliche Entwicklungen gab es damals in anderen europäischen Nationen. Und nach 1990 kam es nochmals zu einer vergleichbaren Veränderung am Arbeitsmarkt, und zwar im Osten des wiedervereinigten Deutschlands, nach dem völligen Zusammenbruch der Industrie im Gefolge der Wirtschafts- und Währungsunion. Trotz staatlich finanziertem Aufbau Ost blieb eine hohe Langzeitarbeitslosigkeit, die sich wiederum mit einer „Pfadabhängigkeit" erklären lässt: Ein Teil der entlassenen Arbeitskräfte hatte enorme Schwierigkeiten, in Beschäftigung zurückzufinden.[154]

Kurzum: Die Wirtschaftsgeschichte zeigt überdeutlich, wie hoch der Preis von tiefen industriellen Krisen sowie Einbrüchen des Wachstums sein kann. Und sie zeigt auch: Die anschließenden Erholungen und scheinbar „normalen" Phasen des Wachstums helfen, aber sie reichen in der Regel nicht aus, um die tiefen langfristigen Spuren der Krise zu beseitigen. Tatsächlich kam im wiedervereinigten Deutschland eine deutliche Abnahme der Langzeitarbeitslosigkeit erst spät zustande, und zwar etwa ab 2004. Der Grund: ein kraftvoller Wachstumsschub (siehe **Schaubild 8**, Seite 187), dem eine nachhaltige Abnahme der Arbeitslosigkeit in West und Ost folgte. Erst diese drückte – mit Verzögerung – auch die Zahl der Langzeitarbeitslosen nach unten, und zwar deutlich. So waren im Jahr 2006 1,7 Millionen Erwerbspersonen langzeitarbeitslos; im Jahr 2009 waren es noch 0,9 Millionen. Ihr Anteil an der Gesamtzahl der Arbeitslosen nahm dabei von 41 auf 30 Prozent ab.[155] Erstmalig seit über 30 Jahren kam es somit zu einem durchschlagenden Erfolg bei einem der hartnäckigsten sozialen Probleme des Arbeitsmarktes.[156]

Tatsächlich ist dieser relativ junge Erfolg in Deutschland bisher wenig beachtet worden. Dies ist bedauerlich, denn er enthält eine wichtige Lektion: Es geht. Was eine Fülle von Arbeitsmarktprogrammen nicht geschafft hatten, kam nun durch die Re-Industrialisierung der Wirtschaft zustande: Aufgrund einer hohen Wettbewerbsfähigkeit, bedingt durch Innovationen, Produktivitätsfortschritte und maßvolle Lohnabschlüsse, expandierte das verarbeitende Gewerbe kräftig und erhöhte erstmals seit Langem wieder seine Beschäftigung.[157] Die Ergebnisse am Arbeitsmarkt waren sofort zu erkennen. Inwieweit dieser Erfolg auch mit den politisch umstrittenen Reformen der Arbeitslosen- und Sozialhilfe zusammenhängt, die im Kern („Hartz IV") in Deutschland 2004 verabschiedet wurden, ist schwer zu sagen. Allerdings sprechen Zeitpunkt, Kraft und Nachhaltigkeit des Wachstumsschubs dafür, dass sich mit ihm doch eine schon längerfristig angelegte Entwicklung Bahn brach. Sie wurde wahrscheinlich von „Hartz IV" unterstützt, aber sicher nicht geschaffen. Die Reform erhöhte den Anreiz für Arbeitslose, von sich aus einen Arbeitsplatz zu suchen; aber die Suche war eben nur deshalb relativ erfolgreich, weil es am Arbeitsmarkt auch eine verstärkte Nachfrage gab.

Aus alledem lässt sich eigentlich nur ein Schluss ziehen: Was den Kampf gegen Arbeitslosigkeit betrifft, gibt es kaum ein besseres Instrument als ein kräftiges, längerfristig angelegtes Wirtschaftswachstum. Nur dieses schafft den nötigen Druck auf die Unternehmen, nicht nur die besten Arbeitskräfte als „Rosinen" aus dem Arbeitsmarkt herauszupicken, sondern auch einen ernsthaften (und teuren) Versuch zu machen, schwächere Arbeitskräfte einzustellen und durch Qualifikation auf Betriebsebene zu anspruchsvolleren Aufgaben hinzuführen. Hier gilt wiederum, wie schon mit Blick auf die bevorstehende Alterung der Gesellschaft: Optionen für die Menschen entstehen in einer Marktwirtschaft erst dann, wenn es auch die nötigen Knappheiten gibt, die den Marktwert der Arbeitskräfte erhöhen. Und genau dann wird auch der Sozialstaat entlastet.

Wichtig ist dabei: Es geht um kräftiges, aber nachhaltiges Wachstum – und nicht um einen kurzfristig überhitzten Boom. Gerade der ist gefährlich, denn er provoziert anschließende Einbrüche, die schnell eine dauerhafte Schrumpfung des Produktionspotenzials nach sich ziehen können. Tatsächlich folgten auch die Ölkrisen mit den Rezessionen 1973/75 und 1981/83 einer Übersteigerung der Konjunktur, die zumindest zum Teil selbst verursacht war – so zum Beispiel bis 1973 durch die US-Regierung, die den Vietnam-Krieg über hohe Staatsdefizite und das

Drucken von US-Dollars finanzierte und dadurch im Bretton-Woods-System fester Wechselkurse auch Europa mit Liquidität überschwemmte.[158] Ähnlich war es im mehrjährigen Aufgalopp zur jüngsten globalen Finanzkrise, deren Folgen noch nicht absehbar sind. Solche Exzesse müssen vermieden werden, wie im dritten Kapitel dieses Buches beschrieben wurde. Nachhaltiges Wachstum heißt also: Es geht um Wertschöpfung, Produktion und damit auch um Arbeitsplätze, die unter normalen zyklischen Umständen längerfristig stabil sind. Natürlich nicht auf ewig, denn auch sie unterliegen dem Strukturwandel; aber jedenfalls ohne die nur kurzfristig helfende Hand einer „Blase", wie sie auch immer zustande kommen mag.

In einer modernen Volkswirtschaft hängt also das Schicksal der Arbeitsplätze maßgeblich vom Wachstum ab. Umgekehrt gilt aber auch: Das Wachstum wird mitbestimmt durch die Qualität der Arbeitskräfte – neben dem technischen Wissen sowie der Größe und der Modernität des Kapitalstocks. Die Entwicklung des Arbeitsmarktes ist deshalb niemals zu trennen von Bildung und Qualifikation der Arbeitskräfte. Gerade in dieser Hinsicht hält die Wirtschaftsgeschichte eine Menge Anschauungsmaterial bereit. Es ist dabei fast eine Binsenweisheit: Gute Bildung ist eine notwendige, wenn auch keine hinreichende Bedingung für nachhaltiges Wirtschaftswachstum. Seit der Industrialisierung im 19. Jahrhundert steht dies außer Frage: Es gibt bis heute weltweit kein einziges Land, das ohne eine radikale Verbesserung des Bildungsniveaus seiner Bevölkerung den Weg in die Industriegesellschaft schaffte. Zunächst kam stets das, was wir in moderner Sprache als „Bildungsoffensive" bezeichnen könnten, und dann folgte mit weiteren Weichenstellungen der wirtschaftliche Aufstieg.[159]

Genau dafür ist Deutschland ein geradezu klassisches Beispiel, genauer: das Deutschland des 19. Jahrhunderts. Denn damals sorgte eine tief greifende Reform des Bildungswesens dafür, dass die deutsche Variante der Industrialisierung, die später einsetzte als in Großbritannien, auf ein bestmögliches Potenzial an menschlichen Fähigkeiten traf. Von der allgemeinen Schulpflicht über die Modernisierung der betrieblichen Ausbildung bis zu

Die zweite Chance:

Nachhilfe im Betrieb.

„Die demografische Wende schlägt voll durch." So formulierte es jüngst Martin Wansleben, Hauptgeschäftsführer des Deutschen Industrie- und Handelskammertags (DIHK). Er tat dies, als er die Ergebnisse der Ausbildungsumfrage 2010 seines Verbandes vorstellte.

Tatsächlich hatte die Befragung von immerhin 15.300 deutschen Unternehmen bemerkenswerte neue Trends zutage befördert. Der Wichtigste davon: Jedes fünfte Unternehmen konnte im Jahr 2009 nicht alle Ausbildungsplätze besetzen; rund 50.000 Lehrstellen blieben frei, ein Rekordergebnis. Ein wichtiger Grund dafür ist natürlich die abnehmende Zahl der Schulabgänger, und die ist wiederum die Folge des demografischen Wandels mit weniger Kindern, die in betriebliche Ausbildungsgänge hineinwachsen. Daneben gibt es den immer drängenderen Wunsch der Eltern, ihre Kinder – wenn nur irgend möglich – auf das Gymnasium und nicht auf die Haupt- und Realschulen zu schicken.

Also: eine zunehmende Knappheit von Auszubildenden. Genauer: von Auszubildenden, die überhaupt die nötige Schulbildung mitbringen. Denn dies zeigten die Ergebnisse der Umfrage auch: Die große Mehrheit der befragten Unternehmen klagte über enorme Schwierigkeiten, überhaupt geeignete Kandidaten aus dem Pool der Bewerber fischen zu können, und zwar vor allem wegen mangelnder Qualifikation. Insbesondere die Vorbildung durch Haupt- und Realschulen lasse zu wünschen übrig, und zwar vom sprachlichen Ausdruck in Deutsch bis hin zu den Kenntnissen in Mathematik.

Dabei ist die Klage der Unternehmen überhaupt nicht neu und überraschend. Seit Jahrzehnten ist in Deutschland die Schwäche des Schulsystems gerade im Elementarbereich der Bildung bekannt. Die Ergebnisse der PISA-Studien, die erstmals internationale Vergleiche der Bildungsergebnisse ermöglichten, zeigten schon vor Jahren, wo das Problem liegt: Deutschland ist längst nicht mehr das Land der breiten, soliden Schulbildung. Es ist bestenfalls noch Mittelmaß. Ein gefährlicher Trend. Und eine zentrale Aufgabe für alle Verantwortlichen.

Aber wer ist verantwortlich? In erster Linie natürlich die Familien und der Staat. Die Umfrage des DIHK zeigt allerdings auch einen weiteren Trend: 54 Prozent der Unternehmen sorgen schon heute durch Nachhilfe im Unternehmen dafür, dass die Lehrlinge jenes Niveau an Grundkenntnissen erreichen, das für eine weitere duale Ausbildung in Betrieb und Berufsschule nötig ist. Ein bemerkenswerter Vorgang: Auf Kosten der Unternehmen büffeln junge Menschen mit individueller Betreuung durch Nachhilfelehrer all das, was vorher versäumt wurde.

Wahrlich ein Armutszeugnis für die deutschen Schulen. Aber auch ein Fingerzeig, was Knappheiten am Arbeitsmarkt alles an Positivem bewirken können – und zwar auch ohne staatliche Hilfsprogramme. Voraussetzung ist allerdings, dass möglichst viele florierende, innovative Unternehmen mit großer Zukunft erkennen, dass diese Zukunft nur stattfinden kann, wenn sich die nötigen hoch qualifizierten Arbeitskräfte überhaupt heranziehen lassen. Und wenn Staat und Familien versagen, dann muss man eben zur Selbsthilfe greifen. Das Ergebnis wird dabei vielleicht gar nicht so schlecht ausfallen: So mancher Auszubildende ist in der leistungsorientierten Atmosphäre moderner Betriebe viel besser für Mathematik und Deutsch zu motivieren als im sozialen Klima urbaner Problembezirke, dem sich die Schulen nur schwer entziehen können. Dies gilt vor allem für viele junge Männer. Die brauchen gute Vorbilder, und die finden sie am ehesten im Betrieb: bei erfahrenen Meistern, bei verantwortungsvollen Vorgesetzten, bei erfolgreichen älteren Kollegen.

Vielleicht steht Deutschlands Arbeitsmarkt tatsächlich vor einer ganz grundlegenden Wende: Gute Auszubildende und gute Arbeitskräfte werden extrem knapp, so wie in den 1960er-Jahren. Und wie damals könnte so mancher, der sich in der Schule unter Wert schlägt, davon profitieren. Er bekommt von den Unternehmen eine zweite Chance, und zwar nicht aus gnädiger Wohltätigkeit, sondern aus wirtschaftlichem Eigeninteresse. Und das ist gut so.

Gründung und Ausbau von technischen Universitäten führt ein direkter Weg zum Wachstum der damals neuen Industriebranchen, die in modernisierter Form bis heute die deutsche Wirtschaftsstruktur prägen, so unter anderem Maschinen- und Fahrzeugbau, Elektrotechnik, Feinmechanik und die Chemie.[160] Es ist bemerkenswert, dass diese Entwicklung praktisch alle Schichten der Bevölkerung mitnahm. In der langen Wachstumsphase bis 1914 gab es keinen Trend zur Spaltung der Gesellschaft: Die Arbeitslosigkeit war extrem niedrig, und auch die Arbeiterschaft in der Industrie nahm an dem allgemeinen Wachstum ohne Abstriche teil.

Dieser Trend setzte sich in der Zeit nach dem Zweiten Weltkrieg fort, kam aber irgendwann in den 1980er-Jahren zum Ende – etwa zeitgleich mit dem Anstieg der Arbeitslosigkeit im Nachgang zu den Ölkrisen. Seither beobachten wir einen neuen Trend zu mehr Ungleichheit der Einkommen, und dies nicht nur in Deutschland, sondern in einer großen Zahl von Industrieländern. Dieser Trend wurde in Abschnitt 1.2 ausführlich beschrieben – als eine Begleiterscheinung des technischen Fortschritts und der Globalisierung. Alle statistischen Indizien sprechen dafür, dass dieser Trend mit Bildung zu tun hat. Denn überall sind es die nicht oder schlechter qualifizierten Arbeitskräfte, die im unteren Segment der Einkommen landen, und offenbar verliert dieses Segment noch weiter an Boden gegenüber dem, was wir den Mittelstand oder „qualifizierten Kern" der Gesellschaft nennen könnten.[161]

Die bildungspolitische Konsequenz ist einfach, aber fundamental: Soll ein weiteres Auseinanderklaffen der Gesellschaft verhindert werden, muss es gelingen, die Qualifikation der Arbeitskräfte den neuen Verhältnissen anzupassen, und zwar gerade in den unteren Segmenten des Arbeitsmarktes und der Einkommenspyramide. Das zentrale Problem ist dabei unstrittig: Die marktwirtschaftliche Entwicklung entwertet die reine Körperkraft; sie belohnt dagegen genau jene Fähigkeiten, die in der informations- und wissensbasierten Industriegesellschaft bei alternder Bevölkerung benötigt werden. Die zentralen Fragen lauten deshalb: Welches sind diese Fähigkeiten? Und wie sind diese Fähigkeiten zu vermitteln? Ob die Bildungspolitik Antworten auf diese Fragen findet, wird letztlich darüber entscheiden, ob die Spaltung der Gesellschaft unvermindert weitergeht, gestoppt wird oder sogar vermindert werden kann.

Einige allgemeine Trends sind dabei recht leicht zu erkennen und längst akzeptiert. So nimmt generell die Bedeutung der Team- und Kommunikationsfähigkeit zu, weil Arbeitsabläufe stärker arbeitsteilig in Gruppen von Menschen organisiert werden – und weniger als eindimensionale Interaktion mit einer Maschine, wie dies noch am klassischen Fließband der Industriewirtschaft der Fall war.[162] In ähnliche Richtung wirkt die Alterung der Gesellschaft: Menschliche Betreuung und Gesprächskompetenz werden stärker nachgefragt und irgendwann auch besser bezahlt. Schließlich gewinnt überall die Fähigkeit an Bedeutung, die überbordende Informationsmenge aus dem Internet zu strukturieren und optimal auszunutzen. Der kluge, flinke Fuchs ersetzt als Leitbild den starren Igel, der sich nicht bewegt und seine eigene Weltdeutung der Realität aufzwingt.[163]

Hinter diesen allgemeinen Trends steht eine Fülle von Einzelfragen des Aufbaus und der Schwerpunkte von Schul- und Berufsausbildung. Dabei bedarf es in Deutschland keineswegs einer Revolution der Strukturen. Der Grund ist einfach: Gerade im nicht akademischen Bereich der betrieblichen Qualifikation und Lehrlingsausbildung hat Deutschland noch immer eine Spitzenposition; und diejenigen, die diese Qualifikation erfolgreich durchlaufen, haben auch heute noch gute Aussichten auf dem Arbeitsmarkt. Genau deshalb gelang es Deutschland, auch in schwierigsten Zeiten des industriellen Strukturwandels die Jugendarbeitslosigkeit im internationalen Vergleich auf relativ niedrigem Niveau zu halten. Weit weniger zum Beispiel als in Großbritannien entstand im Westdeutschland der 1980er-Jahre eine „verlorene Generation" junger Industriearbeiter ohne berufliche Qualifikation, die auf Dauer ihren Job verloren. Die Langzeitarbeitslosigkeit konzentrierte sich hierzulande viel stärker auf ältere Arbeitnehmer. Es genügt also in Deutschland, die Anforderungen und Berufsbilder eher

Bildung und Motivation:

Was ist heute anders?

Bildungsferne Schichten – ein wichtiger Begriff aus der aktuellen Diskussion über Bildungspolitik in Deutschland. Er beschreibt jene Familien, in denen Bücher und Lesen sowie andere Bildungsinhalte nicht zum natürlichen Teil des täglichen Lebens gehören. Bildungsferne Schichten sind ein Problem. Der Grund: Kinder, die dort aufwachsen, haben es besonders schwer, den Zugang zur Bildung zu finden. Ihnen fehlt die nötige Entwicklungshilfe im Elternhaus. Sie sind systematisch benachteiligt.

Das stimmt. Allerdings stimmt etwas anderes auch: Bildungsferne Schichten hat es hierzulande immer gegeben, zu früheren Zeiten übrigens noch viel mehr als heute. Man denke nur an jene Epoche, als in Preußen die Schulpflicht eingeführt wurde. Damals gab es, wo man nur hinschaute, bildungsferne Schichten, noch viel schlimmer: Analphabeten. Da standen in den Elternhäusern der Landarbeiter keine Bücher im Regal. Und später sah dies beim rasch wachsenden Industrieproletariat nicht anders aus. Es war eine Gesellschaft, in der die Bildung bis dahin das Privileg der adligen und bürgerlichen Klassen war. Der Rest der Gesellschaft war „bildungsfern".

Es ist merkwürdig: Gerade diese Gesellschaft setzte ab der Mitte des 19. Jahrhunderts an, im Bildungsniveau an die Spitze der Welt zu stürmen – und zwar auf allen Niveaus: von der damaligen Volksschule über die Realschule und das Gymnasium bis zur Universität. Plötzlich waren nicht nur die Kinder der Adligen und Bürger gebildet, sondern breite Schichten erwarben ein solides Wissen und Können. Mehr als das: Deutschland wurde für Jahrzehnte zum bewunderten Mekka der Facharbeiter; und selbst diejenigen, die es nicht zum Abschluss einer beruflichen Qualifikation schafften, hatten im internationalen Vergleich noch ein beachtliches Bildungsniveau.

Woran lag das? Die Antwort ist überraschend einfach: Motivation. Was im Elternhaus zählte, war der Wille zu lernen und aufzusteigen – vom Hilfsarbeiter zum Facharbeiter, vom Handwerksgesellen zum Meister, vom einfachen zum leitenden Angestellten. Natürlich hatten auch damals diejenigen einen Startvorteil, die in einem elterlichen Milieu der Bildung aufwuchsen. Und im jüdischen Bürgertum, wo Bildung immer schon Teil der Überlebensstrategie in einer latent feindlichen Umwelt war, kam es nun zu einer gewaltigen Welle des wirtschaftlichen Erfolgs. Aber die größte Leistung des 19. Jahrhunderts bleibt doch der breite soziale Aufstieg der Arbeiterschaft. Und dies weitgehend aus eigener Kraft, mit dem Selbstbewusstsein und Stolz einer Klasse, die nach oben will. Die Familien selbst, die Gewerkschaften, die Arbeiterbildungsvereine spielten dabei eine wichtige Rolle. Der Beitrag des Staates war relativ bescheiden. Er lautete: Schulpflicht. Mehr war es nicht.

Wirklich nicht? Wer genau hinsieht, der entdeckt doch einiges mehr. Da gab es einen kraftvollen Geist der Bildung, der alles durchdringt. Dieser Staat – Preußen, die kleineren deutschen Fürstentümer, das Kaiserreich – nahm die Bildung ernst, sehr ernst. Spätestens ab der Reichsgründung 1871 ist dies augenfällig: Lehrer werden zunehmend besser bezahlt. Ihr Ansehen steigt. Manche Studienräte dürfen sich auf der Endstufe der Beförderung Professoren nennen, Volksschullehrer rücken auf dem flachen Lande als Autoritäten neben die Pfarrer und die Gutsherren. Es werden mächtige und stolze Schulgebäude gebaut; die sehen fast so imposant aus wie die Justizpaläste. Die Universitäten sind auskömmlich finanziert, genießen Freiheit der Forschung, stehen aber auch unter dem sanften Druck einer qualitätsorientierten Kultusbürokratie, die keine gemütlichen Kartelle der Kooptation zulässt. Technische Hochschulen werden neu gegründet und wachsen schnell, eng verzahnt mit der Industrie.

Was ist heute anders? Was ist verloren gegangen? Vielleicht ist es vor allem eines: der tiefe Glaube an den Fortschritt durch Bildung. Unsere heutigen Eliten haben diesen Glauben längst nicht mehr. Und wer selbst nicht daran glaubt, der kann auch nicht all diejenigen überzeugen, die diesen Glauben zur Motivation dringend benötigen: die Eltern und die Kinder der bildungsfernen Schichten.

kontinuierlich zu modernisieren und den Anforderungen des Marktes anzupassen.

Das Kernproblem der Spaltung der Gesellschaft ist in Deutschland ein Problem der „Außenseiter“. Es geht dabei vor allem um diejenigen, die besondere Schwierigkeiten haben, in der Zukunft den Anforderungen gerecht zu werden. Hier droht latent das Anwachsen einer Generation von Gescheiterten, und die beobachtete Spaltung der Gesellschaft ist ein erstes Zeichen dafür. Offenbar wird es schwieriger, den Großteil der jungen Menschen bei den neuen Anforderungsprofilen mitzunehmen. Es geht dabei vor allem um jene Gruppen, die keine natürlichen Vorteile mit Blick auf die vermehrt geforderten Qualitäten aufweisen. Dies gilt in erster Linie für männliche Jugendliche mit schwacher formaler, sprachlicher und sozialer Kompetenz, insbesondere aus sogenannten bildungsfernen Schichten. Hier müssen Mittel und Wege gefunden werden, die Motivation von Eltern und Jugendlichen zu erhöhen, aus eigenem Antrieb – wenngleich vom Staat unterstützt und gefördert – den Weg in eine gute Bildung und den beruflichen Aufstieg zu schaffen.

Die Bildungspolitik hat also eine überaus anspruchsvolle Aufgabe mit hoher wachstumspolitischer Bedeutung. Es geht letztlich darum, die Zahl der Verlierer des Strukturwandels möglichst klein zu halten. Dabei müssen die Weichenstellungen frühzeitig im Leben geschehen. Spätere Anpassungen sind nötig und möglich, aber realistischerweise nur innerhalb jenes Rahmens, der das Vertraute nicht völlig hinter sich lässt. Sie sollten sich weitgehend auf die betriebliche Fort- und Weiterbildung beschränken. Die außerbetriebliche Qualifikation sollte die Ausnahme bleiben. Ein Zustand der massenhaften Umschulung wie etwa im Zuge des Aufbaus Ost nach der deutschen Wiedervereinigung 1990 muss die historische Ausnahme bleiben.

Vieles spricht also für eine neue Offensive in der Bildungspolitik. Wichtig ist dabei: Bildung schafft Wachstum, und beides gehört zusammen. Denn ein Ende der Spaltung der Gesellschaft soll ja vor allem dadurch erreicht werden, dass die unteren Bildungsschichten nach oben „wachsen“ – und nicht dadurch, dass die oberen nach unten rutschen. Ganz im Gegenteil: Diejenigen, die oben sind, müssen ihre Führungsrolle verantwortungsvoll wahrnehmen. Sie sind Beispiel und Vorbild für den Aufstieg der anderen. Sie können motivierend wirken, und zwar vor allem dann, wenn sie selbst Ergebnis einer persönlichen Erfolgsgeschichte des Aufstiegs sind. Wer mehr Gleichheit über mehr Bildung will, der muss also letztlich auch mehr Wachstum wollen, und zwar ein Wachstum, in dem die unteren Schichten überproportional aufholen. Nur so lässt sich das schwere Konfliktpotenzial entschärfen, das auf Dauer in einer Gesellschaft schlummert, die in der Gefahr steht, sich im Einkommensniveau immer weiter auseinander zu entwickeln.

4.3 Schulden und Steuern

Explodierende Staatsschulden, drohende Staatspleiten, riesige Steuerlasten für künftige Generationen – das sind die derzeit üblichen Bilder, wenn es um die Beschreibung des Zustands der öffentlichen Finanzen geht. Dies gilt vor allem für jene Industrienationen, die im Zuge der globalen Finanz- und Wirtschaftskrise zu massiven Stützungsmaßnahmen für die Banken und die Konjunktur griffen und obendrein einen Einbruch der (geplanten) Steuereinnahmen hinnehmen mussten. Tatsächlich hat der Grad der öffentlichen Verschuldung in jüngster Zeit einen kräftigen Satz nach oben gemacht. So wird in Deutschland die Schuldenquote, also das Verhältnis von Staatsschuld zum Bruttoinlandsprodukt, im Jahr 2011 fast 80 Prozent betragen. Das ist der höchste Stand seit Jahrzehnten.

Allerdings ist die nervöse Stimmungslage nicht wirklich etwas Neues, zumindest nicht in Deutschland. Seit Jahren gibt es eine intensive öffentliche Diskussion darüber, wie der Anstieg der Staatsschulden gestoppt werden kann. Tatsächlich beobachten wir in der Bundesrepublik Deutschland seit fast einem halben Jahrhundert einen Trend zu höheren Haushaltsdefiziten: Bis Mitte der 1960er-Jahre war der öffentliche Gesamthaushalt ausgeglichen, seither ist er es nicht mehr, und die jährlichen Defizite nehmen zu, im Niveau und als sogenannte Defizitquote im Verhältnis zum Bruttoinlandsprodukt. Zum Teil ist daran das wichtigste historische Sonderereignis der jüngeren deutschen Geschichte Schuld: die Deutsche Einheit mit den danach folgenden hohen Kosten des Aufbaus Ost. Aber eben nur zum Teil: Sie sorgte für einen erkennbaren Schub nach oben, aber sie veränderte den Trend nicht wesentlich. Dieser heißt eindeutig: Zunahme der Schuldenquote, und zwar recht kontinuierlich, mit leichten Senkungen nur in Phasen des beschleunigten Wachstums (siehe **Schaubild 9**).

Die Sorge über diesen Trend hat in Deutschland zu einer historischen Entscheidung im Rahmen der Föderalismuskommission II geführt: Ab 2020 sollen die Landeshaushalte per Gesetz ohne Nettoneuverschuldung ausgeglichen sein; beim Bund bleibt ein relativ kleines jährliches Defizit in Höhe von maximal 0,35 Prozent des Bruttoinlandsprodukts erlaubt. Ob es politisch tatsächlich so kommt, ist heute noch offen, zumal es in der Hand der Landesgesetzgeber liegt, in die Verfassungen ihrer Länder entsprechende Verbote der Nettokreditaufnahme einzufügen oder auch nicht. In jedem Fall zeigt die Entscheidung auf Bundesebene, welch große Bedeutung die Politik den wachsenden Staatsschulden beimisst.

Zu Recht? Ist der Trend wirklich gefährlich? Die Antwort lautet: Ja, aber nur dann, wenn es gute Gründe gibt, daran zu zweifeln, dass die künftigen Generationen die nötigen Steuern aufbringen, um die Zinsen zu zahlen und die Schulden zu tilgen. Es geht also letztlich „nur“ um das politische Problem, künftig eine Erhöhung der Steuern und damit einen Konsumverzicht durchzusetzen. Gerade hier liegt aber ein hohes Risiko, denn genau diese Bereitschaft mag ihre Grenzen haben. Dies gilt ganz offensichtlich für die Auslandsverschuldung, denn die „eigenen“ Steuern fließen dann als Zins- und Tilgungsleistungen in die Taschen anderer – ein Vorgang, der natürlich sehr leicht zu großem Unmut in der Bevölkerung führen kann. Aber selbst bei der Inlandsverschuldung bleibt ein Risiko: Zwar geht es innerhalb der künftigen Generation dann „nur“ um einen Transfer von inländischen Schuldnern zu inländischen Gläubigern, aber

Schaubild 9:
Schuldenquote der Bundesrepublik Deutschland*

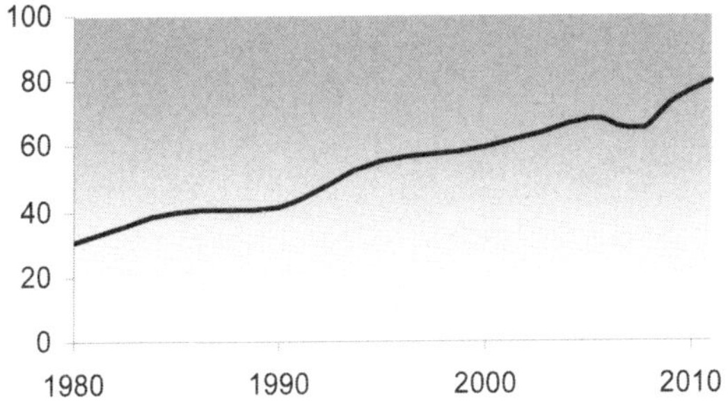

* in Prozent des BIP

Datenquelle: Bundesministerium der Finanzen (2010)

selbst eine solche Umverteilung ist politisch brisant, weil sehr schnell der Eindruck entstehen kann, eine breite Masse von Steuerzahlern wird zugunsten einer kleinen Minderheit von wohlhabenden Vermögensbesitzern ausgepresst.[164]

In gewisser Weise geht es also um die soziale Stabilität und politische Belastbarkeit eines Landes: Ist sie hoch und wird dies auch vom Kapitalmarkt erkannt, kann es durchaus auch eine recht hohe Verschuldung geben, ohne dass die Refinanzierbarkeit am Kapitalmarkt in Gefahr gerät. Ist sie niedrig, erscheint die Situation von vornherein labil. Dabei spielen in den Kapitalmärkten die Erfahrungen früherer Zeiten eine enorme Rolle: Vertrauen entsteht, wenn ein Staat langfristig politisch stabil ist und seine Verpflichtungen erfüllt, auch wenn es harten Konsumverzicht zur Folge hat; Vertrauen vergeht, wenn dies nicht der Fall ist. Eine zentrale Rolle spielen dabei auch Prognosen des Marktes darüber, wie stark die künftige Generation durch Abgaben belastet sein wird. Gerade in dieser Hinsicht gibt es heutzutage beträchtliche Risiken, selbst in traditionell so stabilen Ländern wie Deutschland. Der Hauptgrund dafür ist die Alterung der Gesellschaft: Eine künftige Generation, die mehr

Japan und seine Staatsverschuldung:

Paradies oder Pulverfass?

Ja, es geht doch. So ist man versucht auszurufen, wenn der Blick auf die Staatsschulden in Japan fällt. 185 Prozent des Bruttoinlandsprodukts, das war ihr stolzer Stand im Jahr 2009, weit höher als in den Vereinigten Staaten (78 Prozent) und im Durchschnitt der Europäischen Union (73 Prozent). Und auch viel höher als in Griechenland (103 Prozent), das sich ja am Rand der Staatspleite bewegte.

Nichts dergleichen in Japan. Ganz im Gegenteil, das Land zahlt von allen Industrieländern die mit Abstand niedrigsten langfristigen Zinsen. Seit Jahren sind es für zehnjährige Staatsanleihen deutlich weniger als 1,5 Prozent pro Jahr. Selbst für die Schweiz, dem Mekka der Stabilität, ist der Bittgang an den Kapitalmarkt spürbar teurer. Und dies, obwohl Japan seit Jahren Rekorddefizite im Staatshaushalt aufweist. Irgendetwas ist in Japan ganz anders als im Rest der Welt. Was ist es?

Es sind vor allem zwei Merkwürdigkeiten. Erstens: Der japanische Staat verschuldet sich allein bei seinen eigenen Bürgern. Mehr als das: Die Japaner sparen so viel, dass sie nicht nur die Defizite ihres eigenen Staates recht mühelos finanzieren, sondern auch viele große Defizite weltweit – von ausländischen Konsumenten, Investoren und Regierungen. Trotz der Gier des Staates nach inländischen Ersparnissen gelingt es dem Land deshalb jahraus, jahrein, einen riesigen Überschuss in der Leistungsbilanz zu erwirtschaften und damit Kapital zu exportieren.

Die zweite Merkwürdigkeit ist das schwache Wachstum. Seit gut zwei Jahrzehnten fehlt es Japan an Wirtschaftsdynamik. Dies war früher ganz anders: In der Industrie erstürmte das Land höchste Niveaus der Produktqualität und Herstellungspräzision, vom Fahrzeugbau über Optik und Feinmechanik bis hin zu Unterhaltungselektronik und Informationstechnologie. Japan wurde eines der reichsten Länder der Welt. Als Ende der 1980er-Jahre die Spitze erklommen war, gab es dann allerdings im Land eine riesige Immobilienblase. Die platzte und hinterließ schwere Altlasten fauler

Kredite im Bankensystem. Hinzu kam, dass die typischen binnenmarktorientierten Branchen – Handel, Dienstleistungen, Transportwesen – bis heute keine eigene Dynamik entfalten. Der Grund: rigide Regulierungen, viel Bürokratie, wenig Wettbewerb, verdeckter Protektionismus. Die Folge: Die Rendite für private Investitionen bleibt niedrig.

Kurzum: Stagnation auf hohem Niveau. Japan ist wohlhabend, aber die Weichen sind nicht auf weiteres Wachstum gestellt. Eigentlich die Wunschvorstellung all derer, die vor Wirtschaftswachstum warnen. Nichts von hektischer Dynamik mehr, kein kapitalistisches „rat race". Dazu scheint zu passen, dass die Lebenserwartung in Japan die höchste der Welt ist. Und dass die Gesellschaft altert – schneller als alle anderen hoch entwickelten Industrienationen. Wahrlich ein Paradies der sanften Stagnation.

Wäre da nicht doch eine Zeitbombe: die Staatsschuld. Denn damit die Wirtschaft wenigstens stagniert – und nicht sogar schrumpft –, hält der japanische Staat die Nachfrage aufrecht. Er übernimmt, was die privaten Unternehmen nicht tun, weil es für sie nicht rentabel ist. Er gibt Geld aus, das er sich am Kapitalmarkt besorgt. Was kommt dabei an zusätzlicher Wirtschaftsleistung heraus? Wo investiert der Staat? Das anhaltend schwache Wachstum deutet darauf hin, dass die Rentabilität dieser Staatsinvestitionen wohl nicht hoch ist. Positiv formuliert: Der Staat nimmt sich in die Pflicht. Negativ: Er spielt va banque. Dies geht so lange gut, bis die Japaner – älter geworden – mehr konsumieren und weniger sparen wollen. Dann schrumpfen die außenwirtschaftlichen Überschüsse und Währungsreserven, der Yen sackt ab, die Zinsen steigen, die Inflation zieht an. Und der Staat rutscht in die Überschuldung, erhöht die Steuern, lässt die Zentralbank Geld drucken. Also: ein Horrorszenario aus Schrumpfung und Inflation, eine Vertreibung aus dem Paradies der sanften Stagnation.

Übertrieben? Mag sein. Aber zu glauben, der Staat könne auf Dauer das Wirtschaftswachstum ersetzen, ist schon etwas verwegen.

für Altersvorsorge und Gesundheit zahlt und länger arbeiten muss, wenn sie ihren Lebensstandard erhalten will, die wird wenig geneigt sein, größeren Umverteilungen von Einkommen zuzustimmen.

Zu vermindern sind diese Risiken auf zwei Wegen, die sich natürlich ergänzen können. Zum einen geht es durch Konsolidierung der Haushalte bis hin zum Haushaltsausgleich, wie ihn die neuen finanzföderalistischen Grundregeln in Deutschland für die Zukunft (annähernd) vorsehen. Zum anderen geht es durch Wirtschaftswachstum, denn ein vorhandener Schuldenberg verliert immer mehr an volkswirtschaftlichem Gewicht und damit an politischem Gefahrenpotenzial, je stärker die Leistungskraft der betroffenen Volkswirtschaft ausfällt. Dieser reine Wachstumseffekt wird gemeinhin unterschätzt. Ein einfaches Zahlenbeispiel macht deutlich, wie wichtig er ist: Nehmen wir an, dass Deutschland tatsächlich in den nächsten Jahren das gesamtwirtschaftliche Defizit dauerhaft auf null herunterfahren kann, so würde ein Wachstum des Bruttoinlandsprodukts von nur zwei Prozent pro Jahr die Schuldenquote von fast 80 Prozent innerhalb einer Generation (30 Jahre) auf 44 Prozent senken, ein Wachstum von drei Prozent pro Jahr sogar auf nur noch 33 Prozent. Dies würde vollends genügen, um die Risiken maßgeblich zu entschärfen. Denn ein gegebener Schuldenberg würde dann, was Besteuerung und Refinanzierung am Kapitalmarkt betrifft, auf ein fast doppelt beziehungsweise dreimal so hohes Einkommen treffen, und damit auch auf ein entsprechend größeres inländisches Sparvolumen.

Einmal mehr wird deutlich, wie bedeutsam das Wachstum für die Lösung gesellschaftlicher Probleme ist, diesmal der Verschuldung. Wohlgemerkt: Es geht um ein reales Wachstum, und nicht um ein inflationär forciertes. Abgesehen von Risiken platzender Blasen sorgt nämlich eine durch Preisinflation aufgeblähte Expansion nur dann für eine reale Abwertung der Staatsschuld, wenn die Kapitalmärkte die Inflation nicht in ihren Verträgen mit berücksichtigen. Sonst steigen auch die Nominalzinsen[165] und damit der Schuldendienst. Zumindest längerfristig bietet deshalb eine Preisinflation keinen Ausweg. Im Gegenteil, die allgegenwärtige Verführung des demokratischen Staates, eine Finanzierungsklemme der öffentlichen Haushalte durch Geldpolitik mit Inflation zu lösen, wird in den Märkten dem Risiko der Verschuldung zugeschlagen.

Aus alledem wird klar: Gerade in Kombination mit einem kontinuierlichen Wirtschaftswachstum bieten die Ergebnisse der Föderalismuskommission II eine gute Chance, die Risiken des Schuldenstaates maßgeblich einzugrenzen. Dies gilt umso mehr, je konsequenter die Europäische Zentralbank eine Geldpolitik betreibt, die auf Preisstabilität hin orientiert ist und damit dem politischen Druck zur kurzfristigen Abwertung der Schuldenlast durch Inflation standhält. Tatsächlich könnte die verfassungsrechtliche Defizitbegrenzung in Deutschland für andere Nationen zum Vorbild werden. Denn sie ist weit strenger als das Maastricht-Kriterium für maximale Staatsdefizite (drei Prozent des Bruttoinlandsprodukts), das sich in der Vergangenheit als nur teilweise wirksam erwiesen hat. Wahrscheinlich können nur nationale Verfassungsregeln wirklich einen Fortschritt bringen, denn nur sie haben eine Chance, auch von nationalen Gerichten mit Autorität angemahnt und durchgesetzt zu werden. Nur sie sorgen deshalb für einen relativ hohen politischen Preis in der nationalen Öffentlichkeit, der die nötige disziplinierende Wirkung entfalten kann.

Allerdings gilt: Ein Staat, der keine Schulden mehr macht, ist noch lange kein wirtschaftlich vernünftiger Staat. Im Gegenteil, rein ökonomisch kann eine Kreditaufnahme am Kapitalmarkt auch für den Staat sinnvoll sein, und zwar dann, wenn er Investitionen tätigt, deren Nutzen und Erträge weit in die Zukunft reichen und zu Recht als hoch eingeschätzt werden. Der Staat verdrängt zwar dann in gewissem Ausmaß private Investitionen, aber das lohnt sich, wenn die soziale Rendite der öffentlichen Investition höher ist als die der privaten. Die Beispiele dafür liegen auf der Hand: Investitionen in wichtige Infrastrukturprojekte oder in Bildungseinrichtungen, die nicht zustande kämen, müssten privat finanziert werden.[166]

Diese rein ökonomische Sicht hat allerdings den Test der politischen Realität nicht bestanden. Denn leider zeigt die jahrzehntelange Erfahrung mit dem Staat, dass von rationalen Investitionskalkülen in der politischen Diskussion über den Haushalt oft genug nicht die Rede sein kann. Stattdessen dominieren rein politische Argumente der Wahrung von Besitzständen, der sozialen Gerechtigkeit und der Lobbyinteressen. Gerade deshalb wurde in Deutschland die absolute Schuldenbremse eingeführt. Die früher übliche Unterscheidung zwischen Staatskonsum, der keine Nettokreditaufnahme rechtfertigt, und Staatsinvestition, die dies tut, bewährte sich nicht. Sie verhinderte nicht die längerfristige Zunahme der Schuldenquote.

Eine „quantitative" absolute Schuldengrenze legt dagegen die Hürde für die fiskalische Expansion deutlich höher. Denn zusätzliche Ausgaben müssen im Zweifelsfall durch zusätzliche Steuererhöhungen finanziert werden – zulasten der jetzigen Generation, die sich dagegen politisch erheblich besser wehren kann als die künftigen Steuerzahler. Die Folge: Der Spardruck nimmt zu. Das langfristige Ergebnis könnte deshalb tatsächlich eine Senkung nicht nur der Schuldenquote, sondern auch der Staatsquote sein, also jenes Anteils der gesamtwirtschaftlichen Leistung, der vom Staat in Anspruch genommen wird. Insofern wirkt die Schuldenbremse nicht nur auf die Verteilung von „Lasten" zwischen Generationen, sondern auch auf deren gesamte Höhe. Sie könnte also tatsächlich sehr weitreichende Konsequenzen haben.

Was bedeutet dies für die Zukunft des Sozialstaates? Seine Finanzierung wird durch die Schuldenbremse erschwert, wie jede andere Finanzierung von Staatsausgaben auch. Die Notausgänge zur Erhöhung der Staatsausgaben sind verschlossen, und zwar genau deshalb, weil sie in der Vergangenheit zu oft und von zu vielen missbraucht wurden. Es wird deshalb verschärfte Verteilungskonflikte um staatliche Mittel geben. Die Ziele der Gesellschaft und – politisch – die Forderungen der Ressorts in den Kabinetten werden noch härter als früher aufeinanderprallen. Der Sozialstaat als größter Einzelposten öffentlicher Ausgaben wird dabei besonders hart betroffen sein.

Helfen kann da wieder nur eines: mehr Wirtschaftswachstum. Das sorgt bei unveränderten Steuertarifen für höhere

Steuereinnahmen. Dies ist einmal mehr ein starkes Argument für das Wachstum, und zwar in einer Gesellschaft, die ihre obersten Ziele der sozialen Sicherheit, Gerechtigkeit und Fairness ohne ständige Mehrbelastung heutiger oder künftiger Steuerzahler erreichen will. Tatsächlich zeigt die Entwicklung der Vergangenheit überdeutlich, wie stark die Steuereinnahmen auf ein beschleunigtes Wirtschaftswachstum reagieren. Dies gilt auch noch für die letzten Jahre vor der globalen Finanzkrise. So stiegen die gesamten Steuereinnahmen in Deutschland zwischen 2005 und 2008 um etwa 109 Milliarden Euro, also um 24 Prozent, wovon nur etwa ein Fünftel auf die Erhöhung der Mehrwertsteuer von 16 auf 19 Prozent zu Beginn des Jahres 2007 zurückgeführt werden kann.[167] Der viel größere Teil ist Ergebnis des Wachstums selbst. Es sorgte in fast allen deutschen Bundesländern im Jahr 2008 für ausgeglichene Haushalte, nachdem es in der ersten Hälfte des Jahrzehnts eine überaus dramatische Krise der öffentlichen Haushalte gegeben hatte – übrigens auch als Folge der Wachstumsschwäche zu Beginn der Dekade.

Schließlich wirkt das Wirtschaftswachstum auch auf die Nachfrage nach sozialstaatlichen Leistungen, und zwar dämpfend. Denn eine wachsende Wirtschaft sorgt für mehr und besser bezahlte Beschäftigung. Nur so können Empfänger von staatlichen Unterstützungsleistungen in großer Zahl herauswachsen aus ihrer Abhängigkeit von der Staatskasse – sei es dadurch, dass sie überhaupt erst einen Arbeitsplatz finden, oder dadurch, dass sie aufsteigen von einem Niedriglohnjob, dessen Lohn staatlich aufgestockt wird, zu einer besser bezahlten, produktiveren Beschäftigung, die ohne Aufstockungszahlungen oder andere Subventionen auskommt.[168] Vielleicht zeigt sich hier mehr als irgendwo sonst, welche große moralische Bedeutung das Wirtschaftswachstum hat. Es erlaubt nicht nur eine einigermaßen friktionslose Finanzierung des Sozialstaats, sondern es sorgt auch für weniger Bedürftigkeit.

Kurzum: Eine erfolgreiche Wachstumspolitik bringt eine „doppelte Dividende" – in Form von höheren Steuereinnahmen und niedrigeren Sozialausgaben. Es bleibt die politisch brisante Frage: Kann eine Senkung der Steuertarife auf längere Sicht eine fiskalische Konsolidierung erleichtern, und zwar gerade dadurch, dass sie das Wachstum befördert? Erstmalig wurde diese Frage in den frühen 1980er-Jahren in den Vereinigten Staaten kontrovers diskutiert, und zwar im Gefolge der massiven Steuersenkungen unter der Präsidentschaft von Ronald Reagan, der sich dabei auf die sogenannte Laffer-Kurve[169] stützte. Diese beschreibt bei relativ hoher Steuerlast einen negativen Zusammenhang zwischen der Höhe der Steuersätze und der Höhe des Steueraufkommens.

Lange Zeit galt die Laffer-Kurve als empirisch widerlegt. Der Hauptgrund: Die Wachstumswirkungen von Steuersenkungen schienen nicht groß genug (oder überhaupt nicht vorhanden) zu sein, um den Zusammenhang zu stützen. In jüngster Zeit kommen neuere Forschungen zu diesem Thema zu anderen – und differenzierten – Ergebnissen. So zeigen ökonometrische Schätzungen für die Vereinigten Staaten, dass es für die letzten 60 Jahre seit dem Zweiten Weltkrieg durchaus einen Zusammenhang zwischen Steuersatzsenkungen und dem darauffolgenden volkswirtschaftlichen Wachstum gegeben hat, und zwar sogar einen recht deutlichen.[170] Dies heißt allerdings noch lange nicht, dass in der politischen Praxis eine Steuersenkung auch wirklich nach einigen Jahren zu einer Haushaltsentlastung führt. Denn ob dies so kommt, hängt entscheidend davon ab, inwieweit ein vorübergehendes Defizit zu mehr Ausgabendisziplin führt. Ist dies nicht der Fall, folgen später Steuererhöhungen, die den ursprünglichen Wachstumsimpuls zunichtemachen; ist es aber der Fall, überlebt der Wachstumsimpuls und sorgt langfristig tatsächlich für höhere Steuereinnahmen und die gewünschte Haushaltsentlastung.[171]

Natürlich bedürfen auch diese Ergebnisse weiterer Überprüfung. In jedem Fall ist ihre politische Botschaft höchst interessant: Es bedarf bei Steuersenkungen einer frühzeitigen Festlegung auf Ausgabeneinschnitte, denn sonst bleibt die Steuersenkung als wirtschaftspolitisches Signal unglaubwürdig, da das Publikum zu Recht mit späteren Steuererhöhungen rechnet. Es geht also letztlich um eine Senkung der Staatsquote, also um eine grundlegende Weichenstellung der Ordnungspolitik – und nicht einfach um eine kurzfristige „steuerpolitische Wohltat". Nur die klare Zielsetzung, die Staatsquote zu senken, kann deshalb wirklich weiterhelfen. Davon ist allerdings die Mehrheitsmeinung des politischen Establishments und der Öffentlichkeit in Deutschland zurzeit weit entfernt. Es bleibt deshalb damit zu rechnen, dass eine gezielte Wachstumspolitik sich auf andere Felder konzentrieren wird – vorausgesetzt natürlich, sie ist überhaupt noch konsensfähig, trotz weitverbreiteter Wachstumskritik.

Diese aktuelle politische Selbstbeschränkung ist bedauerlich. Denn sie lässt eine der grundlegenden ordnungspolitischen Fragestellungen außer Acht, und die lautet: Wie groß sollte der Staat sein, wenn wir langfristig ein möglichst hohes (und nachhaltiges) Wirtschaftswachstum haben wollen? In einer Welt mit moderaten Realzinsen (wie derzeit) und solventem Staat (wie dem deutschen) ist diese Frage letztlich von weit größerer Bedeutung als allein die Verschiebung der einmal festgelegten Lasten zwischen der heutigen und der künftigen Generation. Es geht dabei nämlich um die soziale Rendite der staatlichen Ausgaben, und die muss möglichst hoch sein, ob sie nun Konsum in der Gegenwart oder in der Zukunft verdrängt. Aus dieser Rendite rechtfertigt sich der Anteil der volkswirtschaftlichen Leistung, den der Staat in Anspruch nimmt, also die Staatsquote. Sie sollte im Mittelpunkt der politischen Diskussion stehen. Dabei gehen natürlich die Meinungen auseinander – zwischen „staatsskeptischeren" und „staatsgläubigeren" Positionen, also grob zwischen eher liberalen und eher sozialdemokratischen Meinungen. Aber dies gehört zur völlig normalen politischen Auseinandersetzung, die geführt werden muss.

Es ist ein merkwürdiges Phänomen, dass in der Öffentlichkeit über die Höhe der Staatsquote viel weniger gestritten wird als über die Höhe der Staatsdefizite. Der Hauptgrund dafür liegt wahrscheinlich – wie so oft – in der Kraft apokalyptischer Bilder der Zukunft: Es ist medial sehr attraktiv, die Staatsschuld als eine schwere Last zu beschreiben, die eine unverantwortliche heutige Generation ihren bemitleidenswerten Nachkommen rücksichtslos auf die Schultern lädt. Völlig außer Acht bleibt dabei, dass die gleichen Ausgaben – über Steuern finanziert – regelmäßig das Erbe für die künftige Generation beschneiden und möglicherweise auch in anderer Hinsicht zu deren Lasten gehen, etwa durch eine Senkung der Bildungsinvestitionen der heutigen Eltern für ihre Kinder. Generell gilt: Nicht alle Ausgaben der heutigen Generation sind „schnöder Konsum", der einfach weggesteuert werden kann. Ein guter Teil davon sind Investitionen, von denen künftige Generationen profitieren. Die Konsequenz: Nur eine sorgfältige Abwägung der sozialen Rentabilität privater und öffentlicher Ausgaben kann für eine sinnvolle politische Entscheidung weiterhelfen, also eben genau die Diskussion der „optimalen" Staatsquote.

In dieser Hinsicht bietet das derzeitige Auslaufen der globalen Finanzkrise eine neuerliche Chance, die öffentliche Diskussion in eine sinnvolle Richtung zu lenken. Denn das massive Anschwellen der Staatsdefizite ist inzwischen zu einem Ende gekommen, die wirtschaftliche Erholung sorgt für steigende Steuereinnahmen, und eine Konsolidierung der öffentlichen Haushalte erzwingt die intensive Debatte über staatliche Prioritäten in der Ausgabenpolitik. Man wird sehen, ob dies die sachliche Auseinandersetzung über eine Ausgaben- und Steuerpolitik zugunsten des wirtschaftlichen Wachstums befördert. Vielleicht rückt also doch irgendwann die Staatsquote in den Brennpunkt, wo sie hingehört.

5 Zukunft des Kapitalismus

5.1 Deutschland: Nation der Ideen?

Die Basar-Ökonomie – so lautete der Titel eines Buches, das Hans-Werner Sinn, Präsident des ifo Institutes München, im Jahr 2005 veröffentlichte. In diesem Buch beschrieb er eine düstere Zukunft für die deutsche Wirtschaft. Seine These: Die deutsche Industrie verlagert immer mehr Stufen der Produktion in Länder, in denen niedrigere Löhne gezahlt werden. Die Fertigungstiefe geht deshalb immer weiter zurück; der Anteil der Vorleistungen, die aus dem Ausland bezogen werden, nimmt zu, und die steigenden Exporte spiegeln deshalb nur zum Teil eine Zunahme an exportierter Wertschöpfung wider. Sinn sah darin für die deutsche Wirtschaft einen Irrweg, und zwar hin zu dem, was er eben „Basarökonomie" nennt. Gemeint ist eine Wirtschaft, die – was die eigene Wertschöpfung betrifft – Schritt für Schritt ausdörrt, und zwar durch die Abwanderung von industriellen Arbeitsplätzen.

Wir sollten Hans-Werner Sinn dankbar sein für diese Analyse. Denn er hat damit einen wichtigen Aspekt der Globalisierung in die öffentliche Diskussion gebracht, nämlich die internationale Zerlegung der Wertschöpfungskette.[172] Allerdings sind seine Schlussfolgerungen fragwürdig: Wird die Zerlegung wirklich zum Niedergang der deutschen Industrie führen? Ist sie nicht Teil jenes großen Strukturwandels, der allein dafür sorgen kann, dass die deutsche Industrie langfristig im Weltmarkt besteht und das Land weiterhin in Produktivität und Pro-Kopf-Einkommen eine Spitzenstellung in der Welt einnehmen kann? Oder anders gewendet: Ist sie nicht einer der Schlüssel zum nachhaltigen Wachstum und zum Erhalt möglichst vieler möglichst gut bezahlter Arbeitsplätze in Deutschland, also das genaue Gegenteil vom Weg in die Basarökonomie?

Um diese Fragen zu beantworten, müssen wir uns zunächst eine banale Tatsache in Erinnerung rufen: In einem führenden Industrieland ist praktisch jede neue industrielle Produktlinie mit einer neuen Idee, einer Innovation verknüpft. Diese wird im Land selbst entwickelt – in hoch spezialisierten Abteilungen der Forschung oder auch in der betrieblichen Praxis. Die eigentliche Umsetzung in eine arbeitsfähige neue Produktion erfolgt in einem zweiten Schritt, der allerdings oft schon bei der Forschung im Vorhinein avisiert und analysiert wird. Wo die einzelnen Produktionsstufen stattfinden, hängt dabei von einer Fülle von Bedingungen ab, die für den außenstehenden Beobachter oft nicht im Einzelnen zu überschauen und zu beurteilen sind. Jedenfalls liegt es nahe, dass dabei auch Kostenunterschiede der Produktion ausgenutzt werden, und zwar entweder durch Ankäufe von einem schon vorhandenen Zulieferer, mit dem entsprechende Verträge über Outsourcing abgeschlossen werden, oder durch eigene Direktinvestitionen an einem neuen oder bereits etablierten Standort außerhalb der Unternehmenszentrale im In- oder im Ausland. Es ist ja geradezu das Wesen einer modernen Arbeitsteilung, dass sie nicht starr an traditionellen Formen der vertikalen Integration klebt, die sich bei älteren Produktionsprozessen finden. Im Gegenteil, die Globalisierung erlaubt die Auflösung dieser geografischen Bindung der Produktion, und gerade dies schafft Potenziale für Fortschritte der Produktivität und Senkung der Kosten.

Aus den Auslagerungen von Produktionsstufen entsteht eine typische räumliche Struktur, die sich als Arbeitsteilung zwischen den Unternehmenssitzen in den innovativen Zentren und „verlängerten Werkbänken“ der Peripherie ergibt. Diese Arbeitsteilung ist für alle sinnvoll: Das Zentrum behält jene Produktionsstufen, die einen besonders hohen Innovationsgehalt haben; und die Peripherie erhält jene, die eher standardisiert sind, aber eben auch mit allerneuester Technik arbeiten und deswegen oft Löhne zahlen, die – gemessen am dortigen Niveau – überaus attraktiv sind. Naheliegende Beispiele dafür sind Produktionsstätten der deutschen Automobilindustrie und ihrer Zulieferer in Mittel- und Osteuropa.

Es ist schwer vorstellbar, wie diese Arbeitsteilung verhindert werden könnte. Sie ist übrigens im Grundsatz gar nicht so neu, denn sie findet schon lange auch innerhalb Deutschlands zwischen den Ballungszentren und entlegenen Regionen statt, und zwar bis zur Wiedervereinigung innerhalb Westdeutschlands und seither sehr stark zwischen West und Ost.[173] Der Trend zur Globalisierung sorgt dafür, dass es heutzutage noch erheblich mehr Standortoptionen gibt, als dies früher der Fall war. Es wäre geradezu bedenklich, wenn die deutsche Industrie die Chancen einer Aufspaltung der Wertschöpfungskette nicht wahrnehmen würde. Dies könnte nämlich zur Folge haben, dass sie gegenüber Konkurrenten aus anderen führenden Industrieländern sehr leicht in einen gefährlichen Wettbewerbsnachteil gerät, denn die tun natürlich das Gleiche. Es gibt insofern überhaupt keine Alternative zu dieser Strategie, und dies gilt für alle innovativen Unternehmen in allen führenden Industrienationen. Das heißt natürlich nicht, dass diese bei jeder Investition Produktionsstufen ins Ausland verlagern; aber es heißt, dass sie diese Möglichkeit immer ernsthaft prüfen müssen.

Das Ergebnis ist ein verschärfter Standortwettbewerb. Der liegt zweifellos in der Logik der Globalisierung.[174] Prognosen über sein Ergebnis sind schwierig. Wahrscheinlich verstärkt er einen – ohnehin vorhandenen – Trend zu einer räumlichen Spezialisierung der Zentren, die das Wissen produzieren, und der Peripherie, die nachzieht. Er akzentuiert damit einen Strukturwandel hin zu einer räumlichen Konzentration bestimmter Typen von Arbeitsplätzen: im Zentrum eher das Schaffen neuen Wissens, in der Peripherie eher die Anwendung der neuen Technik. Nicht Basarökonomie ist deshalb der treffende Name für die Wirtschaft im Zentrum, sondern Innovationsökonomie.

Es bleiben offene Fragen: Wie groß kann diese Innovationsökonomie überhaupt sein? Und wem gibt sie noch Arbeit? Was die Größe betrifft, hängt dies von der Innovationskraft der Industrie ab, und die ist Ergebnis einer Fülle von sonstigen Standortfaktoren, die zum zentralen Gegenstand der Wirtschafts- und Wissenschaftspolitik gehören: von der Höhe und Effizienz der industriellen Forschungsausgaben, von der Zahl und Qualität der

Forscher in den Unternehmen, vom Zustand der Universitäten, insbesondere der technisch orientierten, den Möglichkeiten der Verzahnung von privatwirtschaftlicher und öffentlicher Forschung, der Qualität der Schulen und der betrieblichen Ausbildung etc., etc. Insgesamt ist in dieser Hinsicht das Bild für Deutschland durchaus positiv. Zusammen mit anderen Nationen mit starker industrieller Ingenieurtradition wie etwa Schweden und Finnland sowie der Schweiz und Österreich belegt der Westen Deutschlands weltweit in fast allen Statistiken der Innovationskraft einen der Spitzenplätze. So liegt der Anteil der Ausgaben für Forschung und Entwicklung (F&E) am Bruttoinlandsprodukt deutlich über dem EU-Durchschnitt (**Schaubild 10**). Und auch andere Indikatoren bestätigen, dass die Industrie hierzulande ihre traditionelle Spitzenposition in der Welt keineswegs eingebüßt hat.[175]

Genau deshalb hat es in den letzten Jahren auch in der öffentlichen Diskussion eine gewisse Akzentverschiebung gegeben. In den frühen 1990er-Jahren war die Sorge weitverbreitet, die deutsche Wirtschaft würde in ihrer Innovationskraft deutlich zurückfallen. Der Hauptgrund dafür lag im Aufstieg der Mikroelektronik und der modernen Informationstechnologien, bei deren Entwicklung Deutschland im Vergleich zu den Vereinigten Staaten und auch Japan nur eine untergeordnete Rolle spielte. So führten schematische Aufteilungen der Industrien in „high tech“, „medium tech“ und „low tech“ regelmäßig zu dem Ergebnis, dass Deutschland seine Stärken vor allem im Bereich der mittleren und nicht der Hochtechnologie hatte. Damals wiesen bereits Wissenschaftler darauf hin, dass diese Einteilung in die Irre führen kann. Wenn nämlich die Mikroelektronik tatsächlich eine „all purpose technology“ ist, die praktisch den gesamten Bereich der klassischen Industriebranchen der Ingenieurtechnik durchdringt, dann würden sich die typisch deutschen Stärken erst dann zeigen, sobald die Umsetzung des neuen technischen Wissens in der Breite der Branchen ansteht.[176] Das Schicksal Deutschlands als erfolgreichem (und innovativem) Industriestandort würde dann davon abhängen, ob es dem Land gelänge, gerade diese Umsetzung maßgeblich voran-

Schaubild 10: Aufwendungen der Wirtschaft für Forschung und Entwicklung 2007*, Ländergruppe I

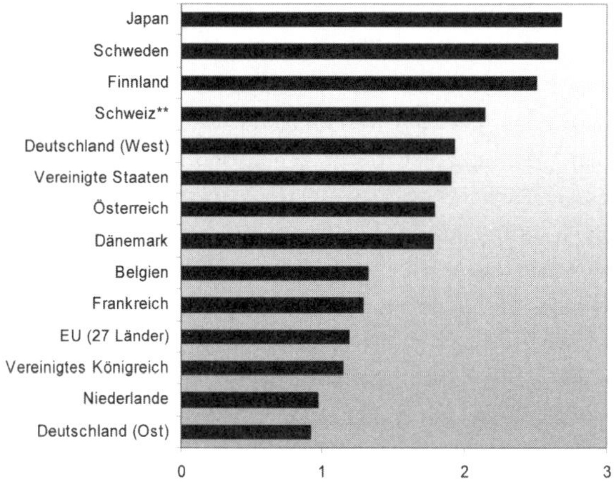

* in Prozent der Wertschöpfung
** Referenzjahr 2004

Datenquellen: Eurostat (2010); Stifterverband für die Deutsche Wissenschaft (2010); Volkswirtschaftliche Gesamtrechnungen der Länder (2010)

zubringen und bei der neuen Generation von Produkten wieder führend zu sein.

Genau dieser Sprung der deutschen Ingenieurkunst von der Welt ohne zur Welt mit Mikroelektronik ist anscheinend über die Jahre gut gelungen: Deutsche Autos, deutsche Werkzeugmaschinen, deutsche Feinmechanik und deutsche Förderanlagen sind immer noch an der Weltspitze, aber inzwischen in komplett „elektronisierten" Versionen. Von einem technologischen Zurückfallen Deutschlands redet jedenfalls inzwischen praktisch niemand mehr. Ähnlich erging es – mit gewissen Branchenvariationen – anderen „klassischen" Ländern der qualitätsvollen Ingenieurtechnik wie Schweden und der Schweiz. Auch die sind weiterhin an der Spitze.

Wie steht es um die Anzahl industrieller Arbeitsplätze, die in und um die innovationskräftigen Industrien entstanden sind? Auch in dieser Hinsicht sind die Sorgen zurückgegangen. Zwischen 2003 und 2008 ließ sich sogar eine kleine Welle der Re-Industrialisierung Deutschlands feststellen – besonders stark im zuvor deindustrialisierten Osten, aber auch deutlich im Westen, wo der Abwärtstrend der industriellen Beschäftigung, der in hoch entwickelten Industrieländern völlig normal ist, zu einem Stillstand kam. Dies hatte eine Reihe von Gründen, auf die wir noch zu sprechen kommen, darunter auch eine moderate Lohnentwicklung. Jedenfalls erwies sich der verschärfte internationale Standortwettbewerb doch nicht als so dramatisch in seiner Wirkung auf das Überleben der heimischen Arbeitsplätze in der Industrie, wie dies gemeinhin in den 1990er-Jahren erwartet wurde. Die genauen strukturellen Gründe dafür sind noch keineswegs erforscht. Es liegt allerdings nahe zu vermuten, dass vielleicht doch eine Vielzahl von Arbeitsplätzen für Facharbeiter in der Nähe der Innovationsquelle angesiedelt bleiben muss, wenn die nötige Qualität der Produktion gesichert sein soll. Möglicherweise ist es sogar schwieriger geworden als früher, jene traditionellen Standorte zu verlassen, die sich durch eine enge Verzahnung von privater und öffentlicher Forschung auszeichnen. Insofern gibt es – trotz oder sogar wegen der Globalisierung – immer noch starke zentripetale Kräfte, die zugunsten traditioneller Standorte wirken.[177]

All dies sollte eigentlich nicht verwundern. Denn die deutsche Wirtschaftsgeschichte liefert in dieser Hinsicht überaus lehrreiche Lektionen, und zwar längst vor der Globalisierung. So hat sich das Gefälle der industriellen Ballung und Produktivität innerhalb Westdeutschlands seit den 1950er-Jahren nur wenig verändert, mit dem Aufstieg Südbayerns als einziger „Neuerung" gegenüber der traditionellen Struktur. Und auch die Dominanz Süddeutschlands gegenüber dem Nordwesten hält schon seit gut vier Dekaden an, nachdem zuvor rund 100 Jahre lang der Nordwesten und Mitteldeutschland (einschließlich Berlins) einen klaren Vorsprung hatten. Es geht hier offenbar durchweg um sehr träge und langfristige Veränderungen, die allzu leicht in der Aufregung des politischen Tagesgeschäfts in ihrer kurzfristigen Dynamik dramatisiert werden. Wachstum braucht eben doch vor allem eines: Zeit.

Schaubild 11:
Beitrag der Industrie zum BIP 2007*

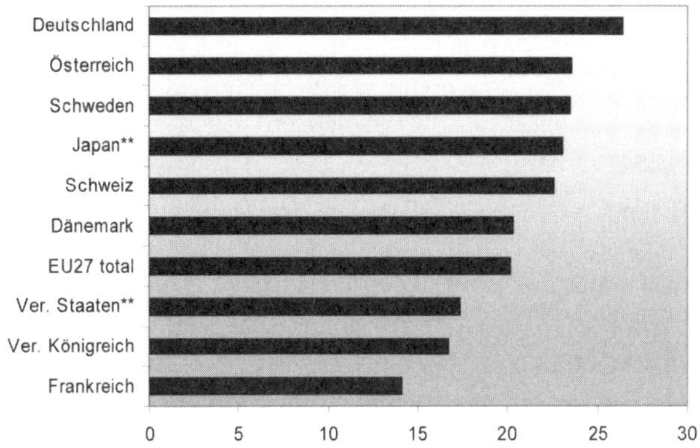

* in Prozent
** Referenzjahr 2006

Datenquelle: OECD (2009b)

So viel zur Vorstellung der Basarökonomie. Sie ist nur eine von vielen zumeist kritischen Fehldeutungen der deutschen Wirtschaftsstruktur, die in den letzten Jahren kursierten. Ihr Gegenstück ist die noch beliebtere These, Deutschlands Wirtschaft sei „überindustrialisiert", hätte also zu wenig Dienstleistungen, die großräumig wettbewerbsfähig sind. Tatsächlich ist in Deutschland das verarbeitende Gewerbe überdurchschnittlich groß, und zwar in seinem Anteil sowohl der gesamtwirtschaftlichen Produktion als auch der Beschäftigung. Die meisten anderen führenden Industrieländer weisen deutlich niedrigere Anteile auf (**Schaubild 11**), und zwar seit langer Zeit. Da nun der Trend in Richtung der sogenannten Tertiarisierung der Wirtschaft geht, also in Richtung einer Schrumpfung der Beschäftigung in der Industrie, wird daraus gelegentlich geschlossen, die deutsche Wirtschaft habe gewissermaßen eine „veraltete" Struktur. Sie könne deshalb noch in der Zukunft von einer besonders dramatischen industriellen Schrumpfung betroffen sein.[178]

Das klingt zunächst plausibel. Es lässt allerdings völlig außer

Acht, dass die internationale Arbeitsteilung letztlich genau jene Fähigkeiten und Kompetenzen widerspiegelt, die Regionen über Jahrzehnte oder sogar Jahrhunderte entwickelt haben. So verfügen zum Beispiel Großbritannien und die Niederlande über besonders starke Banken-, Dienstleistungs- und Handelssektoren, weil diese Länder eine lange Geschichte der Einbindung in die kosmopolitische Organisation des Welthandels haben; aus dieser Tradition erwuchsen besondere Stärken in nicht industriellen Teilen der Wirtschaft. Deutschland ist dagegen ein Land der hohen Ingenieurqualitäten, und entsprechend sieht die Produktpalette aus, mit der sich das Land auf dem Weltmarkt als wettbewerbsfähig (und innovativ) erweist. Das Gleiche lässt sich für die Schweiz und Österreich feststellen, ebenfalls Länder mit einem notorisch „überhöhten" Industrieanteil. Offenbar gibt es eine Art „deutschsprachige Anomalie", die sich aus einer langen gemeinsamen Wirtschafts- und Technologiegeschichte ergibt. Diese reicht bis in die Industrialisierung und vielleicht sogar in die mittelalterliche Handwerkstradition zurück. Warum sollte diese „Anomalie" eine Strukturschwäche begründen, nur weil sie von einem internationalen Durchschnitt abweicht?

Wieder hilft der Seitenblick auf unterschiedliche Regionen innerhalb Deutschlands, um den Kern der Sache zu erkennen. Denn gerade jene Regionen gelten hierzulande als wirtschaftlich schwächer, die eben nicht über jene starke Ballung innovativer Industrien verfügen, wie dies etwa in Baden-Württemberg, Hessen und Südbayern der Fall ist. Will man das eigentliche Strukturproblem des Nordens und vor allem Mittel- und Ostdeutschlands in einem Schlagwort zusammenfassen, so lautet es: zu wenig innovative Industrie.[179] Natürlich wäre es rein theoretisch auch vorstellbar, dass das Ruhrgebiet oder Mitteldeutschland nach schweren industriellen Krisen den Weg in Richtung weltmarktorientierter Dienstleistungen einschlagen, so wie Großbritannien und die Niederlande oder auch Luxemburg, das im Gefolge der Schrumpfung seiner Stahlindustrie zum Bankenzentrum mutierte. Allerdings bleibt ein solcher radikaler Wandel reine Theorie, solange es keine gewachsene Dienstleistungstradition gibt oder wie im Falle von Luxemburg die

Möglichkeit besteht, als souveränes Land vom regulativen Rahmen her gezielt attraktive Bedingungen für bestimmte Branchen zu schaffen.

Wir können noch einen Schritt weiter gehen: Selbst die beliebte Vorstellung, das Wachstum müsse entlang bestimmter sektoraler Muster verlaufen – von der Agrarwirtschaft über die Industrie zu den Dienstleistungen –, hat heutzutage nicht mehr allzu viel Überzeugungskraft. Dies gilt insbesondere für Deutschland und all jene Länder, die in der globalen Spitzengruppe der Pro-Kopf-Einkommen liegen. In deren Welt geht es, wie im ersten Kapitel beschrieben, nur noch um mehr Vielfalt und Qualität der Produkte. So ist es zum Beispiel durchaus vorstellbar, dass die Landwirtschaft nicht, wie seit dem 19. Jahrhundert geschehen, weiter schrumpft, sondern endlich wieder expandiert. Der Grund: eine verstärkte Vorliebe der Menschen für Lebensmittel von einer besonderen Qualität, die nur regional gewährleistet sein kann – Fleisch mit Geschmack, Früchte mit Aroma, Gemüse mit Nährwerten und Wein mit Charakter. Kurzum: „Slow Food" statt „Fast Food", ein Trend, der in Deutschland deutlich zu erkennen ist, wenn man in Buchhandlungen an langen Regalen mit Kochbüchern vorbeiläuft oder im Privatfernsehen am Abend verzweifelt versucht, einmal nicht auf eine Kochsendung zu stoßen.

Wohlgemerkt: Dieser Trend führt keineswegs zurück in die Vergangenheit traditioneller Landwirtschaft. Stattdessen führt er in eine neue Zukunft der differenzierten Qualität: Die neueste Technik kommt durchaus zum Einsatz, aber sie wird schonend angewandt – als Ergänzung zu einer qualitätsorientierten Produktionsweise, die sich an der hohen Zahlungsbereitschaft der Kunden orientiert und nicht versucht, die Kosten durch Massenherstellung zu senken. Geht der Trend weiter, wird gerade diese „neue Landwirtschaft" mehr Arbeitskräfte brauchen, um in sorgfältiger Handarbeit überhaupt die hohe Qualität und die hohe Wertschöpfung erreichen zu können, die anspruchsvolle Kunden verlangen. Damit könnte tatsächlich die Landwirtschaft wieder zu einer Branche mit zumindest moderatem Wachstum werden.

Wein, Winzer, Wachstum.

Eine Branche erfindet sich neu.

Wer hätte das gedacht. Eine der ältesten Wirtschaftszweige der Nation erlebt in Deutschland eine neue Blüte: der Weinbau. Niemals gab es besseren deutschen Wein, niemals eine solch beeindruckende Vielfalt an Varianten, niemals so viel öffentliche Aufmerksamkeit, niemals einen Wein-Hype wie in den letzten Jahren. Und dies alles bei unveränderter Anbaufläche – etwa 100.000 Hektar – und bei stagnierendem Weinkonsum der Bevölkerung. Wie ist das möglich? Wie kam es dazu?

Es begann alles auf dem absoluten Tiefpunkt. In den frühen 1980er-Jahren war es geschafft: Der deutsche Wein hatte praktisch seine gesamte Reputation verspielt. Er galt überall als billiges süßlich-pappiges Gesöff, so wie die berüchtigte „Liebfrauenmilch", hergestellt im Massenbetrieb, getrimmt auf maximale Erträge, abgestimmt auf einen öden Breitengeschmack.

Es folgte die Globalisierung: In wenigen Jahren wurde Deutschland überschwemmt von Weinen aus Übersee. Vor allem amerikanische, australische und chilenische Produkte tauchten in den Supermärkten und Weinläden auf. Es waren neue Rebsorten, die nun auch die Deutschen kennenlernten: Weißweine aus Chardonnay und Sauvignon, Rotweine aus Cabernet und Shiraz, trocken und nicht süß, alle sauber vinifiziert und nicht klebrig, professionell hergestellt, mit Fruchtgeschmack und ohne abgestandenes Kelleraroma. In den Bistros und Restaurants trat der italienische Pinot Grigio den Siegeszug an.

Die deutschen Winzer saßen in der Klemme. Eine neue Generation von Verbrauchern – nicht mehr die Kriegsgeneration, sondern die Babyboomer – wollte nichts mehr wissen von deutscher Weinseligkeit. Vieles spielte da mit: die deutsche Liebe zu Italien, der exotische Hauch von Übersee, aber vor allem die Welle der neuen Kochbegeisterung, die über Deutschland hinwegfegte.

Und siehe da, es geschah ein Wunder. Genauer gesagt: Der Wettbewerb funktionierte. Denn auch bei den Winzern gab es einen Generationswechsel. Die Jungen studierten Önologie in Geisenheim, verbrachten ein Auslandsjahr auf einem Gut in Kalifornien, übernahmen dann den elterlichen Betrieb und krempelten ihn um. Qualität statt Masse, niedrige statt hohe Erträge, Lese per Hand statt durch die Maschine, Lagencharakter statt Einheitsbrei – das waren die Leitlinien. Dazu schonende Behandlung der Trauben, um die Aromen zur Geltung zu bringen, und natürlich modernste Kellertechnik. Und obendrein ein neues Image: elegante Etiketten, reduzierte Botschaften, kontrollierte Rustikalität. Kurzum: Wein als Lifestyle einer neuen Generation.

Es brauchte einige Jahre, bis der Durchbruch kam. Zunächst bei den deutschsprachigen Nachbarn in Österreich und Südtirol, in jenen Regionen also, die früher der Inbegriff spießiger Gemütlichkeit waren. Jetzt also nichts mehr davon, auch nicht beim Wein: aromatische Weißweine und tiefe Rotweine, höchste Qualität, bestens beworben, professionell vermarktet, so strömten sie auf die internationalen Märkte. Innerhalb weniger Jahre gerieten die Weinkritiker ins Schwärmen. Mit Verspätung folgte Deutschland. Oder genauer: Es folgten die verschiedenen deutschen Weinbaugebiete – Ahr, Baden, Franken, Mosel, Pfalz, Rheingau, Rheinhessen und schließlich sogar Saale-Unstrut und Sachsen, alle mit eigenem Profil, konzentriert auf die alten Rebsorten vom Riesling bis zum Spätburgunder. Daneben auch experimentierfreudig, aber stets auf Qualität hin orientiert.

Das Ergebnis: Eine mittelständische Branche der deutschen Wirtschaft meldet sich zurück. Überall Familienbetriebe, die mit Stolz ihre Qualitätsprodukte präsentieren – und zu guten Preisen verkaufen. Kein Jahr vergeht ohne begeisterte Kritiken. Der deutsche Wein verdrängt in den Bistros und Restaurants Schritt für Schritt den dünnen Pinot Grigio. Und es ist nur eine Frage der Zeit, dass sich auch Exporterfolge einstellen, vor allem beim deutschen Paradepferd, beim Riesling. Und da sage mal einer, die deutsche Wirtschaft sei nicht innovativ. Und dies mitten in der Globalisierung.

Das Beispiel zeigt auch, wie sehr sich die Begriffe „Technologie" und „technischer Fortschritt" in einer modernen Welt verändern können. Offensichtlich wäre es abwegig, einer neuen qualitätsorientierten Landwirtschaft vorzuhalten, sie sei technisch rückständig. Das Gegenteil ist der Fall: Sie baut auf einem hohen Niveau des technischen Wissens auf, kombiniert dieses aber mit einem Qualitätsanspruch, der handwerkliche Perfektion – und nicht den Einsatz großer Maschinen – verlangt. Die Neuerung besteht dann oft genug in der Analyse und Anwendung schonender und durchaus arbeitsintensiver Verfahren, über die dann auch nur mehr ein sehr kleiner Kreis hoch qualifizierter Spezialisten Bescheid weiß. Es ist eine Art Wiedergeburt des Handwerks auf höchster Ebene, und es ist natürlich Teil der Fortentwicklung der Technologie. In diesem Sinne könnte es dann sogar völlig irreführend sein, immer nur auf Statistiken der F&E-Tätigkeit zu blicken, wenn es darum geht, die Bedeutung der Technologie in einer Branche abzuschätzen.

Spinnen wir diesen Gedanken weiter, wird schnell klar: Diese Art von innovativem Wissen beschränkt sich nicht auf Spezialbereiche der Landwirtschaft wie etwa den Weinbau. In fast allen Branchen – und allemal in jenen mit starker Anwendung der Informationstechnik – entsteht dezentral eine ungeheure Menge differenzierten Wissens, und zwar auch außerhalb der offiziellen Forschung, durch geschicktes „trial and error" am Arbeitsplatz. Insofern gewinnt intelligente Hand- und Kopfarbeit wahrscheinlich eine ganz neue, größere Bedeutung als in der traditionellen industriellen Welt, die im Wesentlichen aus der Zusammenarbeit von riesigen Maschinen mit vielen Menschen am Fließband bestand. Diese neue Welt könnte jenen Ländern zugutekommen, die über eine lange Tradition der Kombination von präziser Hand- und Kopfarbeit verfügen. Denn dort sind die Menschen weit weniger als anderswo auf vorgefertigte „gestanzte" Arbeitsschritte angewiesen, um ihre Potenziale auszuschöpfen. Deutschland sollte eigentlich gute Chancen haben, auch in der Zukunft genau ein solches Land zu sein.

Zusammenfassend lässt sich sagen: Es sieht gar nicht so schlecht aus mit der Innovationskraft der deutschen Wirtschaft. Allerdings wird sie stets gefährdet sein durch die Engpässe, die zwingend auf das Land zukommen. Wir haben diese im vierten Kapitel behandelt: Alterung der Facharbeiterschaft und Knappheit an leistungsfähigem Nachwuchs. Es sind deshalb alle Strategien nötig, die wir dort besprochen haben: selektive Zuwanderung von jungen Facharbeitern, Verlängerung der Lebensarbeitszeit, Optimierung der Arbeitsteilung zwischen „fluider" und „kristalliner" Kompetenz, betriebliche Qualifikation auch schwächerer Bewerber sowie schließlich Verbesserung der Schulen und Leistungsmotivation der Familien. Hier finden sich, was die Dynamik der Industrie betrifft, die großen Herausforderungen der kommenden Generation.

Einstweilen scheinen diese Probleme allerdings noch in der Zukunft zu liegen. Gegenwärtig herrscht eher die gegenteilige Wahrnehmung vor: Zunehmend wird in europäischen Nachbarländern gefordert, Deutschland dürfe sich auf Dauer gerade nicht zu stark auf seine innovationskräftige und exportorientierte Industrie konzentrieren, sondern müsse erheblich mehr für die Belebung des Binnenmarktes tun. Das sei nötig, um auch anderen Ländern die Chance zu geben, stärker nach Deutschland zu exportieren. Dahinter steht die Beobachtung, dass die deutsche Wirtschaft seit Ende der 1990er-Jahre massiv an Wettbewerbsfähigkeit zugelegt hat, unter anderem, weil der Lohnanstieg moderat ausfiel. So nahmen die Lohnstückkosten[180] im verarbeitenden Gewerbe zwischen 1999 und 2007 in Deutschland um elf Prozent ab, während sie im Durchschnitt der OECD-Länder in etwa konstant blieben. Politisch wird diese Tatsache gerne in die vorwurfsvolle Forderung gekleidet, Deutschland müsse eine Art solidarischen Beitrag leisten, um ein internationales Gleichgewicht wiederherzustellen. Konkret geht es dabei um den Abbau des sehr hohen Überschusses in der Leistungsbilanz, den Deutschland seit Jahren aufweist und dem relativ hohe Defizite anderer Länder gegenüberstehen.[181]

Auch dieser Vorwurf ist auf den ersten Blick plausibel. Betrachtet man nur die derzeitigen Defizite und Überschüsse, so liegt es nahe, auf dem Weg zum Gleichgewicht von beiden Seiten einen Beitrag zu fordern, also: Senkung der gesamtwirtschaftlichen Nachfrage in den Defizit- und Expansion in den Überschussländern, vor allem in Deutschland, aber auch in Österreich, der Schweiz und Schweden. Dies mag auch kurzfristig die Lage entspannen, was die Nachfrageströme betrifft. Allerdings ändert dies nur wenig an den strukturellen Folgen der vorausgegangenen Entwicklungen. Tatsächlich hat eine ganze Reihe europäischer Länder im Zuge der weltweiten Expansion zwischen 2003 und 2008 einen internen Kostenanstieg zugelassen, der auf längere Sicht die internationale Wettbewerbsfähigkeit ihrer Industrie gefährdete und gleichzeitig den Binnensektor künstlich aufblähte. Diese Entwicklung erwies sich als nicht nachhaltig, die Blase platzte, wie im dritten Kapitel aufgezeigt wurde. Ganz anders sieht dies für die Industrie in Deutschland und den anderen Überschussländern aus: Dort ging es keineswegs um eine industrielle Fehlentwicklung, sondern um eine Vertiefung der internationalen Arbeitsteilung. Es gibt keine Anzeichen dafür, dass diese Entwicklung langfristig nicht tragfähig sein sollte. Die Anpassungslast liegt kurzfristig also zu Recht bei den Defizitländern.

Allerdings bleibt natürlich die längerfristige Frage, wie Deutschland und andere Überschussländer ihre Binnenwirtschaft stärken können. Der Schlüssel dazu liegt nicht bei einer gezielt expansiven Nachfragepolitik, künstlich geschürt durch einen Boom des Konsums wie seinerzeit in den Vereinigten Staaten oder durch extrem hohe Staatsdefizite wie in Japan. Der Schlüssel liegt stattdessen in einer eigenständigen Wachstumspolitik, die generell die Bedingungen für eine starke langfristige Dynamik der Wirtschaft verbessert. Fraglich ist dabei, ob es überhaupt einer speziellen Stützung der binnenwirtschaftlich orientierten Branchen bedarf. Wie in Abschnitt 4.1 geschildert, ist ja zu erwarten, dass bei alternder Bevölkerung die Nachfrage nach vielen Dienstleistungen der Binnenwirtschaft – allen voran im Bereich Gesundheit – von selbst ansteigen wird. Es geht dann bestenfalls darum, eine Zunahme des Angebots an Dienstleistungen politisch positiv zu begleiten – und nicht durch Maßnahmen der Rationierung einzudämmen. Am ehesten wäre deshalb darüber nachzudenken, durch die Senkung von Unternehmensteuern und die Verbesserung sonstiger Rahmenbedingungen (zum Beispiel der Regulierung) etwaige Wachstumshemmnisse aus dem Wege zu räumen.

Tatsächlich wird seit Langem ein Engpass für das wirtschaftliche Wachstum in Deutschland in den regulativen Rahmenbedingungen gesehen. Sie gelten allgemein als wenig flexibel, insbesondere am Arbeitsmarkt; der Flächentarifvertrag und der weitreichende Kündigungsschutz sind dafür die zentralen Pfeiler. Bei näherer Betrachtung fällt allerdings auf, dass sich in dieser Hinsicht gerade in den letzten beiden Jahrzehnten in der pragmatischen Praxis sehr viel verändert hat, und zwar in Richtung von mehr Flexibilität. So hat der Wiederaufbau einer leistungsfähigen Industrie in Ostdeutschland weitgehend ohne tarifliche Restriktionen stattgefunden, weil die im Osten tätigen Unternehmen auf eine Mitgliedschaft im Arbeitgeberverband verzichteten und am freien Arbeitsmarkt gute Facharbeiter einstellten, die oft zuvor arbeitslos waren. Auch auf den Westen hatte dies Rückwirkungen, da dadurch eine zusätzliche Standortkonkurrenz spürbar wurde. Wahrscheinlich ist die überaus moderate Lohnentwicklung der letzten Dekade zum Teil auf diese neue Situation zurückzuführen. Der Flächentarifvertrag wurde gewissermaßen durch den Markt flexibilisiert, und zwar zunächst im Osten und dann auch im Westen. Es ist nicht abzusehen, dass dieser Trend sich in der Zukunft umkehren wird.[182]

Ganz Analoges gilt für den Kündigungsschutz. So gab es in den letzten beiden Jahrzehnten eine starke Zunahme der Arbeitnehmerüberlassung durch Leih- oder Zeitarbeitsfirmen, die 2008 fast 800.000 Arbeitskräfte beschäftigten. Mitte der 1990er-Jahre waren es noch unter 200.000. Die üblichen, restriktiven Vorschriften des Kündigungsschutzes gelten dann zwar bei der verleihenden Firma, nicht aber bei dem Unternehmen, das die Leiharbeit konkret einsetzt. Dies führt faktisch zu einer Beschränkung des Schutzes auf der Ebene des tatsächlichen Arbeitsplatzes und damit zu einer erheblichen Flexibilität bei der betriebswirtschaftlichen Anpassung an kurzfristige, schwer vorhersehbare Verschlechterungen der Auftragslage. Dies zeigte sich vor allem auch beim jüngsten Konjunktureinbruch als Folge der Finanzkrise, der in Deutschland zu einer Erhöhung der Arbeitslosigkeit führte, die nach allen Maßstäben erstaunlich moderat ausfiel. Neben dem Rückgriff auf die Kurzarbeit war wohl dabei auch die Arbeitnehmerüberlassung ein ganz wesentliches Instrument, um die Schwankungen abzupuffern.[183]

Ziehen wir ein Fazit: Die deutsche Wirtschaft steht keineswegs schlecht da, um auch in der Zukunft weltweit mit an der Spitze der Produktivität und Leistungskraft zu bleiben, wie sie dies schon seit dem späten 19. Jahrhundert tut. Niemand kann natürlich vorhersagen, ob ein einmal erreichtes Muster der Spezialisierung auf Dauer noch das hält, was es bisher versprochen hat. Und dabei gibt es immer wieder neue Wellen der Befürchtungen – derzeit in Deutschland vor allem mit Blick auf die Automobilindustrie und ihren starken Fokus auf den klassischen Verbrennungsmotor. Allerdings zeigt gerade die Vergangenheit der letzten beiden Dekaden, dass solche Befürchtungen so lange nicht begründet sind, wie die Wirtschaft (und vor allem die Industrie) in der Lage ist, neue Entwicklungen rasch in die eigenen Stärken zu integrieren – wie zuletzt bei der Mikroelektronik. Genau dies schaffte die klassische Ingenieurregion Deutschland bisher immer wieder. Und was die langjährige Schwäche der deutschen Wirtschaft betrifft, die Flexibilität des Arbeitsmarkts, so hat es spürbare Verbesserungen gegeben. Es bleiben, wie gesagt, große Herausforderungen, vor allem die Alterung der Gesellschaft. Aber vor denen stehen praktisch alle Industrienationen. Für einen spezifisch deutschen Wachstumspessimismus gibt es da eigentlich wenig Ansatzpunkte.

5.2 Europa: Vielfalt und Spaltung?

Was Deutschland in Europa, das ist Europa in der Welt: So lässt sich – mit etwas Mut zur Vereinfachung – die Rolle des alten Kontinents in der Globalisierung beschreiben. Auch für die europäische Wirtschaft als Ganzes gilt: Sie gewinnt ihre Leistungskraft vor allem aus der Qualität und Vielfalt ihrer Produktpalette, und zwar in erster Linie im Bereich des verarbeitenden Gewerbes, aber auch der produktionsbezogenen Dienstleistungen. Die Wirtschaftsgeschichte hat dabei zu einer ausgeprägten Spezialisierung geführt, die – genau wie innerhalb einzelner Länder – über die Jahrzehnte recht stabil geblieben ist.

Besonders interessant sind dabei die Unterschiede zu Nordamerika, dem anderen Kontinent mit einer langen ungebrochenen Industriegeschichte. So gibt es in den Vereinigten Staaten eine viel stärkere regionale Konzentration bestimmter Industriezweige, wie zum Beispiel der Automobilbranche. Die hat ihr Zentrum in einem Bundesland, in Michigan. Dagegen weist Europa viele Automobilstandorte auf, und die stellen nach nationalem Styling ihre eigenen besonderen Produkte her: Italiens Fiat in Turin, Frankreichs Citroën, Renault und Peugeot in Paris, Deutschlands BMW, Daimler und Volkswagen in München, Stuttgart und Wolfsburg, Schwedens Volvo und Saab in Göteborg und Trollhättan, um nur einige Standorte zu nennen. Ähnliches lässt sich für andere Branchen feststellen. Tatsächlich fällt die räumliche Konzentration der Industrie in den Vereinigten Staaten durchweg erheblich stärker aus als in Europa.[184] Bemerkenswert ist dabei, dass der Prozess der europäischen Wirtschaftsintegration dies kaum verändert hat. Manche Prognosen im Vorfeld der Vollendung des Gemeinsamen Marktes 1992 erwiesen sich deshalb mindestens als verfrüht, wenn nicht gar als falsch.[185] Die Produktionsstruktur Europas stellte sich als träger heraus, als gemeinhin angenommen wurde.

Es lässt sich nicht eindeutig klären, wie diese Trägheit zu erklären ist. Zum einen mag es daran liegen, dass in dem schon sehr lange integrierten Markt der Vereinigten Staaten die Größenvorteile der regionalen Konzentration früh genutzt wurden und seither das Bild dominieren – anders als in einem Wirtschaftsraum, der erst im Zuge der Industrialisierung dazu überging, alle Handelshemmnisse niederzureißen. Es entstand dadurch in Europa eine Produktvielfalt, die sich – einmal etabliert – nicht mehr zurückbildete. Zum anderen mag es auch an der spezifisch europäischen Vielfalt der Nachfrage liegen: Italiener oder Franzosen haben doch etwas andere Vorlieben als Deutsche oder Schweden. Und sie bauen die Autos deshalb auch anders: leichter und weniger wetterfest, dafür aber vielleicht etwas eleganter und flotter. Solche Unterschiede in der Geschmackskultur gibt es in den Vereinigten Staaten zwischen Florida, Kalifornien, Massachusetts und Missouri nicht, jedenfalls nicht annähernd im gleichen Ausmaß.

Wo auch immer die Gründe liegen: Europa hat bis heute eine weit stärkere Produktvielfalt als die Vereinigten Staaten, und dies in fast allen Branchen. Demgegenüber fällt die Standardisierung der Massenproduktion auf hohem technischem Niveau geringer aus. So waren es Amerikaner, die bei der Autoproduktion das Fließband erfanden und bei der Schusswaffenherstellung zu perfekt auswechselbaren Einzelteilen übergingen. Sie schreckten sogar nicht davor zurück, in der (vermeintlich?) kleinteiligsten, differenziertesten Branche, der Gastronomie, das Fast Food aus der Taufe zu heben, also unter anderem das genormte, zerlegbare, weltweit identisch schmeckende Objekt, genannt: „Burger". Umgekehrt spezialisierten sich Europäer (und vor allem Deutsche) auch in der Industrie stets eher auf die handwerklich ausgefeilte Maßarbeit – vom soliden Baugewerbe bis hin zu geradezu künstlerischer Präzisionstechnik im Spezialmaschinenbau, der Feinmechanik und der Optik.

Schauen wir noch genauer hin, so entdecken wir eine ganze Reihe von weiteren Unterschieden zwischen der typisch europäischen und nordamerikanischen Industrietradition: in Europa ein viel stärkeres Gewicht auf die Ausbildung von Ingenieuren und Facharbeitern, in den Vereinigten Staaten dagegen eine ausgeprägte Gründerkultur mit vielen Start-ups im Bereich neuester Technologien; in Europa eine stärkere Bindung der

Facharbeitskräfte an einzelne Unternehmen mit ausgeprägten Elementen der Entlohnung nach Prinzipien der Seniorität, in den Vereinigten Staaten eher das kurzfristig orientierte „hire and fire". Kein Zweifel also, es gibt selbst auf einem ähnlich hohen Niveau der Entwicklung starke transatlantische Unterschiede der Industriekultur, und die haben sich – bisher jedenfalls – im Kern als bemerkenswert stabil erwiesen.

Dabei hat es allerdings in den letzten Jahrzehnten auch Veränderungen gegeben: Kein Geschäftsmodell ist völlig starr, und schon gar nicht, wenn es um eine Art nationales Modell geht. Weitverbreitet war dabei in Europa – und vor allem in Deutschland – die Befürchtung, der „American Way of Business" würde alles verdrängen, zum globalen Modell avancieren, ähnlich wie Jeans und Rockmusik zum dominanten Zeitgeschmack wurden. In der Tat gab es typisch amerikanische Elemente, die übernommen wurden: mehr Flexibilität, mehr Transparenz, mehr kurzfristige Rechenschaft gegenüber den Kapitalgebern, also Orientierung am Shareholder-Value. Eine umfassende Bewertung dieser Trends steht noch aus, denn sie haben ganz offensichtlich zwei Seiten, positive und negative. In jedem Fall bezogen sie sich eher auf die geschäftliche Organisation, weit weniger auf Vielfalt und Qualität der Produkte. In dieser Hinsicht blieb Europa im Wesentlichen seiner Philosophie treu.

Genau diese eher konservative Strategie hat sich anscheinend bewährt. Denn die großen industriellen Krisen der jüngsten Zeit, allen voran in der Automobilindustrie, erreichten in den Vereinigten Staaten dramatischere Dimensionen als in Europa. Und dies anscheinend genau deshalb, weil Vielfalt und Qualität, also die differenzierte Ingenieurtechnik Europas, vielleicht doch eine bessere Antwort auf die Herausforderungen des Weltmarktes ist als die eher standardisierte Massenproduktion. Die Globalisierung zeigt hier ein anderes Gesicht als das, was sehr gerne von Kritikern gezeichnet wird. Sie belohnt eben nicht die dumpfe Wucht der Größenvorteile, sondern das Können und die Originalität derjenigen, die sich im Weltmarkt ausbaufähige Nischen geschaffen haben. Dies ist natürlich nichts gänzlich Neues – wir haben es im ersten Kapitel auch geschichtlich beschrieben –, aber es ist vielleicht erstmalig auf breiter Front erkennbar.[186]

Allerdings ist Vorsicht geboten, was die Schlussfolgerungen betrifft. Wir sollten nicht plötzlich überall das „Modell Europa" hochleben lassen, so wie in den 1980er-Jahren das „Modell Japan" und danach von einigen das „Modell USA" in den Business-Magazinen heiliggesprochen wurde, um dann anschließend in Ungnade zu verfallen. Es gibt in dieser Hinsicht Modewellen wie in anderen Bereichen der „Kultur", und ein Stück weit sind ja Geschäftsmodelle auch Teil der Kultur eines Landes. Auch in der Zukunft bleiben dem amerikanischen Modell beeindruckende Stärken: Der US-Kapitalismus regeneriert sich schneller und flexibler als anderswo, und er ist unverändert Weltmeister im Ausspeien höchst innovativer Ideen im forschungsnahen Bereich modernster Branchen – von der Informationstechnologie über Lifesciences und Biotechnologie bis zu „green tech". Insofern sind die Vereinigten Staaten als weltweiter Wachstumsmotor unverändert stark und unverzichtbar.

Wahrscheinlich ist das angemessene Bild das einer transatlantischen Arbeitsteilung: hier die klassische Ingenieurwerkstatt Europa, wo technische Sorgfalt und Qualität zählt, dort die amerikanische Start-up-Maschinerie, wo es auf die schnelle Umsetzung des Neuen und Riskanten ankommt. Beide Modelle haben unterschiedliche Stoßrichtungen ihrer Ideen und Innovationen, aber diese ergänzen sich bestens. Es sind zwei komplementäre Welten, die aufeinandertreffen: Auf der einen Seite stehen BMW, Fiat und viele mittelständische Tüftler, auf der anderen Bill Gates, Steve Jobs und viele Start-up-Garagenfirmen. Wir können noch einen Schritt weiter gehen: Gäbe es diese unterschiedlichen Kulturen noch nicht, so müsste man sie eigentlich erfinden, um der Globalisierung an der Spitze der Industrieländer die nötige Dynamik zu verleihen. Oder anders formuliert: Keines der Modelle ist gescheitert, beide werden dringend gebraucht.

Kurzum: Europa soll und wird eine Region der Vielfalt und Qualität bleiben. Genauer: Kontinentaleuropa wird es bleiben, denn Großbritannien gehört spätestens seit den Reformen der Ära Thatcher in den 1980er-Jahren von seinem Wirtschaftsmodell her weit eher zu Nordamerika als zu Europa. Nach der tiefen Krise der traditionellen britischen Industrie wurde das Land – noch viel stärker als früher – zu einem weltweiten Dienstleistungszentrum. Weltoffenheit, Flexibilität, berühmte Universitäten und geistige Nähe zu den Vereinigten Staaten machten es zur guten Adresse für ausländische Direktinvestitionen, vor allem von japanischen und amerikanischen Unternehmen. Ähnlich verlief die Entwicklung in Irland, allerdings ohne die Probleme einer altindustriellen Strukturkrise, da die Grüne Insel niemals zuvor wirklich ein Industrieland gewesen war. Auch die weltweite Finanzkrise hatte auf den britischen Inseln ähnlich tief greifende Konsequenzen wie in den Vereinigten Staaten: Wie dort platzte eine Immobilienblase, wie dort kam es zur Überschuldung von Verbrauchern, wie dort zu scharfen Bankenkrisen. Es bleibt abzuwarten, ob die überaus starke Spezialisierung auf moderne exportfähige Dienstleistungen vielleicht doch zu einer längerfristigen Belastung werden könnte.

Aber zurück zu Kontinentaleuropa: Auch dort gibt es gewaltige Unterschiede zwischen Regionen, wenn wir von Europa als Kontinent der Vielfalt und der Qualität sprechen. Beides ist einstweilen sehr ungleich verteilt, und das lässt sich auch am Niveau der Produktivität ablesen. Mit etwas Mut zur Vereinfachung lassen sich danach drei Regionen unterscheiden: das westliche Zentrum, der mediterrane Süden und der postsozialistische Osten. Das Europa, das wir den Vereinigten Staaten gegenübergestellt haben, das ist eigentlich nur das westliche Zentrum. Es umfasst alle Länder mit der typischen Ingenieurkultur, wie es sie mit Variationen zum Thema in Deutschland, Österreich und der Schweiz, in ganz Skandinavien sowie in Frankreich, den Beneluxländern und im Norden Italiens gibt.[187] Diese Länder stehen längst auf Augenhöhe mit den Vereinigten Staaten, sie müssen gegenüber niemandem „aufholen“. Sie müssen ihre Spitzenposition halten, und zwar gerade dadurch, dass sie sich von der transatlantischen Konkurrenz unterscheiden und abheben.

In den anderen Regionen sieht das anders aus. Die jüngeren EU-Länder des Mittelmeerraumes – Spanien, Portugal und Griechenland – haben in den letzten Jahrzehnten gegenüber dem westlichen Zentrum erheblich an Boden gutgemacht. Sie haben ihren beträchtlichen Entwicklungsrückstand, der sich seit der Industrialisierung im 19. Jahrhundert aufgebaut hatte, deutlich reduzieren können. Im Pro-Kopf-Einkommen steht Spanien heute bei etwa 80, Griechenland bei 70 und Portugal bei gut 50 Prozent des gesamtdeutschen Niveaus. Das ist eine beachtliche Entwicklung. Allerdings bleibt die Frage, ob der Rest des Weges zur Angleichung tatsächlich in den kommenden Jahren bewältigt werden kann. Große Zweifel sind angebracht. Der Grund liegt vor allem in den verbleibenden Rückständen in der Industriestruktur: Keines dieser Länder kommt in der Innovationskraft des verarbeitenden Gewerbes auch nur annähernd an den „alten" industriellen Kern Europas heran. In der Forschungsstärke liegen sie weiterhin ein gutes Stück zurück, wie unter anderem der Vergleich der F&E-Aufwendungen als Anteil der Wertschöpfung zu Westdeutschland und dem Durchschnitt der Europäischen Union zeigt (**Schaubild 12**).

Tatsächlich hatte die Aufholjagd dieser Länder zwei hervorstechende Merkmale: Zum einen hing sie stark ab von ausländischen Direktinvestitionen, die fast immer den Charakter einer – wenn auch hocheffizienten – verlängerten Werkbank haben, die nicht wirklich neue Brutstätten des industriellen Wissens schafft; zum anderen war sie maßgeblich durch eine Expansion im Binnenmarkt getrieben, mit Immobilienblasen und Bauboom, deren Nachhaltigkeit infrage steht. Dabei stiegen die Lohnstückkosten steil an, weit stärker als im westlichen Zentrum, und nach dem Platzen der Blasen bleibt völlig offen, ob sich das erreichte Niveau als stabil erweisen wird. Jedenfalls spricht derzeit wenig dafür, dass der Aufholprozess mit unvermindertem Tempo fortgesetzt wird. Die bisherige Dynamik speiste sich eben in beträchtlichem Maße aus einer Umwertung der Binnenwirtschaft, die so kaum weitergehen kann.

Es zeigt sich hier ein generelles Phänomen, das vielleicht in den letzten Jahrzehnten zu wenig Beachtung fand. Bis auf

Schaubild 12: Aufwendungen der Wirtschaft für Forschung und Entwicklung 2007*, Ländergruppe II

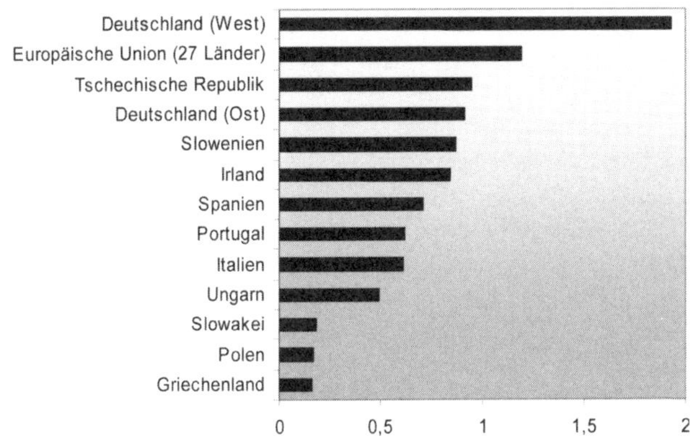

* in Prozent der Wertschöpfung

Datenquellen: Eurostat (2010); Stifterverband für die Deutsche Wissenschaft (2010); Volkswirtschaftliche Gesamtrechnungen der Länder (2010)

Japan und Singapur (einem Stadtstaat mit höchst ungewöhnlicher Wirtschaftsstruktur) hat bisher keiner der „Spätstarter" der Industrialisierung tatsächlich auch das Niveau der „alten" Industrieländer erreicht. Die meisten blieben irgendwo auf dem Weg stecken – bei 70 bis 80 Prozent der Produktivität und des Pro-Kopf-Einkommens, je nachdem, wie man es genau misst. Ein ähnliches Bild ergibt sich für regionale Aufholprozesse innerhalb großer Länder, so etwa in den Vereinigten Staaten: Dort holte der „Alte Süden" in den letzten Jahrzehnten gegenüber dem Nordosten und dem Westen kräftig auf – unter dem erleichterten Applaus der Politik, die darauf seit Ende des Amerikanischen Bürgerkriegs gewartet hatte; gleichwohl ist das Pro-Kopf-Einkommen in Georgia, dem erfolgreichen Zentrum der Aufholjagd, auch heute noch rund ein Drittel niedriger als in den alten industriellen Kernregionen Amerikas.[188]

Wohlgemerkt: All die Aufholprozesse sind damit in keiner Weise infrage gestellt, und zwar auch dann nicht, wenn sie – wie im mediterranen Europa – in einem überhitzten Boom mit

Griechisches Drama, europäisches Dilemma.

Das jähe Ende der Glaubwürdigkeit.

2010 – das Jahr der Krise Griechenlands. Und Europas. So wird es irgendwann in den Geschichtsbüchern Europas zu lesen sein. Wie kam es dazu?

Die griechische Wirtschaft ist in den letzten Jahren kräftig gewachsen: In den zehn Jahren von 1997 bis 2007 erhöhte sich das BIP des Landes um fast 50 Prozent, das sind über vier Prozent pro Jahr. Damit lag das Land in der absoluten Spitzengruppe der Wirtschaftsdynamik in der Europäischen Union. Das Land hat sich in dieser Zeit weiterentwickelt, es holte kräftig auf. Das Griechenland von heute ist nicht mehr arm. Sein Pro-Kopf-Einkommen lag 2008 bei etwa 72 Prozent des deutschen Niveaus. Also laut IWF: Platz 27 der Weltrangliste, gerade mal acht Plätze hinter Deutschland.

Allerdings: Das kräftige Wachstum war verführerisch. Es ging einher mit einer binnenwirtschaftlichen Überhitzung. So nahmen zwischen 2000 und 2007 die Lohnstückkosten gegenüber Deutschland um atemberaubende 30 Prozent zu. Und dies in einem Land, das den Euro eingeführt hatte. Über Jahre baute sich ein riesiges Defizit in der Leistungsbilanz auf, zuletzt in der Größenordnung von neun Prozent des BIP, im Verhältnis zur Leistungskraft der Wirtschaft also viel höher als in den Vereinigten Staaten. Und kräftig daran beteiligt waren der Staat mit seinem hohen Defizit, aber auch der Konsum der Privaten. Kurzum: eine klassische Schieflage, die sich über Jahre aufbaute. An warnenden Stimmen fehlte es nicht.

Dann kam die globale Finanzkrise. Sie traf weltweit viele Unschuldige. Aber sie traf auch Sünder. Griechenland gehörte dazu. Die Schieflage drohte zur steilen Rutschbahn zu werden. Und die Finanzmärkte sorgten dafür, dass sie es auch wurde. Da es eine griechische Währung nicht mehr gab, schlug dies allein auf die Zinsen durch: Der Wert griechischer Schuldverschreibungen sackte nach unten, die Zinsen schossen nach oben.

Eigentlich eine völlig normale Reaktion. Man könnte fast sagen: Der Markt funktioniert, denn er bestraft das wirtschaftliche Fehlverhalten einer ganzen Gesellschaft. Andere Länder der Eurozone standen vor ähnlichen Problemen, allen voran Irland, aber es gelang ihnen, mit einer drakonischen Politik die Märkte zu beruhigen. Immerhin gab es für Griechenland noch eine letzte Möglichkeit, die allen souveränen Nationen zur Verfügung steht: die Aufnahme von Beistandskrediten beim Internationalen Währungsfonds.

Es kam anders. Artikel 125 Absatz 1 des Stabilitätspakts der Europäischen Union untersagt ausdrücklich die Haftung der Union und der Mitgliedsländer für Verbindlichkeiten der nationalen Regierungen. Die Formulierung dieser „no-bailout clause" könnte kaum klarer sein. Und trotzdem entschieden sich die Mitgliedsländer, Griechenland unter die Arme zu greifen – und zwar indem sie sich massiv an Stützungsaktionen des Internationalen Währungsfonds beteiligen beziehungsweise diese mitfinanzieren. Kein Zweifel: Dies ist juristisch bestenfalls ein fragwürdiger Umgehungstatbestand, schlimmstenfalls ein glatter Rechtsbruch.

In jedem Fall hat die Europäische Währungsunion an Glaubwürdigkeit verloren. Das Dilemma für die EU lag offen zutage, denn auch eine harte Haltung gegenüber Griechenland hätte Risiken mit sich gebracht. Es hätte zur Ansteckung kommen können, so wie in der ostasiatischen Finanzkrise in den 1990er-Jahren; und die Opfer wären jene Länder der Eurozone gewesen, die auch eine langjährige Überhitzung hinter sich hatten. Die Kandidaten dafür – Portugal und Spanien – standen in den Märkten wohl schon fest.

Fazit: Die EU hat einen hohen Preis gezahlt. Daran ist sie selbst schuld: Wer sich scheut, politisch klare Verantwortlichkeiten zu schaffen, wird bestraft. Aber vielleicht wirken hinter der Krise auch noch viel tiefere Kräfte. Vielleicht ist nämlich eine Ära zu Ende gegangen: jene Zeit, als der mediterrane Süden in Europa wirtschaftlich aufholte. Vielleicht war die jüngste Überhitzung nichts anderes als das Überschätzen eines Aufholprozesses, den es gar nicht mehr gibt. Umso nötiger ist dann die Konsolidierung.

anschließendem Krach enden. Die Industrialisierung und Modernisierung, die sich über Jahrzehnte vollzogen hat, ist keine statistische Illusion. Sie wird auch im Kern nicht rückgängig gemacht. Die Frage ist allerdings, wo und wann die Jagd endet, wohin die Länder „konvergieren": zu 70, 80 oder wirklich 100 Prozent des Niveaus der Spitze Europas. Die bisherige Erfahrung lässt vermuten, dass doch die meisten Länder irgendwann einen stabilen Platz im Geleitzug des globalen Wachstums einnehmen, und zwar deutlich unter dem Niveau der führenden Nationen. Von dort werden sie nicht mehr dynamisch nach vorne preschen, aber auch nicht zurückfallen. Der Grund liegt im Wesen des weltwirtschaftlichen Wachstums: Um an die Spitze zu kommen und dort zu bleiben, hilft nur ein Höchstmaß an Innovationskraft, und die haben auf absehbare Zeit nur wenige Länder.

Was für Südeuropa gilt, trifft in noch stärkerem Maße für Mittel- und Osteuropa zu – nach Ende der sozialistischen Abschottung. Die Gemeinsamkeit liegt dabei in einer ähnlichen Wirtschaftsgeschichte: Bis auf die heutige Tschechische Republik und den Osten Deutschlands hatte die Region spätestens seit der Industrialisierung im 19. Jahrhundert einen erkennbaren Rückstand gegenüber dem westlichen Zentrum, vergleichbar mit dem Rückstand Südeuropas.[189] Seit dem Fall des Eisernen Vorhangs und dem Übergang zur Marktwirtschaft hat die Region wieder aufgeholt, aber selbst Tschechien liegt heute im Pro-Kopf-Einkommen unter 50 Prozent Deutschlands und 60 Prozent Spaniens. Auch innerhalb Deutschlands verbleibt eine beachtliche Produktivitätslücke zwischen Ost und West von 20 bis 30 Prozent.

Der Hauptgrund dafür liegt wahrscheinlich in der Langzeitwirkung der sozialistischen Planwirtschaft: 40 Jahre fast komplette Abschottung vom Weltmarkt haben dafür gesorgt, dass die Innovationskraft der vorhandenen Industrie verkümmerte und deshalb völlig neu aufgebaut werden muss. Dies fällt überaus schwer und ist ein sehr langwieriger Prozess. Was bisher an industriellem Neuaufbau gelang, beschränkt sich weitgehend auf effiziente „verlängerte Werkbänke". Dies ist ablesbar an der noch immer weit unterdurchschnittlichen Forschungsintensität der Industrieproduktion, wie sie sich gesamtwirtschaftlich am Anteil der F&E-Aufwendungen an der Wertschöpfung widerspiegelt (siehe **Schaubild 12,** Seite 233). Mitteleuropa findet sich da eher in enger Gesellschaft zu Südeuropa, aber noch ein gutes Stück hinter den westlichen industriellen Zentren. Und dies gilt auch für die ehemals stolzen und innovativen Industrieregionen Mitteldeutschlands und Tschechiens. Selbst dort ist offen, ob das vollständige Aufholen überhaupt gelingen kann.[190]

Fassen wir zusammen: Europa bleibt zweifellos ein Kontinent der Qualität und Vielfalt, und das ist gut so. Was die Prosperität betrifft, bleibt es allerdings auf absehbare Zeit auch ein wirtschaftlich gespaltener Kontinent. Es ist nicht zu erkennen, wie die doch noch gewaltigen Unterschiede in der volkswirtschaftlichen Leistungskraft zügig eingeebnet werden könnten. Vor allem: Die Schnittlinien zwischen dem westlichen Zentrum einerseits und Süd- und Mitteleuropa andererseits sind tief eingegraben in den Unterschieden der industriellen Innovationskraft. Man darf sich da auch politisch keinen Illusionen hingeben: Eine schnelle Konvergenz ist kaum möglich. Und was schon zwischen Europas Westen, Süden und Mitte gilt, das trifft natürlich a fortiori gegenüber dem weiter entfernten Osten zu.

Es ist wichtig, diese Tatsachen nüchtern zur Kenntnis zu nehmen. Zu häufig hat es seit dem Fall des Eisernen Vorhangs Wellen der Euphorie und anschließender Enttäuschung gegeben, die den Weg des gemeinsamen Wachstums in Europa eher behindert als gefördert haben. Vielleicht liegt darin auch ein Grund für die besonders schweren Folgen der Finanzkrisen in Ungarn und noch viel mehr in Griechenland: Immer wieder setzte die Europäische Union Signale, die den Eindruck erweckten, die wirtschaftliche Konvergenz Europas stehe bald bevor, sie sei eigentlich gar kein so riesiges Problem, zumindest nicht innerhalb der Union selbst, sieht man mal von den Nachzüglern Rumänien und Bulgarien ab. Jedenfalls ließe sie sich, so die Botschaft, bei gutem Willen und Betragen der Beteiligten in, sagen wir, einer Generation bewerkstelligen. Damit wurde ein Stück weit das Problem trivialisiert, ähnlich wie dies innerhalb

Ist Prag wirklich reicher als Paris?

Kurioses aus der Brüsseler Zahlenküche.

„Es gibt Lügen, gemeine Lügen und die Statistik." So formulierte dereinst der englische Premierminister Benjamin Disraeli im 19. Jahrhundert. Fast sind wir geneigt, seinem Sarkasmus zuzustimmen, wenn wir in die Statistik der Europäischen Union blicken. So lesen wir dort zur wirtschaftlichen Leistungskraft, gemessen am BIP pro Erwerbstätigen: Tschechien, die Slowakei und Ungarn im Jahr 2007 bei rund 70 Prozent, Polen bei 64 und Slowenien bei 80 Prozent des deutschen Niveaus, also etwa dort, wo hierzulande die neuen Länder stehen – nach 20 Jahren innerdeutschem „Aufbau Ost". Die Europäische Union jubelt: Die Konvergenz ist fast erreicht, auch ohne teuren „Aufbau Ost".

Wirklich? Nein, nicht wirklich, wie ein paar grundlegende Überlegungen zur Aussagekraft der Statistik deutlich machen. Die üblichen Vergleiche beruhen nämlich auf Umrechnungen zu Kaufkraftparitäten. Es wird also um Unterschiede in den Preisniveaus der Länder korrigiert. Dies hat gewaltige Bedeutung: Das Preisniveau in Deutschland liegt um etwa 70 Prozent höher als in den mitteleuropäischen Nachbarländern. Zu normalen Preisen beträgt also deren Bruttoinlandsprodukt pro Erwerbstätigen nicht rund 70 Prozent, sondern gerade mal 40 Prozent des deutschen Niveaus.

Bleibt die Frage: Sollte man die unterschiedlichen Preisniveaus herausrechnen oder nicht? Die Antwort lautet: Es kommt drauf an. Ist man am Lebensstandard interessiert, spricht manches dafür. Denn mit dem erzielten Einkommen können sich ja die Menschen in Mitteleuropa auch mehr kaufen als in Deutschland. Geht es aber um die wirtschaftliche Leistungskraft, ist es völlig falsch. Warum?

Die Antwort gibt die volkswirtschaftliche Theorie des Außenhandels, genauer: der sogenannte Balassa-Samuelson-Effekt. Er erklärt, weshalb in Ländern mit Entwicklungsrückstand typischerweise die lokalen Dienstleistungen billiger sind als in reifen Industrieländern, und zwar vom Haarschnitt beim Friseur über das Essen im Restaurant bis zu den Mieten der Wohnungen. Der Grund liegt nicht bei den Dienstleistungen selbst, sondern in der weltmarktorientierten Industrie: Dort – und nur dort – hat das Industrieland einen großen internationalen Vorsprung in der Arbeitsproduktivität, bedingt durch den Einsatz modernster Technologien und Maschinen sowie einer hohen Qualität der Produktpalette. Dadurch werden höhere Industrielöhne gezahlt, und diese sorgen auf dem Arbeitsmarkt auch für höhere Löhne bei lokalen Dienstleistungen, obwohl dort in der Regel überhaupt kein wesentlicher Vorsprung der Produktivität besteht. Das Ergebnis: Dienstleistungen sind im reifen Industrieland teuer, aber anderswo billig.

Genau dies erklärt auch den gewaltigen Unterschied der Preisniveaus von 70 Prozent zwischen Deutschland und Mitteleuropa. Er ist nichts anderes als die Folge des Unterschieds in der Leistungskraft. Nur weil die deutschen Arbeitskräfte in der Industrie sehr viel produktiver sind als die mitteleuropäischen, kommt es erst zu dem Unterschied in den Preisen. Denn nur dadurch entsteht genügend Wertschöpfung und Einkommen, um die Nachfrage nach (knappen) lokalen Diensten nach oben zu ziehen. Im Ergebnis treibt damit der Preisanstieg einen Keil zwischen Leistungskraft und Lebensstandard: Was an zusätzlicher Produktivität erreicht wird, übersetzt sich nicht voll in einen größeren Wohlstand. Ein Teil wird zur Rendite für die Anbieter lokaler Dienste. Aber auch dieser Teil bleibt eine Zunahme der Leistungskraft. Er darf keiner Bereinigung der Statistik zum Opfer fallen.

Und wenn dies doch geschieht, erhält man groteske Ergebnisse. So ist laut EU-Statistik – zu Kaufkraftparitäten umgerechnet – das Bruttoinlandsprodukt in Prag höher als in Paris. Einziger Grund dafür: Die Lebenshaltung in Paris ist sehr viel teurer als in Prag. Würde ein vernünftiger Mensch daraus den Schluss ziehen, dass auch die Leistungskraft der Wirtschaft im Großraum Prag höher liegt als in der Île-de-France? Ähnliches gilt für Bratislava, das vor Amsterdam liegt: Glaubt wirklich jemand ernsthaft, die slowakische Hauptstadt sei wirtschaftlich stärker als die holländische?

Wohl niemand, hoffentlich auch kein Beamter bei der Europäischen Union.

Deutschlands im Zuge der Deutschen Einheit geschah. Dies war ein gefährlicher Weg, denn er nährte Illusionen, die leicht in Frustration umschlagen können – bis hin zur politischen Radikalisierung.

Der Preis der politischen Hast kann tatsächlich sehr hoch sein. Dies gilt nicht nur für die Länder, deren Aufholprozess stockt und deren Bevölkerung damit hadert. Es gilt auch für die führenden Industrienationen, soweit sie in hohem Maße in eine Gesamthaftung hineingezogen werden. Ein Stück weit ist diese Haftung natürlich Teil der gemeinsamen Verantwortung; sie gehört insofern auch zum Kernbereich des europäischen Geistes und der politischen Geschäftsgrundlage, des „acquis communautaire". Mit der Entscheidung im Mai 2010 zum massiven Beistand innerhalb der Eurozone im Zuge der Griechenland-Krise hat allerdings die Haftung eine völlig neue Dimension erreicht. Dies kann in den führenden Industrienationen der Europäischen Union zu einer neuen Welle des Widerstands gegen „Brüssel" führen. Hier lauert ein beträchtliches Konfliktpotenzial. In dieser Hinsicht muss die Europäische Union Vertrauen zurückgewinnen, und zwar gerade nicht durch eine trotzige Welle der Zentralisierung von Entscheidungen, die nur populistische Gegenreaktionen hervorrufen.

Die Europäische Union steht also zukünftig vor einer schwierigen politischen Aufgabe, vielleicht der schwierigsten, die ihr bisher gestellt wurde. Diese lautet: Wie kann das nötige Maß an fiskalischer Disziplin erreicht werden – und zwar ohne dass sich in den führenden Industrienationen der Eindruck verfestigt, ungebührlich in die Haftung genommen zu werden, und ohne dass sich die Aufhol-Länder allzu sehr bevormundet fühlen? Es ist eine überaus komplexe Aufgabe, die ganz andere Führungsqualitäten erfordert als der bisherige Aufbau einer gemeinsamen Europäischen Union: nicht große visionäre Ziele und kraftvolle Schritte zu ihrer Umsetzung, sondern pragmatische Zusammenarbeit und diplomatisches Geschick.

Zumindest in der Eurozone ist die Schwierigkeit der Aufgabe auch die Folge früherer Fehler: Eine Integration der Institutionen, die in allzu großer Hast durchgeführt wurde, muss nun im Nachhinein mit praktischem Leben gefüllt werden. Dies braucht Zeit und Geduld, denn es geht dabei um das langsame Wachsen einer europäischen politischen Öffentlichkeit, die es bisher nur in Ansätzen gibt. Ähnlich wie beim wirtschaftlichen Aufholen geht es dabei um mehrere Jahrzehnte und nicht einfach um ein paar Jahre. Von der Illusion der Konvergenz müssen wir jedenfalls in Europa vorerst Abschied nehmen, und zwar nicht nur wirtschaftlich, sondern auch politisch.

5.3 Die Welt: Fortschritt durch Wachstum?

Die „Kleine Welt“ der Industrialisierung wird „Große Welt“. So haben wir an einigen Stellen dieses Buches den derzeitigen Zustand des Übergangs beschrieben. Zu Ende geht damit jene Epoche, in der eine Minderheit der Weltbevölkerung einen riesigen Wohlstandsvorsprung hatte vor der übergroßen Mehrheit. Und diese Mehrheit schafft den Aufstieg weitgehend allein, ohne allzu große Unterstützung von außen, ohne „Entwicklungshilfe“, aus eigener Kraft. Sehr große Länder der Welt – China, Indien, Indonesien, Brasilien – sind darunter. Sie werden in ein bis zwei Generationen Vollmitglieder im Klub der Industrieländer werden. Sicherlich werden sie dabei noch lange nicht das Niveau der absoluten Spitze erreichen, denn dies verlangt dann wieder jenes hohe Maß an Innovationskraft, das sich dem leichten Zugriff der Aufholer und Nachzügler entzieht. Aber sie werden dem schon recht nahe kommen – vielleicht so nahe, wie es heute Südeuropa oder Südkorea tun.

Eine gigantische Leistung. Und eine ungeheuerliche Veränderung. Es ist ja gerade mal vier Jahrzehnte her, dass der spätere Nobelpreisträger, der Entwicklungsökonom Gunnar Myrdal, sein *Asian Drama* veröffentlichte.[191] In diesem viel beachteten Buch begründete er ausführlich, warum Asien und vor allem Indien in einer Art Teufelskreis der Stagnation gefangen sind: fehlende Bildung, mangelnde Motivation, leistungsfeindliche Kultur, hohe Geburtenraten, städtische Slums, bitterste Armut auf dem

Lande – daraus gab es nach seiner Ansicht kein Entkommen. Und diese Ansicht wurde von vielen geteilt. Heute kann sie als widerlegt gelten.

Natürlich stehen die schnell wachsenden Entwicklungs- und Schwellenländer noch vor großen Herausforderungen. Und es sind solche darunter, die nochmals eine riesige Welle der Mobilisierung von politischer und wirtschaftlicher Energie erfordern. Dies gilt zum Beispiel für den indischen Subkontinent im Bereich der Infrastruktur. Praktisch alle „Verkehrsnetze" sind dort völlig unzureichend – von den Fernstraßen über die Kommunikation bis zur Kanalisation, vom öffentlichen Nahverkehr in den Städten ganz zu schweigen. Analoges gilt für den Umweltschutz in China – vom Smog in den Ballungszentren bis zur Wasserqualität auf dem Lande. Gleichwohl sind dies Herausforderungen, die qualitativ jenen ähnlich sind, die Europa im Zuge seiner Industrialisierung zu bewältigen hatte (und dann auch bewältigte!). Sie haben nichts mehr zu tun mit dem früheren stabilen Dauerzustand von Armut und Elend. Es geht eher um die typischen Investitionen in die Zukunft, die nötig sind, wenn durch das Wachstum selbst neue Knappheiten entstehen. Es gibt überhaupt keinen Grund zu vermuten, dass China, Indien und andere Nationen auf dem Weg zu mehr Wohlstand ausgerechnet daran scheitern sollten.

Wahrlich, es fällt schwer, dies alles nicht als einen großen Fortschritt zu bezeichnen. In den Ländern selbst wird dies auch von den Menschen überaus positiv gesehen. So äußerten im Jahr 2009 in der jüngsten weltweiten Umfrage des „Pew Global Attitudes Project" 87 Prozent der befragten Chinesen und 53 Prozent der Inder, sie seien mit der Entwicklung in ihrem Land zufrieden. Damit belegten die beiden Länder in der globalen Liste der Zufriedenheit den ersten und den zweiten Platz, weit vor den meisten Industrieländern.[192] Merkwürdig ist dagegen, wie selten westliche Beobachter diesen fundamentalen Wandel zum Thema machen, gerade auch im Vergleich zu der recht trostlosen Vergangenheit, die gerade mal eine Generation zurückliegt. Vielleicht schlägt auch hier wieder die Neigung zur generellen Wachstumskritik durch, die unter Intellektuellen der etablierten Industrieländer dominiert. Das Bild einer Gesellschaft, die durch ihr schnelles Wachstum den Eindruck von unersättlicher Gier nahelegt, erregt eher Missfallen als Staunen oder gar Bewunderung.

Wie stets beruht dieses Bild der Gier auf einer Fehldeutung. Richtig daran ist allenfalls, dass es zunächst wirklich um die rein materielle Versorgung mit dem Allernötigsten geht, gerade in armen Gesellschaften wie Indien und dort gerade in den unteren Einkommensbereichen. Bei genauem Hinsehen erweist sich allerdings selbst dort schon das Bild als erheblich komplexer. Denn gerade in den letzten Jahren hat sich in eindrucksvoller Weise gezeigt, wie innovativ eben auch arme Gesellschaften sein können. Tatsächlich ist die reine „Imitation", also die Neuauflage von längst Bekanntem, eigentlich die seltene Ausnahme. Der Regelfall ist die Anpassung vorhandener Technologien an den lokalen Bedarf. So produzieren chinesische und indische Industriebetriebe oft viel einfachere, robustere Versionen von Produkten, die längst anderswo erfunden wurden. Sie tragen direkt zur weltweiten Differenzierung der Produktpalette bei – im Prinzip nicht viel anders, als dies schon frühere Aufhol-Länder taten, allerdings weit stärker als diese auf ihre eigenen Märkte konzentriert, denn die sind sehr groß.

Es ist eine akademische Frage, ob diese Art von Entwicklung schon als echter Fortschritt oder noch als schlichte Anwendung von Technik angesehen werden sollte. In jedem Fall ist es im Ergebnis eine Art „Innovation", die verspricht, auch nachhaltig zu sein – genauso wie sich in der Wirtschaftsgeschichte seit dem 19. Jahrhundert eine Fülle von Variationen bereits bekannter Produkte und Prozesse durchsetzten. Auch die Bedeutung von moderner Technik für die lokale Wirtschaft lässt sich nicht bestreiten: Unter den 500 umsatzstärksten Unternehmen der Welt (den „Fortune 500") unterhalten fast 20 Prozent F&E-Abteilungen in China und fast 13 Prozent in Indien.[193] Und sie finden inzwischen vor Ort gut ausgebildete (und preiswerte) Fachkräfte. So erhalten in China pro Jahr etwa 75.000 Studierende einen Hochschulabschluss in Ingenieur- und Computerwissenschaften, in Indien sind es 60.000. Zwar ist deren

Nanotechnologie.

Frugales erobert die Märkte.

Forschung und Innovation. Dieses Begriffspaar weckt in unseren Hirnen typische Assoziationen: Durchbrüche zu Neuem und Erfindungen auf höchstem Niveau, umgesetzt von einer Industrie mit globalem Spitzenstandard der Technologie. Vor unserem geistigen Auge sehen wir Chemiker in weißen Kitteln durch Labore huschen oder junge Internetspezialisten an Webseiten herumbasteln; wir sehen Ingenieure, wie sie auf Teststrecken elektronisch gesteuerte Bremssysteme erproben, oder junge Biologen, wie sie über DNA-Ketten brüten; oder wir sehen Klimaforscher auf einer einsamen Polarstation, umgeben von modernsten Messgeräten.

Nun gut, auch in der Praxis der Industrienationen sind dies Klischeebilder. Aber im Kern stimmen sie wohl doch: Es geht ja tatsächlich darum, die Grenzen des Wissens und dessen Anwendung immer noch ein Stück weiter zu verschieben. Das Ergebnis: Alles wird anspruchsvoller, feiner, präziser. Eine immer mehr ausziselierte Welt des subtilen Geschmacks und der differenzierten technischen Anforderungsprofile.

So ist es. Aber daneben entwickelt sich global noch etwas ganz anderes. Wir finden es in der wachsenden Welt der „newly emerging market economies“, allen voran in China und Indien. Sein Name: „frugal innovation“, auf Deutsch vielleicht am besten mit „karge Neuerung“ zu übersetzen. Gemeint ist das Reduzieren eines Produktes auf das absolut Wesentliche, das Unentbehrliche, die Kernfunktion. Ziel ist es dabei, die moderne Technik auf breiter Front zugänglich zu machen; und zwar für Milliarden von Menschen, die nicht viel Geld haben, aber dafür dringliche Wünsche und Bedürfnisse, oft von existenzieller Bedeutung.

Unter diesen Bedingungen entwickelt sich die neue Produktwelt der frugalen Technik, jeweils maßgeschneidert auf den nationalen und lokalen Bedarf in riesigen Märkten. Vom Wasserfilter bis zum Kühlschrank, vom Mobiltelefon bis zum Auto, alles gibt es stets auch in ganz einfachen Varianten, die nur einen Bruchteil von dem kosten, was man dafür in den westlichen Industrieländern zu zahlen gewohnt ist. Einfach heißt dabei alles Mögliche, aber eines nicht: minderwertig. Dies ist der Unterschied zu den Zeiten der Planwirtschaft in China und des wasserdichten Protektionismus in Indien. Damals wurde Minderwertiges, fast Schäbiges für einen abgeschirmten Markt hergestellt, ohne große Rücksicht auf die Kundenwünsche. Heute ist es eben Frugales, aber exakt auf den Gebrauch und den Geldbeutel der Kunden zugeschnitten.

Im Prinzip könnten diese Kunden auch irgendwo ganz anders sitzen, in Europa oder den Vereinigten Staaten. Es ist ja eine Tatsache, die wir durch die westliche Brille des Wohlstands allzu leicht übersehen: Das Spektrum der Produkte, das wir in reichen Industrieländern vorfinden, deckt nicht annähernd den gesamten Raum der Möglichkeiten ab. Insofern schließt die frugale Technik eigentlich erst die Lücken, die der Fortschritt der Technik in Industrieländern auf seinem Weg nach vorne ganz beiläufig hinterlässt.

Zum Beispiel bei Automobilen. Der indische Tata-Konzern hat längst vor, sein preiswertestes Modell, den Nano, ab 2012 auf dem europäischen Markt anzubieten. Es kostet vor Steuern derzeit in Indien gerade mal 100.000 iR (indische Rupien), das sind knapp 1.500 Euro. Und jene Version, die dann mit hiesigen Sicherheits- und Ökostandards auf den Markt kommt, wird zwar teurer sein, aber immer noch viel billiger als der nächste Konkurrent im untersten Marktsegment. „Das Volksauto ist da", so jubelte deshalb schon die *Süddeutsche Zeitung*.

Mal sehen, ob's klappt. Jedenfalls gibt es auch in Europa arme Menschen, die gerne motorisiert sein wollen. Und so mancher mit höherem Einkommen betrachtet ein Auto nur als einen schnöden Gebrauchsgegenstand; eine frugale Ausstattung kommt da gerade recht. Vielleicht ein Intellektueller, der sein Geld lieber für Kunstwerke ausgibt als für Kraftfahrzeuge. Da könnte sogar ein neues Kultobjekt der Bescheidenheit dabei herauskommen: Tata statt Fiat, Nano statt Cinquecento, Frugales statt Schickes, Indien statt Italien.

Ausbildung noch nicht mit westlichen Maßstäben zu vergleichen, aber sie bildet schon eine solide – und vor allem schnell wachsende – Arbeitsgrundlage für technische Neuerungen und Adaptionen.

Kurzum: Es geht um eine nachhaltige Industrialisierung. Es kommt dabei global zu einer „Arbeitsteilung der Köpfe“[194], wie es sie niemals zuvor gegeben hat. Nicht mehr rund 20 Prozent der Menschheit werden daran beteiligt sein, sondern vielleicht 80 Prozent. Das wird die Entstehung neuen Wissens massiv beschleunigen. Allerdings wird auch immer mehr Wissen gebraucht werden, um die Dynamik aufrechtzuerhalten, denn es ist ja eben nicht allein mit der Erfindung des Neuen getan. Das Neue muss angepasst und umgesetzt werden, und zwar global und jeweils unter Bedingungen, die sich stark voneinander unterscheiden. Die Größenvorteile, die sich ergeben, wenn nicht nur in 20, sondern in 80 Prozent aller Länder geforscht wird, müssen sich also auch über einen viel größeren Kosmos von Anwendern verteilen. Es ist von daher völlig unklar, ob sich wegen der immer größeren und dichteren Arbeitsteilung der Köpfe auch wirklich das globale Wirtschaftswachstum beschleunigt, konstant hält oder in längeren Zyklen verändert.[195]

Allerdings fällt es schwer, einer solchen Arbeitsteilung nicht mit einem gewissen Optimismus entgegenzusehen. Skepsis kann eigentlich nur aus jenen Risiken resultieren, die sich vor allem aus dem Klimawandel sowie den Kapitalmärkten ergeben. Tatsächlich sind diese Risiken nicht wegzudiskutieren; wir haben sie im zweiten und dritten Kapitel dieses Buches behandelt.

Erinnern wir uns: Was den Klimawandel betrifft, sind grundlegende Weichenstellungen erst dann realistisch, wenn sich ein Konsens anbahnt zwischen zwei großen Teilen der Welt, nämlich jenem, der schon industrialisiert ist, und jenem, der gerade ansetzt, seine Industrialisierung nachzuholen. Dieser Konsens kommt umso schneller, je zügiger auch der Aufholprozess verläuft – ein starkes Argument für das weltwirtschaftliche Wachstum. Was die Finanzmärkte betrifft, braucht es eine vernünftige Politik der Vorsorge gegen Überhitzungen, und zwar vor allem durch stabilitätsorientierte Geldpolitik, durch eine solide Eigenkapitalbasis der Banken und anderer Finanzinstitutionen sowie durch eine wache nationale Finanzaufsicht und deren gute internationale Koordination. Allerdings: Restrisiken bleiben – beim Klima die nie auszuschließende Möglichkeit einer Großkatastrophe mit irreversiblen fatalen Folgen, in den Finanzmärkten eine Weltwirtschaftskrise mit massiver Stockung des Geldkreislaufes und anschließenden politischen Wirren, wie sie sich in der Zwischenkriegszeit abspielten. Solche Ereignisse mögen unwahrscheinlich sein, aber sie bleiben eine reale Möglichkeit.

Und es kommen natürlich noch eine Fülle von weiteren Risiken dazu, die durch das Wachstum des Wissens und der Weltwirtschaft nicht verschwinden oder die neu entstehen. Sie gehen weit über das Thema dieses Buches hinaus. Sie addieren sich zu einer langen Liste: das Risiko atomarer Vernichtung; das Risiko von Terroranschlägen nuklearer, chemischer, biologischer oder konventioneller Art; das Risiko des unverantwortlichen Einsatzes der Biotechnologie zum Klonen von Menschen; das Risiko des totalen Überwachungsstaates durch die moderne Informationstechnologie; das Risiko der Überschwemmung des Internets mit Sadismus und Kinderpornografie; etc., etc. Fast jede neue Technologie hat das Potenzial zum Guten und zum Bösen, manchmal auch zum Katastrophalen. Und es kann nicht überraschen, dass eine Welt, deren Wissen und Wirtschaft wachsen, auch immer größere Möglichkeiten zum Missbrauch eröffnet.

Diese Risiken in Grenzen zu halten – das ist „res publica", eine öffentliche Sache also, die zum zentralen Aufgabenbereich des Staates gehört. Es ist der Staat, der durch gutes Regieren – „good governance" – einen Weg finden muss, der das technisch Mögliche so eingrenzt, dass es auch moralisch vertretbar ist.[196] Darüber wird es in einer demokratischen Gesellschaft immer öffentlichen Streit geben, aber so ist das Wesen der Politik, und so muss es sein. Denn über die moralischen Grenzen des technisch Machbaren lässt sich endlos streiten. Aber die prinzipielle Endlosigkeit des Streits entbindet nicht von der Pflicht, ihn im Einzelfall zu führen.

Was wissen wir wirklich?

Zukunft im Fernrohr des Zeitgeistes.

Steil aufragende Wolkenkratzer, verbunden durch stählerne Brückenzüge, die gigantische Straßenschluchten überqueren, monumentale Maschinen in riesigen Werkshallen, an denen endlose Arbeitertruppen wie Ameisen agieren – all dies ließ sich jüngst im Fernsehen bewundern. Und zwar von der Berlinale 2010, bei der Premiere der lange verschollenen Originalfassung von *Metropolis*, jenem berühmten Film der Kinogeschichte aus dem Jahr 1927.

Metropolis ist nicht nur ein charaktervolles Dokument der Kunst. Es ist auch eine Momentaufnahme der Zukunftsfantasie. So oder ähnlich stellte sich einer der originellsten Köpfe der Weimarer Republik, der Regisseur Fritz Lang, die Zukunft vor. Heute wissen wir: Er lag falsch. Mehr als das: Er lag völlig falsch. Die heutigen Städte sehen überhaupt nicht so aus, wie er sich das vorstellte. Nach außen hin sind sie den Städten seiner Zeit viel ähnlicher geblieben, als er vermutet hätte. Die typische deutsche Großstadt heute lebt immer noch von Infrastruktur und Bausubstanz der damaligen Zeit. Und der Marsch in die industrielle Großorganisation hat der Dezentralisierung Platz gemacht: keine Arbeitermassen an Maschinen aus Eisen und Stahl, sondern Büroangestellte vor Bildschirmen, allein oder im kleinen Team.

Nun kann niemand behaupten, Fritz Lang sei eben nicht fantasiebegabt gewesen, denn seine Filme beweisen das Gegenteil. Die Frage ist allerdings: Was trieb seine Fantasie? Die Antwort ist einfach: der Zeitgeist. Genau so wie er dachten eigentlich alle, wenn sie sich futuristisch inspirieren ließen. Sie schrieben einfach das, was sie in Ansätzen beobachteten, in die Zukunft fort: die Wolkenkratzer, die in den modernen Städten des bewunderten Amerika entstanden, die mechanisierte Arbeit am Fließband, die gerade ein Henry Ford in der noch jungen Automobilindustrie einführte, die Brücken und Straßen, die überall entstanden. Heraus kam so etwas wie Metropolis – gar nicht abwegig oder absurd, sondern einfach konsequent zu Ende gedacht.

Das Phänomen *Metropolis* hat sich immerfort wiederholt, allerdings zumeist in Formen, die weit weniger künstlerischen Anspruch erheben können. In der Frühzeit der Kernenergie entwarf die Industrie die Vision der Kernfusion als „Sonne auf Erden“. Sie ist bis heute nicht Realität geworden. Anfang der 1980er-Jahre setzte IBM mit seinen Fachleuten weiter auf den Großcomputer – und verkündete dessen goldene Zukunft. Wenige Jahre später kam sein Niedergang. Und der Aufstieg des Personal Computers, gefolgt von Laptop und iPad.

Mehr als das: Es kam die totale Revolution der Informationstechnologie, und die hat wirklich grundlegend unsere Welt verändert. Aber sie hat es in einer Weise getan, die offenbar die Fantasie der Menschen völlig sprengt: Weltweite Vernetzung riesiger Datenmengen, instantane Kommunikation zu Kosten von null über Tausende von Kilometern, Blogs, Chats und Twitter – global verfügbar, die Welt des Stimmengewirrs –, das ist die heutige Realität, und nicht Wolkenkratzer, Stahl, Beton, Großmaschinen und Arbeitsameisen. Noch vor 30 Jahren war diese Entwicklung, wie sie dann kam, jenseits der professionellen Vorstellungskraft. Und vor 80 Jahren, zu Zeiten der Filme von Fritz Lang, hätte sie völlig utopisch und surreal ausgesehen.

Dabei geht es natürlich nicht nur um die Entwicklung der Technologie. Es geht auch um die Veränderung des gesellschaftlichen Bewusstseins: Die Menschen lernen nicht nur die Technik, sondern sie leben mit ihr, oder mehr noch: in ihr. Sie beginnen, neue Fragen zu stellen, und hören auf, alte Fragen zu beantworten. Gelegentlich sogar können sie die alten Fragen gar nicht mehr verstehen. Und die Fragen der Zukunft kennen sie noch nicht, zumindest nicht alle.

Diese Erkenntnis zwingt zur Demut. Auch unser heutiger Zeitgeist hat seine Grenzen. Denn wir reden über Herausforderungen der Zukunft, und wir meinen damit die kommenden Jahrzehnte, sagen wir, bis zum Jahr 2050 oder bis zum Ende des 21. Jahrhunderts, also Zeiträume in der Größenordnung, wie sie seit der Uraufführung von *Metropolis* vergangen sind. Wird unsere Fantasie wirklich treffsicherer sein als die von Fritz Lang?

Dies gilt umso mehr, als selbst die klügsten Visionäre nach aller Erfahrung kaum in der Lage sind, die Struktur der künftigen Veränderungen auch nur in groben Mustern zu erahnen. In der Vergangenheit jedenfalls sind die allermeisten Versuche dieser Art kläglich gescheitert. Und selbst wenn wir im Vorhinein wüssten, dass einige Visionäre recht behalten werden und andere nicht, so wissen wir noch lange nicht, wer zu welcher Gruppe gehört. Der offene Streit über die Zukunft ist deshalb nicht nur das Wesensmerkmal einer meinungsfreien Öffentlichkeit und einer demokratischen Kultur. Er ist auch von zentraler Bedeutung für das Maß an Fantasie, das sich eine Gesellschaft für die Gestaltung des Gemeinwesens erlaubt, und zwar jenseits aller gestanzten politischen Korrektheit.

Es bleibt die Frage: In welchem Geist wird dieser Streit geführt? Hier hat es in den westlichen Industrieländern der letzten Jahrzehnte einen deutlichen Wandel gegeben. Mit der Zunahme der Skepsis gegenüber dem Wachstum nahm der Glaube an den Fortschritt der Gesellschaft ab. Das kann nicht überraschen, denn ohne Wachstum reduziert sich die Politik auf ein Nullsummenspiel, in dem jemand nur gewinnen kann, wenn er jemand anderem etwas wegnimmt. Dies verschärft den Verteilungskonflikt ungemein, und es macht eigentlich dadurch die Vorstellung eines gesellschaftlichen Fortschritts schon konzeptionell schwierig: Denn wie sollen wir von Fortschritt sprechen können, wenn es den einen nur auf Kosten der anderen besser gehen kann? Ein gesellschaftlicher Fortschritt ist dann zumindest auf Dauer kaum zu erreichen, denn irgendwann stößt die Umverteilung gedanklich an Grenzen – und zwar spätestens dann, wenn eine perfekte Gleichheit erreicht ist, nach welchem Kriterium auch immer.[197]

Ohne Wachstum ist also letztlich Fortschritt sehr schwer möglich, es sei denn, man überzeugt die Menschen, dass sie tatsächlich gerne und freiwillig verzichten. Aufrufe dazu gibt es genug, wie ganz am Anfang dieses Buches erwähnt wurde. *Exit: Wohlstand ohne Wachstum* – der Titel des Buches von Meinhard Miegel, das jüngst erschien, entwirft eine solche Welt des freiwilligen Verzichts.[198] Ob dies eine realistische Option ist, muss hier offenbleiben. Große Zweifel sind angebracht, zumindest solange wir in einer Welt leben, in der es noch deutliche Ungleichheiten der Einkommen zwischen Menschen und Nationen gibt. Zu Beginn der zweiten Dekade des 21. Jahrhunderts ist es jedenfalls noch zu früh zur Hoffnung, der Ruf auf Verzicht könnte Gehör finden. Die „Kleine Welt" der Industrialisierung – das ist nämlich noch unser derzeitiger Status quo; und in dieser Welt werden die Armen nicht bereit sein, ihr dynamisches Aufholen zu stoppen. Vielleicht wird dies in zwei Generationen anders aussehen, wenn sich tatsächlich ein Großteil der Welt verabschiedet hat vom Leben auf Subsistenzniveau. Aber davon sind wir heute noch ein gutes Stück entfernt.

Kulturskeptiker mögen entgegnen, dass auch mit Wachstum der Fortschritt eine Illusion ist, eine Schimäre, hinter der wir herjagen. Eine solche Interpretation ist natürlich schwer zu entkräften. Es ist ja vielleicht wirklich so, dass – zumindest ab einem bestimmten Lebensstandard – mehr Wohlstand nicht glücklicher macht. Und es steht zweifelsfrei fest, dass „schöpferische Zerstörung" im Sinne Schumpeters nicht nur „schöpft", sondern auch „zerstört". Und wenn der Kulturskeptiker dem Zerstörten so viel Gewicht beimisst, dass es das Geschaffene im ideellen Wert übertrifft, dann gibt es aus seiner Sicht eben keinen Fortschritt. Aber das ist dann eigentlich nicht mehr als ein subjektives Urteil oder gar eine Sache des Geschmacks.

Die allermeisten Bürger der führenden Industrieländer, fast alle von uns, urteilen anders. Auch wenn wir uns das vielleicht nicht eingestehen: Wir möchten nicht auf dem Lebensstandard der Vergangenheit leben; und wir möchten nicht, was den Lebensstandard betrifft, mit den Chinesen und den Indern tauschen. Wir sind dabei keineswegs egoistisch: Wir wünschen den Chinesen, Indern und erst recht den Afrikanern, dass sie irgendwann unseren Lebensstandard erreichen. Und wir wünschten eigentlich auch im Nachhinein den Industriearbeitern des 19. Jahrhunderts, sie hätten schon auf unserem viel höheren Standard leben können. Kurzum: Wir wünschen Wachstum, nicht Stillstand oder gar Schrumpfung. Und das ist menschlich. Nicht mehr, aber auch nicht weniger.

Dank

Am 22. Juli 2010 verstarb Herbert Giersch, mein verehrter akademischer Lehrer. Ihm gilt mein größter Dank. Denn er war es, der vor über 30 Jahren mein Interesse an Fragen des Wachstums weckte. Er, Jahrgang 1921, hatte damals schon Dramatisches an wirtschaftlicher Umwälzung erlebt: als Kind den globalen Zusammenbruch in der Weltwirtschaftskrise 1930/32; als Jugendlicher Hitlers Politik der Abschottung und Aufrüstung; als junger Mann die Zerstörung des Zweiten Weltkriegs und die Entbehrungen danach; als Hochschullehrer und wirtschaftspolitischer Berater das deutsche Wirtschaftswunder der 50er- und die inflationäre Überhitzung der späten 60er-Jahre; schließlich als Präsident des Instituts für Weltwirtschaft in Kiel den Kollaps des Bretton-Woods-Systems und die Ölkrise 1973 mit der Rückkehr von Arbeitslosigkeit als Massenphänomen. Für ihn waren deshalb Fragen des Wachstums kein Anlass für unverbindliche intellektuelle Gedankenspiele. Sie waren vielmehr große gesellschaftliche Aufgaben, die uns von der Geschichte gestellt werden und die wir zu lösen haben. Das hat mich tief beeindruckt, wissenschaftlich und politisch.

Einen Studenten wie mich zu motivieren, das war für Herbert Giersch natürlich nur eine erwünschte Nebenwirkung seiner ständigen, leidenschaftlichen Beschäftigung mit der Materie. Sein großes Ziel war es dabei, Joseph Schumpeters Konzept der schöpferischen Zerstörung für die Analyse des globalen Wachstums nutzbar zu machen. Dies gelang ihm. Wohl als Erster lenkte er den Fokus auf Innovation und Imitation als die treibenden Kräfte des Strukturwandels in der weltwirtschaftlichen Arbeitsteilung. Und er tat dies mit besonderem Blick auf die räumliche Dimension der Dynamik, auf den Aufstieg und Niedergang ganzer Regionen und Nationen. Mit all dem lag er richtig: Was wir heute „Globalisierung“ nennen, hat er vorgedacht; und was wir heute als „neue" Theorien des endogenen Wachstums bezeichnen, hat viel mit seinen Ideen zu tun, auch wenn sich daran nur mehr wenige erinnern.

Vielen Freunden und Kollegen verdanke ich Anregungen für dieses Buch. Zwei von ihnen hebe ich hervor: Gerhard Schwödiauer und Carl Christian von Weizsäcker. Es sind Gelehrte, mit denen es immer spannend ist, Unkonventionelles zu diskutieren, und das tue ich nun mal für mein Leben gern. In der Politik bereicherten mich vor allem die Gespräche über Wirtschaftswachstum mit Otto Graf Lambsdorff, der im Dezember 2009 verstarb, sowie mit Hermann Otto Solms. Hinzu kam in jüngster Zeit die außerordentlich fruchtbare Diskussion mit den Mitgliedern des Konvents für Deutschland.

Dank gilt Fabian Horn und Kathrin Pinger, die als wissenschaftliche Hilfskräfte das gesamte Buchprojekt bestmöglich betreuten, mit vollem Einsatz und vorbildlicher Präzision. Für die Unterstützung in der Schlussphase danke ich den Mitarbeiterinnen an meinem Lehrstuhl Bettina Büttner, Narine Karakhanyan und Elisabeth Kutschka sowie Kristina John. Großer Dank gilt dem Carl Hanser Verlag und besonders Martin Janik, meinem Verlagslektor. Die Zusammenarbeit mit ihm ist nicht nur reibungslos, sondern stets motivierend. Schließlich danke ich meiner Frau Sabine – für sehr vieles und ganz Verschiedenes.

Magdeburg, im Juli 2010
Karl-Heinz Paqué

Anmerkungen

1 *Frankfurter Allgemeine Sonntagszeitung* (2009).
2 Siehe dazu *The Economist* (2009e).
3 Die Hauptquelle für die im Folgenden zitierten Zahlen ist Maddison (2003), dem die aktualisierte umfassendste Berechnung von historischen Statistiken der Volkswirtschaftlichen Gesamtrechnungen zugrunde liegt – durchgeführt aus Anlass des Jahrtausendwechsels und erstmals veröffentlicht in Maddison (2001). Die Statistik ist nach einer einheitlichen, transparenten Systematik erstellt und enthält Berechnungen für all jene Länder, bei denen gewisse Mindeststandards an Datenverfügbarkeit und -verlässlichkeit gewährleistet sind. Die wichtigsten drei Größen dieser Statistik sind das Produktionsniveau (Bruttoinlandsprodukt zu konstanten Preisen), die Bevölkerung und damit auch das Produktionsniveau pro Kopf, das im Text bei langfristigen Vergleichen summarisch als „Lebensstandard" beziehungsweise „Produktivität" bezeichnet wird. Weil die Berechnung des Lebensstandards im Vordergrund steht, werden die entsprechenden Größen im Rahmen üblicher Verfahren in eine künstliche Währung („internationaler Dollar") umgerechnet und damit vergleichbar gemacht. Dieses Verfahren birgt eine Menge konzeptioneller Probleme, die bei nationalen Vergleichen von Lebensstandard und Wirtschaftskraft von Nationen beachtet werden müssen [dazu Paqué (2010)]. Für die langfristige Größenordnung des globalen Wirtschaftswachstums sind diese von untergeordneter Bedeutung. Es liegt allerdings in der Natur der weit zurückreichenden wirtschaftshistorischen Betrachtung, dass die Qualität des Datenmaterials umso mehr Wünsche offenlässt, je weiter man zeitlich zurückgeht. Dies gilt insbesondere für die Zeit vor 1820.
4 Siehe wiederum Maddison (2003).
5 Siehe dazu u. a. Hicks (1969), Lopez (1971) und Cipolla (1994).
6 Für die frühen Phasen dieser Zeit fehlt zwar fast jede Möglichkeit, den Lebensstandard zu quantifizieren, aber es kann kein Zweifel bestehen, dass es in Europa über Jahrhunderte ein langsames, aber nachhaltiges Wirtschaftswachstum gab. Maddison (2003) ermittelt für Westeuropa für den Zeitraum 1000–1500 eine Zunahme der Produktionsleistung pro Kopf von 0,13 Prozent pro Jahr, also nur minimal unter der Wachstumsrate der Produktivität für den Zeitraum 1500–1820. Allerdings ist die Datenbasis für diese Schätzung überaus mager. Gleichwohl ist das Ergebnis – der Größenordnung nach – nicht unplausibel. Es impliziert für das halbe Jahrtausend 1000–1500 etwa eine Verdoppelung der Arbeitsproduktivität.
7 Zu den Gründen siehe u. a. Cipolla (1994), S. 153–154 und Cameron, Neal (2003), S. 41–43.
8 Dazu im Einzelnen Maddison (2003), allerdings auf Basis von Daten, die zwangsläufig viele Wünsche offenlassen. Sein quantitatives Bild fällt aber ähnlich aus wie die qualitative Interpretation vieler Historiker.

9 So u. a. Cipolla (1994).
10 Dazu Cipolla (1994), S. 231–233.
11 Der folgende Gedankengang beschreibt im Kern den sogenannten Balassa-Samuelson-Effekt der Außenwirtschaftstheorie. Siehe Balassa (1964) und Samuelson (1964).
12 Insbesondere im Abschnitt 1.3 sowie in Kapitel 5.
13 Landes (1973).
14 Siehe Welthandelsorganisation (2008).
15 Dazu Giersch, Paqué, Schmieding (1994).
16 Der Begriff geht auf Krugman (1995) zurück.
17 Grossman, Rossi-Hansberg (2008).
18 Siehe dazu O'Rourke, Williamson (1999), Table 3.1.
19 Erste Formulierungen der Theorie – angewendet auf die Dynamik der Weltwirtschaft – lieferte Giersch (1979) mit Rückgriff auf Schumpeter (1911). Pionierarbeiten zu einzelnen zentralen Elementen kamen u. a. von Romer (1986, 1990), Lucas (1988), Grossman, Helpman (1991) und Aghion, Howitt (1992).
20 Schumpeter (1911).
21 Diese Terminologie stammt von Giersch (1979), der in einem einprägsamen Bild die Weltwirtschaft als Vulkan bezeichnete, dessen Zentrum und Spitze die Lava des Wissens ausspeit, die dann an den Hängen des Vulkans in Richtung Peripherie fließt und auf dem Weg das durchquerte Land fruchtbarer macht, also die Produktivität und das Einkommen pro Kopf erhöht.
22 Siehe zu den traditionellen Theorien ein Standardlehrbuch wie Krugman, Obstfeld (2009), zu den jüngeren Theorien der heterogenen Firmen Melitz (2008)
23 Dazu Grossman, Helpman (1991) und Helpman (2004), Kapitel 5.
24 Dazu u. a. Schultze, Mackie (2002).
25 Dazu Cipolla (1994), S. 241–249; Kindleberger (1996), S. 54–67.
26 Dazu Kindleberger (1996), S. 125–148.
27 Zur Veränderung des Geschichtsbewusstseins im 19. Jahrhundert siehe Nipperdey (1983).
28 Die folgenden Fakten und Daten entstammen Bourguignon, Morrison (2002).
29 Der Schwellenwert von einem US-Dollar wurde in Preisen von 1985 berechnet, und zwar in einem sogenannten internationalen Dollar zu Kaufkraftparitäten. Die unterschiedlich hohen Preise lokaler Dienstleistungen sind also grundsätzlich erfasst.
30 Vereinte Nationen (2009).
31 Andere Indikatoren von Armut und Hunger bestätigen dieses Bild. Siehe wiederum Vereinte Nationen (2009).
32 Wiederum beruhen die folgenden Daten und Fakten auf Bourguignon, Morrison (2002).
33 Siehe Durlauf, Quah (1999). Man beachte, dass diese empirische Konvergenzforschung nichts zu tun hat mit älteren Arbeiten zur Konvergenz sozialistischer und kapitalistischer Volkswirtschaften.
34 Siehe dazu ausführlich OECD (2008). Das Medianeinkommen ist definiert als jenes Einkommen, bei dem die eine Hälfte der Bevölkerung mehr und die andere Hälfte weniger verdient.

35 Siehe Bourguignon, Morrison (2002) und Helpman (2004), S. 89–90.
36 Speziell für Deutschland Fuchs-Schündeln, Krüger, Sommer (2010).
37 Siehe dazu u. a. OECD (2009a). In Deutschland sind seit Mitte der 1970er-Jahre Minderqualifizierte von Arbeitslosigkeit überdurchschnittlich betroffen. Siehe dazu ausführlich Paqué (1999).
38 Es geht dabei um die Implikationen der sogenannten Heckscher-Ohlin-Theorie und der daraus resultierenden Tendenz zur internationalen Angleichung der Preise der eingesetzten Produktionsfaktoren, also u. a. der (einfachen) Arbeit. Siehe dazu u. a. Krugman, Obstfeld (2009).
39 Siehe dazu Helpman (2004), S. 98–100 und Berman, Bound, Machin (1998).
40 Siehe Desjonqueres, Machin, van Renen (1999) und Berman, Machin (2000).
41 Zu dem Konzept der „general purpose technology", siehe Helpman (1998).
42 Siehe Helpman (2004), S. 101–103 und Feenstra, Hanson (1999).
43 U. a. Borjas, Freeman, Katz (1997) und Cline (1997); umfassend dazu Lawrence (2008).
44 So Krugman (2007) in Abweichung von seiner früheren Meinung aus Krugman (1995).
45 Lawrence (2008), OECD (2008).
46 Schließlich gibt es noch ein generelles Problem der Interpretation der benutzten Statistiken. Es ist bisher vor allem in den Vereinigten Staaten diskutiert worden, könnte aber auch für andere Industrieländer Bedeutung haben. So lässt sich in den amerikanischen Statistiken seit den 1980er-Jahren nicht nur ein „skill bias" erkennen, sondern – innerhalb der Gruppe der qualifizierten Arbeitskräfte – auch eine deutlich überproportionale Zunahme der Einkommen der „Reichen" (im Vergleich zum „Mittelstand"). Diese Entwicklung hat höchstwahrscheinlich nichts zu tun mit den Trends des internationalen Handels und der Technologie. Vielmehr ist sie das Ergebnis von neuen Formen der kapitalwertbezogenen Entlohnung (zum Beispiel Aktienoptionen, Boni und Ähnliches), deren Gebrauch und Wert in Phasen massiv steigender Gewinne deutlich zunehmen. Es ist nun keineswegs einfach, diese Zusatzelemente der Entlohnung aus den allgemeinen Lohnentwicklungen herauszurechnen. Erst Lawrence (2008), Kapitel 2, hat einen ernsthaften Versuch in diese Richtung vorgelegt. Bis zum Einsetzen der Weltfinanzkrise 2007 war aber die Zeit seit den 1980er-Jahren im Wesentlichen eine Zeit des Booms der Gewinne, Aktienkurse und Immobilienwerte, zumindest in den Vereinigten Staaten. Insofern könnte rein statistisch ein beträchtlicher Teil der über fast 30 Jahre beobachteten Einkommenstrends (einschließlich des „skill bias") auch ein Reflex einer lang gezogenen, zyklischen Phase sein, die irgendwann tatsächlich vorübergeht. Auch dies bleibt abzuwarten. Dazu im Einzelnen: Piketty, Saez (2003), Gordon (2009) und Heathcote, Perri, Violante (2010).
47 So O'Rourke, Williamson (1999).
48 O'Rourke, Williamson (1999), Table 3.1, mit Details der Berechnungsmethode.
49 Krugman, Obstfeld (2009), Figure 9.5.
50 Siehe dazu im Einzelnen Beaudreau (2005) und Econ Journal Watch (2007).

51 Dazu Kindleberger (1973), Kapitel 5.
52 Laut Maddison (2003) lag das Pro-Kopf-Einkommen Argentiniens 1929 etwa acht Prozent über dem Deutschlands und 41 Prozent über dem Italiens (jeweils zu Kaufkraftparitäten umgerechnet, in internationalen US-Dollars).
53 Siehe dazu ein Standardlehrbuch wie Krugman, Obstfeld (2009), Kapitel 6 und 10.
54 Dazu im Einzelnen Krugman, Obstfeld (2009), a. a. O.
55 Siehe Krugman, Obstfeld (2009), S. 256–257. Effektive Raten der Protektion ermitteln den Grad des Schutzes (gemessen am Anteil der Wertschöpfung), der durch Zölle oder andere Handelsbarrieren erreicht wird.
56 Siehe dazu u. a. Rodriguez, Rodrik (2001).
57 Wie wirksam und erfolgreich diese waren, ist gleichfalls Gegenstand einer umfangreichen Debatte. Siehe dazu World Bank (1993), Krugman (1994), Young (1995).
58 Krugman, Obstfeld (2009), Figure 10-1.
59 Paqué (2009a), S. 203–204 und S. 268 (Anmerkung 84).
60 Dazu ausführlich Paqué (2009a), Abschnitt 5.1.
61 Meadows et al. (1972).
62 Malthus (1798).
63 Man könnte sogar argumentieren, dass die Wachstumsgrenze schon im Übergang vom Früh- zum Hochmittelalter durchbrochen wurde, allerdings mit einem schweren Rückschlag zur Zeit der Pestepidemien im 14. Jahrhundert.
64 In der Zwischenkriegszeit hatte es Berührungspunkte im Denken der sogenannten Stagnationstheoretiker mit Malthus' Ideen gegeben, so Hansen (1938) und in Ansätzen Keynes (1936). Allerdings bezogen sie sich nicht auf Ressourcenknappheit, sondern allein auf ein Auslaufen des technischen Fortschritts, kombiniert mit einer Sättigung der Nachfrage.
65 Der Grund: Fast jeder zweite Mensch, der geboren wird, ist eine Frau, und von der Gesamtzahl der Frauen (also etwas weniger als die Hälfte aller Menschen) stirbt ein kleiner Teil vor Erreichen des gebärfähigen Alters. Die Konsequenz: Um eine konstante Bevölkerung zu erreichen, liegt die globale Fertilitätsrate etwas höher als zwei, wobei der Abstand zu zwei auch davon abhängt, wie stark das Risiko ab- oder zunimmt, dass Frauen „vorzeitig" sterben.
66 Siehe dazu *The Economist* (2009b).
67 Empirische Studien zeigen, dass Frauen in Entwicklungsländern sich selbst bei freier Entscheidung im Durchschnitt ein Kind weniger wünschen, als sie schließlich haben [*The Economist* (2009c)].
68 In der Bevölkerungswissenschaft wird diskutiert, wie stark die Kausalität vom Wohlstand zu den Begleiterscheinungen und in umgekehrter Richtung läuft. Diese Diskussion ist höchst bedeutsam für sehr arme Länder, wo zunächst auch ohne Wohlstand die Fertilitätsrate gesenkt werden soll, um – so die Hoffnung – einen Wachstumsprozess zu initiieren. Für die Frage des weltweiten Bevölkerungswachstums ist sie dagegen von untergeordneter Bedeutung, weil nur ein relativ kleiner Teil der Weltbevölkerung in diesen Ländern lebt.
69 *The Economist* (2009c).

70 Siehe dazu Ivanic, Martin (2008).
71 So vor allem eine Weltbank-Studie von Mitchell (2008), der auch weitere Arbeiten zitiert, die zu ähnlichen Ergebnissen wie er kommen.
72 Allerdings könnte eine weitere deutliche Zunahme der Anbaufläche von Zuckerrohr zur Herstellung von Ethanol für den Export auch in Brasilien negative ökologische Wirkungen haben, und zwar durch Substitutionsvorgänge in der Landnutzung. So gibt es eine Flächenkonkurrenz zwischen dem Anbau von Zuckerrohr und der Viehzucht für die Fleischproduktion. Um deren Niveau zu erhalten, gäbe es stärkere Anreize, den Regenwald zu roden. Die Ethanolproduktion würde dann – indirekt – eine wichtige Kohlendioxidsenke beschädigen. Umfassend zu der Problematik der Nutzungskonkurrenz von Land zwischen Ernährung, Energiegewinnung und Verwendung zur Bindung von Treibhausgas, siehe Ridley (2010), S. 240-246.
73 Evenson, Gollin (2003) schätzen, dass das Niveau der landwirtschaftlichen Erträge in Entwicklungsländern heute um etwa 22 Prozent niedriger läge, als dies tatsächlich der Fall ist.
74 Siehe dazu *The Economist* (2009d).
75 Siehe dazu *The Economist* (2010c).
76 Siehe dazu u. a. die Aufsätze in Crafts, Toniolo (1996).
77 IPCC (2001). Der „Hockeyschläger" geht auf Mann, Bradley, Hughes (1998) zurück.
78 IPCC (2007).
79 Friis-Christensen, Svensmark (2007) als Reaktion auf Lockwood, Fröhlich (2007).
80 Ruckstuhl et al. (2008) und Ruckstuhl, Philipona, Behrens (2009).
81 Koutsoyiannis et al. (2008), Anagnostopoulos et al. (2009).
82 So u. a. Davey, Pielke (2005).
83 Die Grundidee ist dabei sehr einfach: Eine globale Steuer verteuert die Schadstoffemission und führt deshalb weltweit zu einer Abnahme der Emissionsmenge, und zwar je nachdem, wie stark die Schadstoffnachfrage reagiert, also wie hoch ihre „Preiselastizität" ist; ein globales Maximum der Emissionsmenge mit Ausgabe von handelbaren Emissionslizenzen führt gleichfalls zu einer Verteuerung der Schadstoffemission, und zwar ebenso gemäß der „Preiselastizität" der Nachfrage. Bei der Steuerlösung wird also der Preis festgelegt und die Menge passt sich an, bei der Lizenzlösung wird die Menge festgelegt und der Preis passt sich an. Treffen die alternativen Maßnahmen auf dieselben Nachfragebedingungen am Weltmarkt – und davon ist als erste Annahme auszugehen –, lässt sich stets dieselbe Preis-Mengen-Kombination erzielen. Es ist deshalb eher eine Frage der Politik und der Praxis, aber nicht der ökonomischen Theorie, welches Instrument vorzuziehen ist.
84 Siehe dazu u. a. Nordhaus (2008), Sinn (2008) und Weimann (2008).
85 Dazu u. a. Nordhaus (2008).
86 Dazu Weimann (2008) mit einer Fülle von Beispielen der Ineffizienz in der Energie- und Klimapolitik.
87 Energy Information Administration, EIA (2009), Chapter 8, Table 15.
88 Siehe Fritsche, Rausch, Schmidt (2007).
89 Energy Information Administration, EIA (2009), Chapter 8, Table 17.

90 Dem Vergleich liegen die Daten von Maddison (2003) zugrunde. Diese stecken natürlich nur ungefähre Größenordnungen ab, ohne Anspruch auf Präzision.
91 So u. a. Weimann (2008).
92 Dies könnte sich allerdings dann ändern, wenn die Landnutzung für regenerative Energien noch einmal drastisch zunimmt und sich dadurch die Konkurrenz um Flächen mit der Landwirtschaft verschärft. Dann gäbe es nämlich nochmals einen verstärkten ökonomischen Anreiz zur Rodung des tropischen Regenwaldes zwecks Landgewinnung.
93 Dazu *The Economist* (2008b).
94 Empirische Studien zeigen, dass etwa ab einem Pro-Kopf-Einkommen von 4.000 US-Dollar die Ausgaben für Maßnahmen es Umweltschutzes deutlich (und weit überproportional) ansteigen. Diesen gut belegten Zusammenhang bezeichnet die wissenschaftliche Literatur als „environmental Kuznets curve" (dazu Ridley (2010), S. 106 und 380), in Anlehnung an die sog. Kuznets-Kurve, die traditionell den Zusammenhang zwischen Pro-Kopf-Einkommen und Ungleichheit der Einkommensverteilung beschreibt, allerdings inzwischen als widerlegt gilt (dazu Helpman (2004), S. 86-87).
95 Es ist bemerkenswert, dass in allerjüngster Zeit das Potsdamer Institut für Klimaforschung anscheinend genau in diese Richtung nachdenkt und argumentiert. Siehe PIK (2010), in dem explizit vorgeschlagen wird, China von Maximalgrenzen des Ausstoßes auszunehmen.
96 IPCC (2007), Stern (2006).
97 So u. a. Mendelsohn, Dinar, Williams (2006), Mendelsohn (2008), Nordhaus (2007, 2008), Tol, Yohe (2006), Weitzman (2007). Eine Übersicht mit eigenen vorsichtigen Schlussfolgerungen gibt Paqué (2008). Ebenso Paqué (2009b) in seiner Kritik an Buchholz, Schumacher (2009).
98 Der Begriff stammt wohl von William Nordhaus.
99 So vor allem Mendelsohn (2008), Nordhaus (2007) und Weitzman (2007).
100 So jüngst erst Solomon et al. (2009), die das Einspeisen von Treibhausgasen als einen Prozess ansehen, bei dem die Höhe des gleichgewichtigen Niveaus selbst nach einer Stabilisierung über Jahrhunderte vom Zeitpunkt des Beginns der klimapolitischen Maßnahmen abhängt. Sie schließen damit einfach die Möglichkeit eines „Trade off" zwischen früheren und späteren Zeitpunkten der Maßnahmen aus und kommen damit zwingend zu irreversiblen Schäden.
101 So Mendelsohn (2008) in seiner Antwort auf Dietz, Stern (2008).
102 So im Kern die Argumentation von Weitzman (2007).
103 Dazu im Einzelnen *The Economist* (2008a).
104 Es geht hier um den sogenannten Skaleneffekt in der Wachstumstheorie. Siehe dazu u. a. Aghion, Howitt (2009), S. 96–99 und Barro, Sala-i-Martin (2004), S. 300–302.
105 Bernanke (2004).
106 Sinn (2009).
107 Tatsächlich hat der Finanzkapitalismus seine Wurzeln in den Hochburgen des Handels in den oberitalienischen Städten des Mittelalters. Dazu Cipolla (1994), Lopez (1971).

108 Zur Informationsfunktion des Marktes in der kapitalistischen Marktwirtschaft, siehe ganz grundsätzlich Hayek (1975).

109 Die einzige Ausnahme sind sogenannte Arbitrage-Geschäfte, bei denen es nur darum geht, die Kursunterschiede zwischen zwei Märkten zu einem bestimmten Zeitpunkt auszunutzen. Die populäre Unterscheidung nach dem Motiv von Dispositionen – solche, die spekulativ sind, und solche, die es nicht sind – ist deshalb aus ökonomischer Sicht höchst fragwürdig.

110 Der Markt kann schließlich den Zustand der sogenannten Informationseffizienz erreichen, definiert als eine Situation, in der alle verfügbaren Informationen im Kurs abgebildet („eskomptiert") sind und sich Veränderungen des Kurses nur bei Entstehen neuer Informationen einstellen. Es handelt sich dabei um einen Zustand der Effizienz im Vorhinein, denn im Nachhinein kann sich die Informationsmenge als unzureichend und der Informationsgehalt als irreführend herausstellen. In der Wirtschaftswissenschaft wird seit Jahrzehnten intensiv diskutiert und empirisch mithilfe von ökonometrischen Methoden getestet, ob die Kapitalmärkte informationseffizient sind. Die Standardmethodik der Tests ist dabei im Kern einfach und geht auf Fama (1970) zurück: Wenn ein Kapitalmarkt informationseffizient ist, dann muss der Gleichgewichtskurs einem sogenannten random walk („red noise") folgen, das heißt, es darf in der Kursbewegung keine deterministischen, sondern nur mehr stochastische Komponenten geben. Ob dies der Fall ist oder nicht, bleibt für Aktien-, Renten- und Devisenmärkte bis heute umstritten. Die Ergebnisse fallen nicht eindeutig aus. Allerdings müssen sie das auch nicht, um einige zentrale politische Schlussfolgerungen zu ziehen. Denn selbst wenn sich zweifelsfrei zeigen würde, dass die Märkte nicht informationseffizient sind, bliebe für die Wirtschaftspolitik eine entwaffnend einfache Frage: Wer ist in der Lage, außerhalb der Kapitalmärkte und ihres Beratungsapparats über das Wissen zu verfügen, das nötig ist, um eine präzisere Kapitalbewertung vorzunehmen als die des Marktes? Oder anders formuliert: Eine Ineffizienz im Nachhinein feststellen heißt noch lange nicht, sie auch zielgenau im Vorhinein korrigieren zu können. Die häufigen Urteile von Journalisten, Politikern und gelegentlich auch Wissenschaftlern über herrschende Kursniveaus am Kapitalmarkt haben denn auch zumeist den Charakter völlig unverbindlicher Aussagen.

111 Siehe dazu Obstfeld (1994).

112 Die Darstellung im Text folgt im Wesentlichen dem Modell von Minsky (1972, 1986).

113 Die folgende Zusammenfassung der Ereignisse, volkswirtschaftlichen Daten und politischen Schritte folgt in zentralen Punkten der viel umfassenderen Darstellung und Analyse von Hellwig (2008).

114 Eine Collateralized Debt Obligation (CDO) ist ein Finanzinstrument aus der Gruppe der forderungsbesicherten Wertpapiere (Asset Backed Securities). Der Prototyp einer CDO besteht aus einem Portfolio von festverzinslichen Wertpapieren, die in drei „Tranchen" aufgeteilt sind: Senior Tranche, Mezzanine Tranche und die Equity Tranche. Diese unterscheiden sich nach dem Ausfallrisiko, je nach dem Grad der Nachrangigkeit der Bedienung im Fall eines Ausfalls.

115 So Blanchard, Dell'Ariccia, Mauro (2010).

116 So im Ergebnis auch Task Force Report (1999).
117 Edwards (1999).
118 De Gregorio, Edwards, Valdés (2000).
119 Zur Kritik am Washington Consensus, siehe Rodrik (2006, 2009). Stiglitz (2002, 2007) geht in seiner Kritik am Washington Consensus noch erheblich weiter.
120 *The Economist* (2010b).
121 Tobin (1978).
122 So Hau (2006).
123 Die Höhe des Umsatzes am Kapitalmarkt ist eine Art Gradmesser für die Unterschiedlichkeit der Zukunftsbeurteilung von Marktteilnehmern. Nur wenn alle Marktteilnehmer die künftige Ertragslage gleich beurteilen, gibt es keinen Umsatz. Anders formuliert: Der Umsatz ist das marktwirtschaftliche Instrument, um die Erwartungen „anzugleichen", also eine Art Erwartungsgleichgewicht zu erreichen. Es ist deshalb im Grundsatz fragwürdig, diesen Prozess durch eine Steuer zu behindern.
124 Dazu ausführlich und im Kern überzeugend Hellwig (2008).
125 Zu den Forderungen Rodrik (2009).
126 So überzeugend Rodrik (2009).
127 Bezeichnende Details zum Fall UBS finden sich bei Hellwig (2008).
128 Siehe dazu Kindleberger, Aliber (2005) und Reinhart, Rogoff (2009).
129 Darauf hat mit Nachdruck Hellwig (2008) hingewiesen.
130 Man beachte den Unterschied zwischen unserer Behandlung von „kaufmännischer Vorsicht" im Zusammenhang mit der Finanzkrise und dem Rückgriff auf eine „allgemeine Vorsicht", wie es im Zusammenhang mit den Treibhausgasemissionen als Rechtfertigung für massive sofortige Verhinderungsmaßnahmen postuliert und in Abschnitt 2.3 dieses Buches diskutiert wurde. Bei den Finanzmärkten geht es darum, übermäßige Blasen – und die damit verbundenen Risiken – zu vermeiden. Diese Risiken haben für sich genommen keinen volkswirtschaftlichen Nutzen; sie sind nicht „wachstumsimmanent" und in diesem Sinne „unnötig". Ein kaufmännisches Vorsichtsprinzip kann deshalb grundsätzlich helfen, sie zu mindern (wenn auch seine Umsetzung kontrovers bleiben mag). Beim Klimawandel geht es dagegen um die Frage, inwieweit die massive, sofortige Rückführung von Treibhausgasen als „Strategie der Vorsicht" sinnvoll ist. Dem steht, wie in Abschnitt 2.3 ausgeführt, allein schon die Überlegung entgegen, dass es stets die Alternative gibt, zunächst nach technischen Alternativen zu forschen und die effizienten Ergebnisse dann später umzusetzen. Auch dies kann eine sinnvolle Strategie der Vorsicht sein. Eine analoge Alternative gibt es bei „Blasen" in den Finanzmärkten nicht.
131 Alessandri, Haldane (2009).
132 Dazu im Einzelnen *The Economist* (2010a).
133 Siehe zu den Fakten und Prognosen umfassend OECD (2006), Europäische Kommission (2008) und knapper *The Economist* (2009a).
134 *The Economist* (2009a), Grafik 6, entnommen aus OECD (2009d).
135 Institut für Demoskopie Allensbach (2003).
136 Eine Übersicht liefert Skirbekk (2008a).
137 Historisch ist dies gut belegt [siehe Broadberry (1997), Spitz-Oener (2006), Skirbekk (2008b)]. Die zunehmende Bedeutung der Pflegeberu-

fe – selbst Ergebnis der gesellschaftlichen Alterung – könnte diesem Trend entgegenwirken. Aber selbst dort ist damit zu rechnen, dass es Fortschritte in Richtung von Techniken gibt, die immer weniger harte körperliche Arbeit erfordern.

138 Dazu Skirbekk (2008a).

139 So u. a. Skirbekk (2006).

140 Dies ist die zentrale Idee von Börsch-Supan (2009) und Börsch-Supan, Düzgün, Weiss (2006).

141 Dazu Giersch, Paqué, Schmieding (1994), Abschnitt 4A.

142 Zu einzelnen Maßnahmen, siehe Skirbekk (2008a), S. 7–8.

143 OECD (2009c), S. 169.

144 Die Daten hier und im Folgenden sind OECD (2009c) entnommen.

145 Dazu umfassend Ridder (2010).

146 Dazu ausführlich Abschnitt 1.1 dieses Buches.

147 Siehe dazu Nefiodow (2010).

148 Dazu u. a. Franz (2006), Layard, Nickell, Jackman (2005). Zur Entwicklung dieses Streits, siehe Paqué (1999).

149 Dazu Eichengreen, Hatton (1988), S. 6–7. Zu Deutschland, siehe James (1986).

150 Dazu Nipperdey (1990), Wehler (1995).

151 Die zugehörigen Modelle wurden in den 1980er-Jahren entwickelt, u. a. von Blanchard, Summers (1986). Ausführlich dazu Paqué (1999).

152 Dazu Giersch, Paqué, Schmieding (1994).

153 Siehe mit statistischen Details Paqué (1999), Abschnitt C. III.

154 Dazu im Einzelnen Paqué (2009a). – Lediglich in den Vereinigten Staaten gelang es in den letzten Jahrzehnten, das Entstehen einer hohen Langzeitarbeitslosigkeit nach schweren industriellen Krisen zu vermeiden. Der Grund: Bei wenig großzügiger und strikt befristeter staatlicher Hilfe fanden die entlassenen Industriearbeiter ihren Weg in einfache (und schlecht bezahlte) Tätigkeiten im Dienstleistungsbereich. Die industrielle Schrumpfung hinterließ also eine Generation von „working poor" [Paqué (1999), Abschnitt C. III]. Dies könnte eine weitere Ursache für die beobachtete Tendenz zur Lohnspreizung sein, allerdings nur für die Vereinigten Staaten. Siehe dazu die Ausführungen in Abschnitt 1.2 dieses Buches.

155 Bundesagentur für Arbeit (2010).

156 Ob diese Verbesserung auf eine Zunahme des Abgangs aus der Langzeitarbeitslosigkeit oder eine Abnahme des Zugangs in die Langzeitarbeitslosigkeit zurückzuführen ist, bleibt dabei offen. Deshalb muss derzeit auch noch offenbleiben, ob sich die Re-Integrationschancen von Erwerbspersonen, die einmal langzeitarbeitslos sind, wirklich verbessert haben. Allerdings müsste auch allein die kräftige Abnahme des Zugangs in die Langzeitarbeitslosigkeit als beachtlicher Fortschritt am Arbeitsmarkt gewertet werden, denn er impliziert, dass Erwerbspersonen im ersten Jahr der Arbeitslosigkeit mit weit höherer Wahrscheinlichkeit einen Job finden, als dies früher der Fall war. Hielte ein solcher Trend an, würde das „hoffnungsarme" Segment des Arbeitsmarktes kontinuierlich schrumpfen, gewissermaßen mangels Nachwuchs.

157 Siehe dazu unten in Abschnitt 5.1.

158 Dazu Giersch, Paqué, Schmieding (1994), Abschnitt 4A.
159 Zum Zusammenhang von Bildung und Wachstum, siehe Helpman (2004), Kapitel 3 und 4.
160 Siehe dazu Kindleberger (1996), Kapitel 9.
161 Dazu ausführlich Paqué (1999), Kapitel C.
162 Dazu u. a. Lindbeck, Snower (1995, 1996).
163 Siehe dazu Macintyre (2010). Das Bild von Fuchs und Igel geht auf den Philosophen Isaiah Berlin zurück.
164 In der Wirtschaftstheorie lässt sich zeigen, dass es unter bestimmten Annahmen gar keinen Unterschied macht, ob der Staat seine Ausgaben über Steuern oder Kredite finanziert [siehe dazu Harms (2008), S. 129–135]. Der Grund: Die Bevölkerung sieht im Falle der Kreditfinanzierung die künftige Steuerbelastung „perfekt" voraus und passt entsprechend ihre Konsum- und Sparpläne bereits heute an, spart also mehr und konsumiert weniger. Dieses Ergebnis – bekannt als die sogenannte ricardianische Äquivalenz – beruht allerdings auf einer Reihe von extrem restriktiven Annahmen und ist deshalb schon aus ökonomischer Sicht nicht mehr als eine (allerdings beachtliche) theoretische Möglichkeit. Aus politischer Sicht wird es der Problemlage überhaupt nicht gerecht, und zwar vor allem, weil es Verteilungswirkungen zwischen verschiedenen Bevölkerungsgruppen zu verschiedenen Zeitpunkten außer Acht lässt.
165 Dem liegt wirtschaftstheoretisch der sogenannte Fisher-Effekt zugrunde. Er besagt im Ergebnis, dass bei perfekter Voraussicht der Preisinflation der Nominalzins am Kapitalmarkt um die erwartete Inflationsrate ansteigt, der Realzins also konstant bleibt. Der Grund: Sparer verlangen eine Kompensation für die Geldentwertung, und Investoren sind bereit, sie zu gewähren. Der Fisher-Effekt ist tatsächlich bei höheren und länger anhaltenden Preisinflationen regelmäßig zu beobachten. Er erklärt letztlich auch die Unterschiede zwischen den Nominalzinsen in unterschiedlichen Währungsräumen, soweit diese nicht auf Unterschiede in den realen Wachstumsbedingungen, also die Realzinsen, zurückzuführen sind. Dazu u. a. Krugman, Obstfeld (2009), S. 389–392.
166 Unter bestimmten Annahmen kann man sogar zu dem Ergebnis kommen, dass eine erhöhte Staatsverschuldung der einzige Weg ist, den inländischen Sparern eine rentable Anlage zu gewährleisten. Dies ist dann der Fall, wenn (i) die Rentabilität privater Investitionen im Inland sehr niedrig ist und (ii) private Investitionen im Ausland hohe Risiken mit sich bringen. [Dazu im Einzelnen von Weizsäcker (2010)]. Es ist allerdings fraglich, ob diese Bedingungen auf Dauer gegeben sind. [Dazu Eekhoff, Feld, Sievert (2010)].
167 Bundesministerium der Finanzen (2010).
168 In Deutschland gab es im Dezember 2009 etwa 1,4 Millionen erwerbstätige Leistungsbezieher (gelegentlich „Aufstocker" genannt).
169 Nach Laffer (1981).
170 Romer, Romer (2009b).
171 Dazu Romer, Romer (2009a).
172 Siehe dazu Kapitel 1 (Abschnitte 1.1 und 1.2) dieses Buches.
173 Dazu im Detail Paqué (2009a), Kapitel 4.
174 So eine zentrale Aussage von Weizsäcker (1999)

175 Zu bedenken ist dabei zusätzlich, dass Deutschland – mehr als andere Länder – noch immer ein ausgeprägtes Innovationsgefälle innerhalb des Landes hat, und zwar vor allem zwischen West und Ost und in geringerem Maße zwischen Süd und Nord. Die Innovationskraft der südwestdeutschen Kernregionen ist deshalb überaus hoch einzuschätzen.
176 Ausführlich dazu Klodt, Stehn (1994).
177 Ausführlich dazu Paqué (2009), Kapitel 4.
178 Umfassend dazu Klodt, Maurer, Schimmelpfennig (1997).
179 Dies ist eine der zentralen Botschaften von Paqué (2009a).
180 Die Lohnstückkosten sind definiert als das Verhältnis von Lohnkosten zu Arbeitsproduktivität.
181 So vor allem die Forderung der französischen Regierung, mehrfach formuliert von der französischen Finanz- und Wirtschaftsministerin Christine Lagarde.
182 Dazu im Einzelnen Paqué (2009a), Abschnitt 4.2.
183 So u. a. *The Economist* (2010d).
184 Dazu im Einzelnen Krugman (1991).
185 So u. a. auch Krugman (1991).
186 Zur „Krise" der Vereinigten Staaten, siehe Piper (2009).
187 Diese zusammenfassende Betrachtung eines „westlichen Zentrums" wurde im Kern schon von Giersch (1979) entwickelt, allerdings natürlich noch ohne explizite Berücksichtigung des wirtschaftlichen Gefälles zum damaligen „Ostblock".
188 U.S. Census Bureau (2010).
189 Dazu Paqué (2009a), Abschnitt 5.1.
190 Dabei gibt es auch innerhalb des postsozialistischen Ostens erhebliche Unterschiede: von traditionellen Industriezentren vor allem in Mitteleuropa bis hin zu reinen Agrarregionen im Südosten, von den handelsorientierten baltischen Staaten bis zur rohstofforientierten Wirtschaft Russlands. Auch gibt es Unterschiede im Grad der erlittenen Abschottung, vor allem zwischen den Ländern des früheren Sowjetimperiums und den Nachfolgestaaten Jugoslawiens, die nie vollständig von den Weltmärkten abgeschlossen waren. Dies mag erklären, warum Slowenien – früher ein Agrarland – heute relativ besser dasteht als die auch früher schon stark industrialisierte Region des heutigen Tschechien. Zu diesem Gesamtkomplex ausführlich Paqué (2009a), Kapitel 5.1. Siehe auch Carlin (2010).
191 Myrdal (1968).
192 *The Economist* (2010e).
193 *The Economist* (2010e).
194 Dieser Begriff stammt von Herbert Giersch (Piper 2006).
195 Formal geht es dabei in Modellen der Theorie des endogenen Wachstums um den sogenannten Skaleneffekt bedingt durch die Tatsache, dass neues Wissen grundsätzlich ein „öffentliches Gut" ist, das weltweit produktiv genutzt werden kann, ohne dass die Nutzung an anderer Stelle eingeschränkt wird. Dazu u. a. Aghion, Howitt (2009), S. 96–99 und Barro, Sala-i-Martin (2004), S. 300–302.
196 Dazu Neiman (2009).
197 In diesem Sinne Friedman (2005).
198 Miegel (2010).

Abkürzungen

AIG	American International Group
BaFin	Bundesanstalt für Finanzdienstleistungsaufsicht
BIP	Bruttoinlandsprodukt
BMF	Bundesministerium der Finanzen
CDO	Collateralized Debt Obligations
CDS	Credit Default Swaps
EFTA	European Free Trade Association (Europäische Freihandelsassoziation)
EIA	Energy Information Administration
EU	Europäische Union
F&E	Forschung und Entwicklung
GATT	General Agreement on Tariffs and Trade (Allgemeines Zoll- und Handelsabkommen)
IPCC	Intergovernmental Panel on Climate Change (Weltklimarat)
IWF	Internationaler Währungsfonds
MBS	Mortgage-Backed Securities (durch Hypotheken gesicherte Wertpapiere)
NAFTA	North American Free Trade Agreement (Nordamerikanisches Freihandelsabkommen)
OECD	Organisation for Economic Co-operation and Development (Organisation für wirtschaftliche Zusammenarbeit und Entwicklung)
OPEC	Organisation of Petroleum Exporting Countries (Organisation der Erdöl exportierenden Länder)
UBS	Union Bank of Switzerland
WTO	World Trade Organisation (Welthandelsorganisation)

Literatur

Aghion, P.; Howitt, P. (1992): „A Model of Growth Through Creative Destruction". In: *Econometrica* 60 (2), S. 323–351.

Aghion, P.; Howitt, P. (2009): *The Economics of Growth.* Cambridge, MA.

Alessandri, P.; Haldane, A. G. (2009): „Banking on the State". Bank of England. London.

Anagnostopoulos, G. G. et al.(2009): „Credibility of Climate Predictions Revisited". In: *Geophysical Research Abstracts* 11.

Balassa, B. A. (1964): „The Purchasing-Power Parity Doctrine: A Reappraisal". In: *Journal of Political Economy* 72, S. 584–596.

Barro, R. J.; Sala-i-Martin, X. (2004): *Economic Growth.* Zweite Auflage. Cambridge, MA.

Beaudreau, B. C. (2005): *Making Sense of Smoot-Hawley: Tariffs and Technology.* New York.

Berman, E.; Bound, J.; Machin, S. (1998): „Implications of Skill-Biased Technological Change: International Evidence". In: *The Quarterly Journal of Economics* 113, S. 1245-1279.

Berman, E.; Machin, S. (2000): *Skill-Biased Technology Transfer: Evidence of Factor Biased Technological Change in Developing Countries.* Boston.

Bernanke, B. S. (2004): „The Great Moderation". Rede vom 20. Februar 2004 bei der Eastern Economic Association. Federal Reserve Board. Washington, D. C.

Blanchard, O. J.; Dell'Ariccia, G.; Mauro, P. (2010): „Rethinking Macroeconomic Policy". In: *Staff Position Note* No. 2010/03. IMF. Washington, D. C.

Blanchard, O. J.; Summers, L. H. (1986): „Hysteresis and the European Unemployment Problem". In: *NBER Macroeconomics Annual 1986*, Volume 1. Cambridge, MA. S. 15–90.

Börsch-Supan, A. (2009): „The Impact of Global Aging on Labor, Product and Capital Markets". In: Cabrera, M.; Malanowski, N. (Hrsg.): *Information and Communication Technologies for Active Ageing.* Amsterdam. S. 7–34.

Börsch-Supan, A.; Düzgün, I.; Weiss, M. (2006): „Altern und Produktivität: Zum Stand der Forschung". Discussion Paper 73-05. MEA. Mannheim.

Borjas, G. J.; Freeman, R. B.; Katz, L. F. (1997): „How Much Do Immigration and Trade Affect Labor Market Outcomes?". In: *Brookings Papers on Economic Activity* 1, S. 1–90.

Bourguignon, F.; Morrisson, C. (2002): „Inequality among World Citizens, 1820–1992". In: *American Economic Review* 92, S. 727–744.

Broadberry, S. N. (1997): „Forging Up, Falling Behind and Catching Up. A Sectoral Analysis of Anglo-American Productivity Differences, 1870–1990". In: *Research in Economic History* 17, S. 1–37.

Buchholz, W.; Schumacher, J. (2009): „Die Wahl der Diskontrate bei der Bewertung von Kosten und Nutzen der Klimapolitik“. In: Weimann, J. et al. (Hrsg.): *Jahrbuch Ökologische Ökonomik: Diskurs Klimapolitik*. Bd. 6. Marburg. S. 1–33.

Bundesagentur für Arbeit (2010): Statistik der Bundesagentur für Arbeit. www.pub.arbeitsagentur.de.

Bundesministerium der Finanzen, BMF (2010): *Monatsbericht des BMF: April 2010*. Berlin.

Cameron, R.; Neal, L. (2003): *A Concise Economic History of the World. From Paleolithic Times to the Present*. Oxford.

Carlin, W. (2010): „Good Institutions are not enough: The Persistent Problems of East German Development“. Unveröffentlichtes Manuskript. Konferenz des Instituts für Wirtschaftsforschung Halle; *Gesellschaftliche Entwicklungen nach dem Systemumbruch*.

Cipolla, C. M. (1994): *Before the Industrial Revolution: European Society and Economy 1000–1700*. Dritte Auflage. New York.

Cline, W. R. (1997): *Trade and Income Distribution*. Washington.

Crafts, N. F.; Toniolo, G. (1996): *Economic Growth in Europe since 1945*. Cambridge.

Davey, C. A.; Pielke Sr., R. A. (2005): „Microclimate Exposures of Surface-Based Weather Stations: Implications For The Assessment of Long-Term Temperature Trends“. In: *Bulletin of the American Meteorological Society* 86 (4), S. 497–504.

De Gregorio, J.; Edwards, S.; Valdés, R. O. (2000): „Controls on Capital Inflows: Do They Work?“. In: *Journal of Development Economics* 63 (1), S. 59–83.

Desjonqueres, T.; Machin, S.; Reenen, J. van (1999): „Another Nail in the Coffin? Or Can the Trade Based Explanation of Changing Skill Structures Be Resurrected?“. In: *Scandinavian Journal of Economics* 101 (4), S. 533–554.

Deutsche Bundesbank (1988): *40 Jahre Deutsche Mark. Monetäre Statistiken 1948–1987*. Frankfurt am Main.

Dietz, S.; Stern, N. (2008): „Why Economic Analysis Supports Strong Action on Climate Change: A Response to the Stern Review's Critics“. In: *Review of Environmental Economics and Policy* 2 (1), S. 94–113.

Durlauf, S. N.; Quah, D. T. (1999): „The New Empirics of Economic Growth“. In: Taylor, J. B.; Woodford, M. (Hrsg.): *Handbook of Macroeconomics*. Bd. 1. Erste Auflage. Amsterdam. S. 235–308.

Econ Journal Watch (2007): „Economists Against Smoot-Hawley“. In: *Econ Journal Watch* 4 (3), S. 345–358.

The Economist (2008a): „The Power and the Glory. A Special Report on the Future of Energy“. Ausgabe vom 21. Juni.

The Economist (2008b): „When Fortune Frowned. A Special Report on the World Economy“. Ausgabe vom 11. Oktober.

The Economist (2009a): „A Slow-Burning Fuse. A Special Report on Ageing Populations“. Ausgabe vom 27. Juni.

The Economist (2009b): „Falling Fertility“. Ausgabe vom 31. Oktober.

The Economist (2009c): „Fertility and Living Standards: Go Forth and Multiply a lot less". Ausgabe vom 31. Oktober.

The Economist (2009d): „If Words Were Food, Nobody Would Go Hungry". Ausgabe vom 21. November.

The Economist (2009e): „Onwards and Upwards". Ausgabe vom 19. Dezember.

The Economist (2010a): „Gut-wrenching Stuff". Ausgabe vom 6. Februar.

The Economist (2010b): „Fundamental Questions". Ausgabe vom 20. Februar.

The Economist (2010c): „The Spread of GM Crops: Taking Root". Ausgabe vom 27. Februar.

The Economist (2010d): „Older and Wiser. A Special Report on Germany". Ausgabe vom 13. März.

The Economist (2010e): „The World Turned Upside Down. A Special Report on Innovation in Emerging Markets". Ausgabe vom 17. April.

Edwards, S. (1999): „How Effective are Capital Controls?". In: *Journal of Economic Perspectives* 13 (4), S. 65–84.

Eekhoff, J.; Feld, L.P.; Sievert, O. (2010): „Neuen Schuldenargumenten kein Ohr leihen". In: *Frankfurter Allgemeine Zeitung* vom 16. Juli.

Eichengreen, B.; Hatton, T. J. (1988): *Interwar Unemployment in International Perspective.* Dordrecht.

Energy Information Administration, EIA (2009): *International Energy Outlook 2009.* Washington, D. C.

Europäische Kommission (2008): *Demography Report 2008: Meeting Social Needs in an Ageing Society.* Brüssel.

Eurostat (2010): Datenbank des statistischen Amtes der Europäischen Gemeinschaften. epp.eurostat.ec.europa.eu.

Evenson, R. E.; Gollin, D. (2003): „Assessing the Impact of the Green Revolution 1960 to 2000". In: *Science* 300 (5620), S. 758–762.

Fama, E. F. (1970): „Efficient Capital Markets: A Review of Theory and Empirical Work". In: *Journal of Finance* (25), S. 383–417.

Feenstra, R. C.; Hanson, G. H. (1999): „The Impact of Outsourcing and High-Technology Capital on Wages: Estimates for the U.S., 1979–1990". In: *The Quarterly Journal of Economics* 114, S. 907–940.

Food and Agriculture Organization of the United Nations, FAO (2009): *The State of Agricultural Commodity Markets 2009. High Food Prices and the Food Crisis – Experiences and Lessons Learned.* Rom.

Frankfurter Allgemeine Sonntagszeitung (2009): „Danke, wir verzichten – 1. Wachstum" (Autor: Harald Welzer). Ausgabe vom 27. Dezember.

Franz, W. (2006): *Arbeitsökonomik*. Sechste Auflage. Berlin.

Friedman, B. M. (2005): *The Moral Consequences of Economic Growth.* New York.

Friis-Christensen, E.; Svensmark, H. (2007): *Reply to Lockwood and Fröhlich – The Persistent Role of the Sun in Climate Forcing – Scientific Report* 3. Danish National Space Center. Kopenhagen.

Fritsche, U. R.; Rausch, L.; Schmidt, K. (2007): Treibhausgasemissionen und Vermeidungskosten der nuklearen, fossilen und erneuerbaren Strombereitstellung. Arbeitspapier. Öko-Institut. Darmstadt.

Fuchs-Schündeln, N.; Krüger, D.; Sommer, M. (2010): „Inequality Trends for Germany in the Last Two Decades: A Tale of Two Countries". In: *Review of Economic Dynamics* 13 (1), S. 103–132.

Giersch, H. (1979): „Aspects of Growth, Structural Change, and Employment – A Schumpeterian Perspective". In: *Weltwirtschaftliches Archiv* 115 (4), S. 629–652.

Giersch, H.; Paqué, K.-H.; Schmieding, H. (1994): *The Fading Miracle: Four Decades of Market Economy in Germany.* Cambridge.

Gordon, R. J. (2009): „Misperceptions about the Magnitude and Timing of Changes in American Income Inequality". Working Paper 15351. National Bureau of Economic Research. Cambridge, MA.

Grossman, G. M.; Helpman, E. (1991): *Innovation and Growth in the Global Economy.* Cambridge, MA.

Grossman, G.; Rossi-Hansberg, E. (2008): „Trading Tasks: A Simple Theory of Offshoring". In: *American Economic Review* 98 (5), S. 1978–1997.

Hansen, A. H. (1938): *Full Recovery or Stagnation?* New York.

Harms, P. (2008): *Internationale Makroökonomik.* Tübingen.

Hau, H. (2006): „The Role of Transaction Costs for Financial Volatility: Evidence from the Paris Bourse". In: *Journal of the European Economic Association* 4 (4), S. 862–890.

Hayek, F. A. (1975). „Die Anmaßung von Wissen". In: *ORDO 26*, S. 12–21.

Heathcote, J.; Perri, F.; Violante, G. L. (2010): „Unequal We Stand: An Empirical Analysis of Economic Inequality in the United States, 1967–2006". In: *Review of Economic Dynamics* 13 (1), S. 15–51.

Hellwig, M. F. (2008): „Systemic Risk in the Financial Sector: An Analysis of the Subprime-Mortgage Financial Crisis". In: *De Economist* 157 (2), S. 129–207.

Helpman, E. (1998): *General Purpose Technologies and Economic Growth.* Cambridge, MA.

Helpman, E. (2004): *The Mystery of Economic Growth.* Cambridge, MA.

Hicks, J. R. (1969): *A Theory of Economic History.* Oxford.

Institut für Demoskopie Allensbach, IfD (2003): *Reformkompass 2003.* Allensbach.

Intergovernmental Panel on Climate Change, IPCC (2001): „The Scientific Basis. Working Group I Report". In: *Third Assessment Report: Climate Change 2001.* Cambridge.

Intergovernmental Panel on Climate Change, IPCC (2007): „The Physical Science Basis. Working Group I Report"; „Impacts, Adaptation and Vulnerability. Working Group II Report"; „Mitigation of Climate Change. Working Group III Report"; „Synthesis Report". In: *Fourth Assessment Report: Climate Change 2007.* Cambridge.

Ivanic, M.; Martin, W. (2008): „Implications of Higher Global Food Prices for Poverty in Low-Income Countries“. Policy Research Working Paper 4594. The World Bank. Washington, D. C.

James, H. (1986): *The German Slump: Politics and Economics 1924–1936.* Oxford.

Keynes, J. M. (1936): *The General Theory of Employment, Interest and Money.* London.

Kindleberger, C. P. (1973): *The World in Depression, 1929–1939.* Berkeley.

Kindleberger, C. P. (1996): *World Economic Primacy, 1500–1990.* New York.

Kindleberger, C. P.; Aliber, R. Z. (2005): *Manias, Panics, and Crashes: A History of Financial Crises*. Fünfte Auflage. New Jersey.

Klodt, H.; Maurer, R.; Schimmelpfennig, A. (1997): *Tertiarisierung in der deutschen Wirtschaft*. Tübingen.

Klodt, H.; Stehn, J. (1994): *Standort Deutschland: Strukturelle Herausforderungen im neuen Europa*. Tübingen.

Koutsoyiannis, D. et al. (2008): „On the Credibility of Climate Predictions“. In: *Hydrological Sciences Journal* 53 (4), S. 671–684.

Krugman, P. (1991): *Geography and Trade.* Cambridge, MA.

Krugman, P. R. (1994): „The Myth of Asia´s Miracle“. In: *Foreign Affairs* 73 (6), S. 62–78.

Krugman, P. R. (1995): „Growing World Trade: Causes and Consequences“. In: *Brookings Papers on Economic Activity* 1995 (1), S. 327–377.

Krugman, P. R. (2007): *Trade and Inequality, Revisited.* www.voxeu.org.

Krugman, P. R.; Obstfeld, M. (2009): *International Economics: Theory and Policy*. Achte Auflage. Boston.

Laffer, A. B. (1981): „Government Exactions and Revenue Deficiencies“. In: *The Cato Journal* 1 (1), S. 1–21.

Landes, D. S. (1973): *Der entfesselte Prometheus. Technologischer Wandel und industrielle Entwicklung in Westeuropa von 1750 bis zur Gegenwart.* Köln.

Lawrence, R. Z. (2008): „Blue-Collar Blues: Is Trade to Blame for Rising US Income Inequality?“. In: *Policy Analyses in International Economics 85* . Washington, D. C.

Layard, R. (2003): *Lionel Robbins Memorial Lectures 2002/03 – „Happiness: Has Social Science A Clue?“.* London.

Layard, R.; Nickell, S.; Jackman, R. (2005): *Unemployment: Macroeconomic Performance and the Labour Market.* Zweite Auflage. Oxford.

Lindbeck, A.; Snower, D. (1995): „Restructuring Production and Work“. Discussion Paper 1323. Centre for Economic Policy Research. London.

Lindbeck, A.; Snower, D. (1996): „Reorganization of Firms and Labor-Market Inequality“. In: *American Economic Review, Papers and Proceedings* 86 (2), S. 315–321.

Lockwood, M.; Fröhlich, C. (2007): „Recent Oppositely Directed Trends in Solar Climate Forcings and the Global Mean Surface Air Temperature“. In: *Proceedings of the Royal Society A* 463 (2086), S. 2447–2460.

Lopez, R. S. (1971): *The Commercial Revolution of the Middle Ages, 950–1350.* Englewood Cliffs, New Jersey.

Lucas, R. E. (1988): „On the Mechanics of Economic Development“. In: *Journal of Monetary Economics* 22 (1), S. 3–42.

Macintyre, B. (2010): „Im Einbaum durchs Internet“. In: *Frankfurter Allgemeine Zeitung*. Ausgabe vom 29. Januar.

Maddison, A. (2001): *The World Economy: A Millennial Perspective*. Paris.

Maddison, A. (2003): *The World Economy: Historical Statistics*. Paris.

Malthus, T. R. (1798): *An Essay on the Principle of Population.* London.

Mann, M. E.; Bradley, R. S.; Hughes, M. K. (1998): „Global-Scale Temperature Patterns and Climate Forcing Over the Past Six Centuries“. In: *Nature* 392, S. 779–787.

Meadows, D. L. et al. (1972): *The Limits to Growth.* New York.

Melitz, M. J. (2008): International Trade and Heterogeneous Firms. In: Durlauf, S. N.; Blume, L. E. (Hrsg.): *The New Palgrave Dictionary of Economics.* Zweite Auflage. Basingstoke.

Mendelsohn, R. O. (2008): „Is the Stern Review an Economic Analysis?“. In: *Review of Environmental Economics and Policy* 2 (1), S. 45–60.

Mendelsohn, R. O.; Dinar, A.; Williams, L. (2006): „The Distributional Impact of Climate Change on Rich and Poor Countries“. In: *Environment and Development Economics* 11 (2), S. 159–178.

Miegel, M. (2010): *Exit: Wohlstand ohne Wachstum.* Berlin.

Minsky, H. P. (1972): „Financial Instability Revisited: The Economics of Disaster“. In: *Reappraisal of the Federal Reserve Discount Mechanism* 3, S. 95–136.

Minsky, H. P. (1986): *Stabilizing an Unstable Economy: A Twentieth Century Fund Report*. New Haven, Connecticut.

Mitchell, D. (2008): „A Note on Rising Food Prices“. Policy Research Working Paper 4682. The World Bank. Washington, D. C.

Myrdal, G. (1968): *Asian Drama – An Inquiry into the Poverty of Nations.* New York.

Nefiodow, L. A. (2010): „Dieses wird der sechste Streich“. In: *Frankfurter Allgemeine Zeitung*. Ausgabe vom 10. Februar.

Neiman, S. (2009): *Moral Clarity: A Guide for Grown-Up Idealists.* Princeton.

Nipperdey, T. (1983): *Deutsche Geschichte 1800–1866: Bürgerwelt und starker Staat.* München.

Nipperdey, T. (1990): *Deutsche Geschichte 1866–1918: Arbeitswelt und Bürgergeist*. Bd. 1. Dritte Auflage. München.

Nordhaus, W. D. (2007): „The Stern Review on the Economics of Climate Change“. In: *Journal of Economic Literature* 45 (3), S. 686–702.

Nordhaus, W. D. (2008): *A Question of Balance: Weighing the Options on Global Warming Policies.* New Haven, Connecticut.

Obstfeld, M. (1994): „Risk-Taking, Global Diversification, and Growth“. In: *American Economic Review* 84 (5), S. 1310–1329.

OECD (2006): *Live Longer, Work Longer.* Paris.

OECD (2008): *Growing Unequal? Income Distribution and Poverty in OECD Countries.* Paris.

OECD (2009a): *Employment Outlook – Tackling the Jobs Crisis.* Paris.

OECD (2009b): *Factbook 2009: Economic, Environmental and Social Statistics.* Paris

OECD (2009c): *Health at a Glance.* Paris.

OECD (2009d): *Society at a Glance.* Paris.

Organization of the Petroleum Exporting Countries, OPEC (2008): *Annual Report 2008.* Wien.

O'Rourke, K. H.; Williamson, J. G. (1999): *Globalization and History: The Evolution of a Nineteenth-Century Atlantic Economy.* Cambridge, MA.

Paqué, K.-H. (1999): *Structural Unemployment and Real Wage Rigidity in Germany.* Tübingen.

Paqué, K.-H. (2008): „Zins, Zeit und Zukunft – Zur Ökonomie und Ethik globaler Klimamodelle". In: Gischer, H. et al. (Hrsg.): *Transformation in der Ökonomie – Festschrift für Gerhard Schwödiauer zum 65. Geburtstag.* Wiesbaden. S. 271–286.

Paqué, K.-H. (2009a): *Die Bilanz. Eine wirtschaftliche Analyse der Deutschen Einheit.* München.

Paqué, K.-H. (2009b): „Kommentar zu Wolfgang Buchholz und Jan Schumacher: Die Wahl der Diskontrate bei der Bewertung von Kosten und Nutzen der Klimapolitik". In: Weimann, J. et al. (Hrsg.): *Jahrbuch Ökologische Ökonomik: Diskurs Klimapolitik.* Bd. 6. Marburg. S. 34–48.

Paqué, K.-H. (2010): „Wo stehen Ostdeutschland und Mitteleuropa heute? Bemerkungen zu Messung und Vergleich der Produktivität". Unveröffentlichtes Manuskript. Konferenz des Instituts für Wirtschaftsforschung Halle; *Gesellschaftliche Entwicklungen nach dem Systemumbruch.*

PIK (2010): *PIK Report No. 116 – Nach Kopenhagen: Neue Strategie zur Realisierung des 2°Max-Klimazieles.* Potsdamer Institut für Klimaforschung. Potsdam.

Piketty, T.; Saez, E. (2003): „Income Inequality in the United States, 1913–1998". In: *The Quarterly Journal of Economics* 118 (1), S. 1–39.

Piper, N. (2006): „Der Wirtschaftsdoktor – Herbert Giersch als Ökonom". In: H. Giersch: *Die offene Gesellschaft und ihre Wirtschaft. Aufsätze und Kommentare aus fünf Jahrzehnten.* Hamburg. S. 9–25.

Piper, N. (2009): *Die Große Rezession: Amerika und die Zukunft der Weltwirtschaft*. München.

Popper, K. R. (1971): *The Open Society and its Enemies, Volume 1: The Spell of Plato.* Fünfte Auflage. Princeton, New Jersey.

Reinhart, C. M.; Rogoff, K. S. (2009): *This Time is Different. Eight Centuries of Financial Folly.* Princeton, New Jersey.

Ridder, M. de (2010): *Wie wollen wir sterben?* München.

Ridley, M. (2010): *The Rational Optimist. How Prosperity Evolve*s. London.

Rodriguez, F.; Rodrik, D. (2001): „Trade Policy and Economic Growth: A Skeptic's Guide to the Cross-National Evidence". In: Bernanke, B. S.; Rogoff,

K. (Hrsg.): *NBER Macroeconomics Annual 2000*, Volume 15. Cambridge, MA. S. 261–338.

Rodrik, D. (2006): „Goodbye Washington Consensus, Hello Washington Confusion?". In: *Journal of Economic Literature* 44 (4), S. 973–987.

Rodrik, D. (2009): „A Plan B for Global Finance". In: *The Economist*. Ausgabe vom 12. März.

Romer, P. M. (1986): „Increasing Returns and Long-Run Growth". In: *Journal of Political Economy* 94 (5), S. 1002–1037.

Romer, P. M. (1990): „Endogenous Technological Change". In: *Journal of Political Economy* 98 (S5), S. 71–102.

Romer, D. H.; Romer, C. D. (2009a): „Do Tax Cuts Starve the Beast? The Effect of Tax Changes on Government Spending". In: *Brookings Papers on Economic* Activity, S. 139–200.

Romer, D. H.; Romer, C. D. (2009b): „The Macroeconomic Effects of Tax Changes: Estimates Based on a New Measure of Fiscal Shocks". Unveröffentlichtes Manuskript. University of California, Berkeley. Erscheint in: *American Economic Review*.

Ruckstuhl, C.; Philipona, R.; Behrens, K. (2009): „How Declining Aerosols and Rising Greenhouse Gases Forced Rapid Warming in Europe Since the 1980s". In: *Geophysical Research Letters* 36 (L02806).

Ruckstuhl, C. et al. (2008): „Aerosol and Cloud Effects on Solar Brightening and the Recent Rapid Warming". In: *Geophysical Research Letters* 35 (L12708).

Samuelson, P. A. (1964): „Theoretical Notes on Trade Problems". In: *The Review of Economics and Statistics* 46 (2), S. 145–154.

Schultze, C.; Mackie, C. (2002): *At What Price? Conceptualizing and Measuring Cost-of-Living and Price Indexes.* Washington.

Schumpeter, J. A. (1911). *Theorie der wirtschaftlichen Entwicklung. Eine Untersuchung über Unternehmergewinn, Kapital, Kredit, Zins und den Konjunkturzyklus*. Erste Auflage. Berlin.

Sinn, H.-W. (2005): *Die Basar-Ökonomie.* Berlin.

Sinn, H.-W. (2008): *Das Grüne Paradoxon. Plädoyer für eine Illusionsfreie Klimapolitik.* Berlin.

Sinn, H.-W. (2009): *Kasino-Kapitalismus: Wie es zur Finanzkrise kam, und was jetzt zu tun ist.* Berlin.

Skirbekk, V. (2006): „Leistungsfähigkeit im Alter". In: *Personalführung* 1/2006, S. 6–7.

Skirbekk, V. (2008a): „Age and Productivty Capacity: Descriptions, Causes and Policy Options". In: *Aging Horizons* 8, S. 4–12.

Skirbekk, V. (2008b): „Productivity Potential During the Life Cycle: The Changing Importance of Age-Specific Abilities". In: *Population and Development Review* 34, S. 191–207.

Solomon, S. et al. (2009): „Irreversible Climate Change Due to Carbon Dioxide Emissions". In: *Proceedings of the National Academy of Sciences* 106 (6), S. 1704–1709.

Spitz-Oener, A. (2006): „Technical Change, Job Tasks, and Rising Educational Demands: Looking Outside the Wage Structure". In: *Journal of Labor Economics* 24 (2), S. 235–270.

Statistisches Bundesamt (2009): *Statistisches Jahrbuch 2009 für die Bundesrepublik Deutschland.* Wiesbaden.

Stern, N. H. (2006): *The Stern Review: The Economics of Climate Change.* Cambridge.

Stevenson, B., Wolfers, J.: *Economic Growth and Subjective Well-Being: Reassessing the Easterlin-Paradox.* NBER Working Papers 14282. National Bureau of Economic Research.

Stifterverband für die Deutsche Wissenschaft (2010): *Forschung & Entwicklung Facts: März 2010.* Essen.

Stiglitz, J. E. (2002): *Globalization and its Discontents.* New York.

Stiglitz, J. E. (2007): *Making Globalisation Work.* London.

Task Force Report (1999): „Safeguarding Prosperity in a Global Financial System". [Report of an Independent Task Force Sponsored by the Council on Foreign Relations.] Institute for International Economics. Washington, D. C.

Tobin, J. (1978). „A Proposal for International Monetary Reform". In: *Eastern Economic Journal* 4 (3-4), S. 153–159.

Tol, R. S. J.; Yohe, G. W. (2006): "A Review of the Stern Review". In: *World Economics* 7 (4), S. 233–250.

U.S. Census Bureau (2010): *Statistical Abstract of the United States: 2010.* Washington, D. C.

Vereinte Nationen (2009): *The Millennium Development Goals Report 2009.* New York.

Volkswirtschaftliche Gesamtrechnungen der Länder (2010): Ländergebnisse für Deutschland. www.vgrdl.de/Arbeitskreis_VGR.

Wehler, H.-U. (1995): *Deutsche Gesellschaftsgeschichte 1849–1914.* Bd. 3. München.

Weimann, J. (2008): *Die Klimapolitik-Katastrophe: Deutschland im Dunkel der Energiesparlampe.* Marburg.

Weitzman, M. L. (2007): „The Stern Review of the Economics of Climate Change". In: *Journal of Economic Literature* 45 (3), S. 703–724.

Weizsäcker, C. C. von (1999): *Logik der Globalisierung.* Dritte Auflage. Göttingen.

Weizsäcker, C.C. von (2010): „Das Janusgesicht der Staatsschulden". In: *Frankfurter Allgemeine Zeitung* vom 4. Juni.

Welthandelsorganisation, WTO (2008): *World Trade Report 2008.* Genf.

World Bank. (1993): *The East Asian Miracle: Economic Growth and Public Policy.* Oxford.

Young, A. (1995): „The Tyranny of Numbers: Confronting the Statistical Realities of the East Asian Growth Experience". In: *The Quarterly Journal of Economics* 110, S. 641–680.

Register

Abschottung 44–56
Aerosole 78 f.
Aktie 114 f.
Alter 159–183, 195, 201, 203, 223
Altersproduktivität 166 f.
Altersvorsorge 161 f., 173, 204
American International Group (AIG) 131 f.
Analyst 116
Arbeit 170 f., 183–199
Arbeitskräfteknappheit 172 ff., 223
Arbeitslosigkeit 37, 183–190, 194 f., 226
Arbeitsmarkt 37, 40 ff., 216, 225
Arbeitsmarkt, Hysterese am 188
Arbeitsproduktivität 29, 56, 58, 172, 184, 239
- im Alter 166 f.
Arbeitsteilung 13, 22 f., 43, 45, 109, 168 f., 212 f., 218, 223 f., 230
- der Köpfe 109, 246
Arbeitszeit 28
Archäologie 32
Argentinien 50, 126
Armut 4, 18 f., 33–37
Asienkrise 126 f., 235
Ausbildungsplatz 192
Auslandsverschuldung 200
Australien 7, 16
Automobilbranche 122, 227 ff.

Babyboomer 66, 161, 165, 169, 189, 220
Balassa-Samuelson-Effekt 238
Bangladesch 62 f., 100 f.
Bank für Internationalen Zahlungsausgleich 149
Bank of England 131
Bank run 113, 131, 153
Banking on the State 156
Bardepotpflicht 141 f.
Basarökonomie 211, 213, 217
Baseler Eigenkapitalvorschriften 148, 152
Belastung 66, 161 ff., 179 f., 182
Bernanke, Ben 111, 119
Bevölkerung 57–71
Bevölkerungsexplosion 59 f., 64, 160
Bevölkerungswachstum 59 ff., 66
Bilanzierungsregeln 144 f.
Bildung 62, 182–199
Bildungsferne Schichten 196 ff.
Biotreibstoffe 69 f.
Blase 120 f., 151
BMW 227, 230
Bonuszahlungen 149, 152
Boom 118 f., 121 ff., 138, 158, 190
Borsig, August 121
Brasilien 16 f., 20, 50 ff., 63, 69, 94, 109, 126, 241
Bretton-Woods-System 191
Brundtland-Bericht 106
Brüning, Heinrich 135
Bruttoinlandsprodukt (BIP) 56, 92, 199 f., 204, 238 f.
- Beitrag der Industrie 217
Bulgarien 237
Bundesanstalt für Finanzdienstleistungsaufsicht (BaFin) 144
Bundesbank 139

Carlowitz, Hans Carl von 106
Chile 141 f.
China 16 f., 20, 30, 35 f., 39, 43, 68, 86 f., 95, 128, 241–245
- Ein-Kind-Politik 62, 64 f.
- Wachstumsrate 88 ff., 99
CIA 55
Citigroup 147 f.

Citroën 227
Club of Rome 57 f., 72, 91
Collateralized Debt Obligations (CDO) 129, 132
Computer 150 f.
Contagion 126
Crash 119, 122
Credit Default Swaps (CDS) 132

Daimler 227
Dänemark 164, 174
DDR 54 f.
Demografie 4 f., 60, 172, 192
Demokratie 38 f.
Derivate 115
Deutsche Einheit 198, 200, 240
Deutscher Industrie- und Handelskammertag (DIHK) 192 f.
Deutschland 211–226
Dienstleistungen 14 f., 218, 224
Diktatur 38
Disraeli, Benjamin 238
Doha-Handelsrunde 95
Dotcom-Krise 121 ff., 138
Dritter Sektor 170 f.

Eastern Economic Association 111
Ehrenamt 170 f.
Eigenkapitalquote 156 f., 247
Einkommensverteilung 36 f.
Eisenbahnbau 13, 121 f.
Energie 72–96, 108 f.
–, erneuerbare 69 f., 108
Energy Information Administration (EIA) 87, 89, 92, 95
Entwicklungshilfe, ökologische 94
Erdgas 75 f.
Erdöl 72 ff., 76, 87
Ernährung 57–71
Estland 128, 133
Ethanol 69
Euro 133, 136, 142
Europa 227–241
Europäische Zentralbank 131, 136 f., 205
European Free Trade Association (EFTA) 20
Exportorientierung 52

Fabrik 12 f.
Fannie Mae 125
Fantasie 248 ff.
Fast Food 5, 219, 228
Federal Reserve System 111, 124, 131, 136
Fertilitätsrate 59, 61 ff., 98, 160
Fiat 227, 230
Finanzaufsicht 144 f., 157, 247
Finanzkrise 3 f., 68, 111, 123–137, 140 f., 145–150, 153 f., 156 ff., 164, 191, 199, 226, 234
Finanzmarktsteuern 143
Finnland 175, 214
Fitch 146
Föderalismuskommission 200, 205
Ford, Henry 49, 248
Forschung 109 f., 244
Forschung und Entwicklung (F&E) 214 f., 232 f., 237
Fortschritt 241–251
–, medizinischer 175 ff., 182
–, technischer 11, 27, 40 f., 43 f., 48, 51, 57 f., 70, 72, 108 ff., 118, 122, 175, 177, 180, 182, 194, 222
Frankreich 10, 32, 145, 160, 175, 227 f., 231
Frauenemanzipation 62, 66
Freddie Mac 125
Freizeit 28, 180
Frugal innovation 244 f.

Gates, Bill 230
Geburtenrate 159 f., 241
Geld-/Kreditschöpfung 113 f.
Geldpolitik 111, 123 f., 134, 137–141, 205, 246
Gemeinnützigkeit 170 f.
General Agreement on Tariffs and Trade (GATT) 20, 50
Gentechnik 71
Gerechtigkeit, soziale 4
Geschlechterrelation 64 f.
Gesundheit 159–183, 204
Globalisierung 17, 20 ff., 36, 41, 43 ff., 48, 56, 117, 128, 138, 194, 211 ff., 227, 229

Glück 18 f.
Gore, Al 82
Great Moderation 111, 127 f., 152
Greenspan, Alan 124, 139
Griechenland 128, 133, 136, 143, 202, 232, 234 f., 237, 240
Großbritannien 12, 30 ff., 38, 48, 54, 72, 90, 164, 230 f.
- Finanzmarkt 128, 131, 135, 144, 154, 156, 174, 195, 218
- Industrialisierung 8 ff., 17, 66, 191, 218
Große Depression 49, 111, 122 f., 131–135, 139

Handelsthese 41 f.
Hartz IV 190
Hayek, Friedrich August von 46
Hedgefonds 156
Hitler, Adolf 135
Hobbes, Thomas 163
Hockeyschläger 77, 80 f.
Hongkong 17, 36, 52
Hoover, Herbert 134
Hot money 141 f.
Human Development Index 154
Hunger 68
Hypothekenkredit 125, 128

IBM 249
ifo Institut 211
Immobilienboom 124 f., 128 ff., 137, 202, 231 f.
Importsubstitution 45, 51 f.
Indien 16 f., 20, 30, 35 f., 39, 43 f., 51, 53, 63, 87 ff., 99, 241–245
Indonesien 16 f., 63, 94, 100, 109, 126, 241
Industrialisierung 3–33, 35, 48, 61 ff., 66, 85, 191, 236, 246
–, „große Welt" 17, 35, 63, 109, 241
–, „kleine Welt" 17, 35, 63, 109, 241, 251
Industrielle Revolution 11
Inflation 124, 126 f., 138 ff., 203 ff.
Informationstechnologie 13, 42, 44, 117, 122 f., 169, 178, 194, 214, 222, 230, 247, 249
Inlandsverschuldung 200
Innovation 13 ff., 22 f., 30 f., 121, 167 f., 175 ff., 186 f., 212–218, 222 f., 232, 236 f., 243 f.
Innovationsökonomie 213
Interbankenmarkt 113, 130 f.
Intergovernmental Panel on Climate Change (IPCC) 77 ff., 84 f., 100
Internationaler Währungsfonds (IWF) 130, 136, 139, 142, 144, 149 f., 155, 234 f.
Investition 118 ff., 122, 205 f.
Iran 63
Irland 128, 133, 143, 231, 235
Island 128, 133, 154 f.
Israel 110
Italien 9, 30 ff., 38, 49 f., 97, 220, 227 f., 231

Japan 7, 16 f., 28, 31, 175, 214, 224, 230 f., 233
- Staatsverschuldung 202 f.
Jobs, Steve 230
Jugendarbeitslosigkeit 195

Kanada 16, 20
Kapitalimport 141 f.
Kapitalismus 47, 114, 119, 158, 180
–, Grundrisiko des 112
Kernkraft 75, 108 f., 249
Klimaforschung 78–85, 100 f.
Klimapolitik 96–110
Klimaschutz 98 f., 102 f., 108
Klimawandel 4, 72–96, 100–105, 246
–, anthropogener 76 ff., 83
Kohle 12 f., 75 f., 88 ff., 93, 107
Kohlendioxid 76 f., 86–90, 101
Kommunismus 39
Kompetenz, fluide 167 ff., 172, 223
–, kristalline 167 ff., 172, 223
Konjunktur 118 f., 150
Konkurs 120 f., 154, 157
Konsum 162
Kopenhagener Klimagipfel 84, 87, 93 ff., 98
Kultur 27, 32
Kunst 27
Kyoto-Protokoll 86

Laffer-Kurve 208
Landesbank Sachsen 130
Landwirtschaft 9, 14, 65, 219, 222
Lang, Fritz 248 f.
Langzeitarbeitslosigkeit 188 f., 195
Layard, Richard 18
Lebensarbeitszeit 164 ff., 169 f., 223
Lebensmittelpreise 67–71
Lebensstandard 18, 30, 37, 54, 90, 99, 162, 238 f., 251
Lehman Brothers 131, 133, 136, 150
Lehrer 197
Lehrstelle 192
Lernen 46 f.
Lettland 128, 133
Leveraging 129
Lipset, Seymour 38
Lohnstruktur/-entwicklung 37, 44, 168, 172, 223, 225
Lohnstückkosten 223, 232, 234
Luxemburg 218

Maastricht-Kriterien 205
Maddison, Angus 6
Malaysia 126
Malthus, Thomas 63
Mann, Michael 80
Marktwert 54 f.
Marktwirtschaft 47, 74, 114, 119, 158, 180
Marx, Karl 47
Maschinen 12 f.
McKitrick, Ross 80
Medizin 175 ff., 182
Meeresspiegelanstieg 100 f.
Metropolis 248 f.
Mexiko 20, 126
Miegel, Meinhard 250
Migration 160, 172 f., 223
Mikroelektronik 13, 178, 182, 214 f., 226
Mommsen, Theodor 32
Moody's 146
Moral hazard 153
Mortgage-Backed Securities (MBS) 129 ff., 146
Motivation 196 ff., 223
Myrdal, Gunnar 241

Nachhaltigkeit 106 f.
Nachhilfe, betriebliche 192 f., 223
Nanotechnologie 244 f.
National Academy of Sciences (NAS) 80 f.
National Health Service 174
National Research Council (NRC) 80 f.
Nationalsozialismus 38
Neuseeland 7, 16
Niederlande 10, 12, 28, 32, 101, 218, 239
No-bailout clause 235
North American Free Trade Agreement (NAFTA) 20
Northern Rock Bank 131

OECD 38
Offshoring 21, 42 f.
Ökologie 97 ff.
Ökopolitik 69 f.
Ölkrise 72, 74, 190
Option 115
Ostdeutschland 53, 56, 189, 198, 200, 213, 216, 218, 225, 236, 238
Österreich 214, 218, 221, 224, 231
Outsourcing 21, 42 f.

Pachauri, Rajendra 84
Peronismus 50
Pest 9
Peugeot 227
Pew Global Attitudes Project 242
Pfadabhängigkeit 188 f.
Pflegepersonal 178
Pharmazie 177 f., 182
Pielke Sr., Roger A. 84 f.
PISA 192
Planwirtschaft 39, 45 ff., 52–56, 74, 236, 245
Polen 186, 238
Popper, Karl 46
Portugal 128, 133, 232, 235
Preisniveau 238 f.
Produktionsniveau, globales 6 ff.

Produktivität 29, 56, 58, 172, 184, 239
– im Alter 166 f.
Pro-Kopf-Einkommen 6, 18, 29 f., 35, 37, 52, 54, 58, 61 f., 98 f., 232 ff., 236
Protektionismus 45, 48–53, 95, 245

Qualifikation, betriebliche 192 f., 223

Rampenansatz 100
Ratingagentur 117, 127, 130, 146 ff., 150
Reagan, Ronald 208
Regenwald, tropischer 94
Renault 227
Rente 66, 164 f., 173
– Bezugsdauer 164 f.
Rentenversicherung 161, 164
Ressourcenknappheit 57 f., 74 f.
Ressourcenverbrauch 57, 63
Rezession 68, 72, 132, 187
Risiko 104, 113 ff., 155 ff., 247
–, systemisches 147
Risikobewertung von Banken 144, 146–152
Römisches Reich 8, 10 f.
Rumänien 237
Russland 48, 86 f., 109

Saab 227
Scheitern 46 f.
Schulden 199–210
Schuldenbremse 206
Schuldenquote 199 ff., 206
Schule 192 f., 196 f., 223
Schumpeter, Joseph Alois 22, 47, 251
Schweden 160, 174, 214 f., 224, 227 f.
Schweiz 19, 175, 177, 202, 214 f., 218, 224, 231
Singapur 17, 36, 52, 233
Sinn, Hans-Werner 211
Skill bias 40–44
Slow Food 219
Slowakei 238 f.
Slowenien 238
Smoot-Hawley Tariff Act 49, 135
Sonnenfleckenhypothese 78
Sozialstaat 162 f., 174, 179 f., 190, 206 f.
Spanien 128, 133, 143, 232, 235 f.
Spekulation 115
Sperrklingen-Effekt 188
Staatsgarantie (Bank) 153, 155 ff.
Staatsquote 206, 208 ff.
Stabilitätspolitik 139 f.
Stalinismus 38
Standard & Poor's 146
Standortwettbewerb 213, 216
Start-up 228, 230
Stern, Nicholas 102 f.
Stern-Review 100 ff.
Steuern 199–210
Steuersenkungen 208
Stevenson & Wolfers 19
Stresemann, Gustav 185
Stresstest 130, 144, 150
Strousberg, Bethel Henry 121
Strukturbruch 112, 147 f.
Subprime-Kredite 125
Südkorea 17, 19, 29, 36, 52, 126, 241

Taiwan 17, 36, 52
Tata 245
Technikthese 42
Technologie 27, 42, 108, 222, 244
Terrorangriff vom 11.09.2001 124
Tertiarisierung der Wirtschaft 217
Thailand 126 f.
Thatcher, Margaret 231
Treibhauseffekt 75 ff.
Treibhausgase 76 f., 79, 83, 87 ff., 92, 94 ff., 98–102, 104 f.
– Emissionssteuer/-lizenz 86
Tschechische Republik 53, 56, 236 ff.
Tschechoslowakei 54

Überindustrialisierung 217
Ukraine 48, 128, 133
Umweltschutz 91, 97 f.
Ungarn 128, 133, 143, 237 f.
Ungleichheit 33–37
Union Bank of Switzerland (UBS) 147 f.
Unterernährung 67
Urbanisierung 61 ff., 66, 85

USA 28 f., 43, 156, 174, 202, 208, 227–231, 233
- Geldpolitik 124, 134, 137, 139 f.
- Industrialisierung 16 f., 20, 22
- Protektionismus 49 f.
- Immobilien 124 f., 128 ff., 134, 137

Verbriefung 128 f.
Vereinte Nationen 34, 154
Vertriebene 184, 188
Vietnam-Krieg 190
Volcker, Paul 124, 139
Volkswagen 227
Volvo 227
Vorhersage 111 f.
Vorsicht 105

Wachstum
–, beschäftigungsloses 186
–, endogenes 22
–, quantitatives/qualitatives 24 f.
–, reales 24
–, vorindustrielles 8 f.
–, Verzicht auf 3 ff., 27 ff., 173, 179, 250
Währungsbindung 140 f.
Wansleben, Martin 192
Washington Consensus 142
Weinbau 220 f.
Weltbank 34, 54, 68, 102
Welthandel 17, 20 f., 40, 48 f., 135
Welthandelsquote 48
Weltkommission für Umwelt und Entwicklung 106
Weltwirtschaftskrise 49, 132 ff., 139, 157 f., 199, 247
Welzer, Harald 3
Wertewandel 96–110
Wertschöpfung 23 f., 26
Wertschöpfungskette, Zerlegung der 21, 23, 211, 213
Wirtschaftswachstum 185 ff., 204, 207 ff., 225
Wirtschaftswunder 185
Wissen 27, 222, 246
Wohlstand 18 f., 25 f., 29, 32, 38 f., 61 f., 66, 160
World Trade Organization (WTO) 20, 95

Zeitgeist 248 f.
Zentralbanken 114, 123, 131, 136 ff., 153, 156
Zerstörung, schöpferische 22, 112, 117, 186, 251
Zinsen 102 f., 124 ff., 129 ff., 134 f.
Zoll 48–53
Zollverein 48
Zukunft 248 ff.
Zwei-Klassen-Medizin 176